MARKETING *contra* a POBREZA

K87m   Kotler, Philip.
         Marketing contra a pobreza : as ferramentas da mudança social para formuladores de políticas, empreendedores, ONGS, empresas e governos / Philip Kotler, Nancy R. Lee ; tradução: Sônia Augusto ; revisão técnica: Cassio Grinberg. – Porto Alegre : Bookman, 2010.
         320 p. ; 23 cm.

         ISBN 978-85-7780-711-6

         1. Administração. 2. Marketing. I. Lee, Nancy R. II. Título.

                                                            CDU 658

Catalogação na publicação: Ana Paula M. Magnus – CRB-10/Prov-009/10

PHILIP **KOTLER**

NANCY R. **LEE**

MARKETING *contra* a POBREZA

AS FERRAMENTAS DA MUDANÇA SOCIAL
PARA FORMULADORES DE POLÍTICAS,
EMPREENDEDORES, ONGS, EMPRESAS E GOVERNOS

Tradução:
Sônia Augusto

Consultoria, supervisão e revisão técnica desta edição:
Cassio Grinberg
Mestre em Marketing pelo Programa de Pós-Graduação da UFRGS
Professor da Faculdade de Comunicação Social da PUC-RS

2010

Obra originalmente publicada sob o título
Up and Out of Poverty: The Social Marketing Solution
ISBN 9780137141005
Copyright © 2009 by Pearson Education, Inc.

Tradução autorizada do original em língua inglesa publicado por Pearson Education, Inc., sob o selo de Wharton School Publishing.

Capa: *Paola Manica*

Leitura final: *Monica Stefani*

Editora Sênior: *Arysinha Jacques Affonso*

Projeto e editoração: *Techbooks*

Reservados todos os direitos de publicação, em língua portuguesa, à
ARTMED® EDITORA S. A.
(BOOKMAN® COMPANHIA EDITORA é uma divisão da ARTMED® EDITORA S.A.)
Av. Jerônimo de Ornelas, 670 - Santana
90040-340 Porto Alegre RS
Fone (51) 3027-7000 Fax (51) 3027-7070

É proibida a duplicação ou reprodução deste volume, no todo ou em parte, sob quaisquer formas ou por quaisquer meios (eletrônico, mecânico, gravação, fotocópia, distribuição na Web e outros), sem permissão expressa da Editora.

SÃO PAULO
Av. Embaixador Macedo Soares, 10.735 - Pavilhão 5 - Cond. Espace Center
Vila Anastácio 05095-035 São Paulo SP
Fone (11) 3665-1100 Fax (11) 3667-1333

SAC 0800 703-3444

IMPRESSO NO BRASIL
PRINTED IN BRAZIL

*Aos 4 bilhões de pobres do nosso planeta
e aos que trabalham para ajudá-los a
conquistar uma vida melhor*

Os Autores

Philip Kotler (M.A., University of Chicago; Ph.D., MIT) é professor emérito da cátedra S. C. Johnson de marketing internacional na Kellogg School of Management, Universidade Northwestern. Ele publicou a 13ª edição de *Marketing Management*, o principal livro texto para ensino de marketing em MBAs no mundo. Ele também publicou *Strategic Marketing for Nonprofit Organizations, Social Marketing, Corporate Social Responsibility, Marketing in the Public Sector* e outros 30 livros. Sua pesquisa abrange marketing social, marketing estratégico, inovação, marketing de serviços e marketing de internet. Recebeu 12 títulos honorários de doutorado de grandes universidades nos Estados Unidos e em outros países.

Nancy R. Lee (MBA, Universidade de Puget Sound) tem mais de 25 anos de experiência prática de marketing nos setores privado, sem fins lucrativos e público. Como professora adjunta na Universidade de Washington e na Universidade de Seattle, ela leciona marketing social, marketing no setor público e marketing para organizações sem fins lucrativos. Como presidente da Social Marketing Services, Inc., Nancy Lee é uma palestrante frequente em conferências, seminários e workshops, além de trabalhar como consultora estratégica para diversas campanhas de marketing social de âmbito local e nacional. Este é o quinto livro que ela escreveu com Philip Kotler.

Para mais informações sobre este livro, visite o site dos autores dedicado a este assunto em www.upandoutofpoverty.com.

Agradecimentos

Aprendemos muito com aqueles que escreveram sobre a pobreza e propuseram diversas linhas de ação, entre eles Jeffrey Sachs, Muhammad Yunus, Amartya Sen, CK Prahalad, Paul Collier e muitos outros. Admiramos aqueles que trabalham no campo e/ou financiam esforços para ajudar os pobres, como a CARE, a fundação Bill & Melinda Gates, Population Services International, Plan International, World Vision, Banco Mundial, USAID, Médicos Sem Fronteiras, Habitat for Humanity International, Save the Children, William J. Clinton Foundation, Academy for Educational Development e Mercy Corps.

Estamos em dívida com Ned Roberto, um dos mais minuciosos pesquisadores das necessidades e da vida dos pobres, pela ajuda inicial, e a Tony Leisner por seu auxílio na pesquisa da literatura sobre a pobreza e sobre as soluções.

Somos gratos à equipe da Wharton School Publishing, incluindo Tim Moore, Russ Hall, Anne Goebel, Gayle Johnson, Pamela Boland e Steve Kobrin que nos ajudaram a dar a este livro sua forma atual.

Prólogo

Philip Kotler e Nancy Lee defendem com convicção o marketing social como uma forma de promover a mudança e abordar os problemas dos pobres. Isso não surpreende aqueles que têm acompanhado o trabalho do Dr. Kotler nos últimos 40 anos. Mas se você acha que marketing se limita a marcas, slogans e campanhas publicitárias, este livro oferece amplas evidências da importância do marketing "total" – da criação, distribuição e promoção de produtos, serviços e experiências que supram as necessidades humanas. No decorrer dos anos, Kotler explicitou o papel do marketing social na área de saúde e na gestão sem fins lucrativos e descreveu diversas aplicações do marketing social para promover a mudança social. Mas em *Marketing contra a pobreza*, os autores lidam com uma realidade extremamente intransigente e difícil: a pobreza e suas devastadoras consequências humanas, sociais e políticas.

A pobreza tem muitas causas: guerra, catástrofes naturais, racismo, discriminação, ignorância e avareza. Os egípcios que construíram as pirâmides, os camponeses que alimentaram o império dos czares e os jovens desempregados que vagam pelas ruas da Palestina, de Joanesburgo e de Bangkok compartilham o anonimato. Nenhum monumento foi erguido em seu nome, não há registro da existência de sua individualidade. Eles são simplesmente "os pobres".

O mundo continua a tratar a pobreza como se fosse uma epidemia de pólio: uma única doença com uma causa comum. Os especialistas proclamam a descoberta de um conjunto infinito de "vacinas contra pobreza": microfinanciamento, serviços de saúde, educação básica, educação feminina, construção da democracia, investimento estrangeiro, ajuda estrangeira, estabilidade política e social, educação para a paz e muitas mais. Os economistas buscam respostas no sucesso dos tigres asiáticos. Os antropólogos procuram as causas nas sociedades primitivas. Os educadores lamentam a falta de salas de aula e a baixa qualidade da educação dada aos pobres. Os astros do rock e as celebridades agitam e acalmam nossa consciência com campanhas para arrecadação de fundos. Os especialistas em saúde pública prometem que a erradicação da malária, HIV/AIDS e tuberculose levará à erradicação da pobreza.

Essas abordagens à redução da pobreza fazem sentido se supusermos que a pobreza é uma "doença que pode ser evitada com uma vacina". A metáfora das vacinas é atraente. A vacina contra a pólio funciona para pessoas de qualquer idade, sejam homens ou mulheres. Não importa para a vacina contra a pólio se as pessoas estão com raiva ou desanimadas, se amam seus filhos ou se acreditam em seus ancestrais ou confiam em sua igreja. A vacina contra a pólio é indiferente a seu desejo de escapar ao tédio da pobreza por meio da bebida ou à opressão da pobreza espancando a esposa. A vacina contra a pólio é estável no decorrer do tempo. Depois de administrada, ela resiste à guerra, a catástrofes naturais, ao racismo, ao divórcio e à crise econômica.

Essas visões da pobreza são críveis porque os pobres permanecem anônimos e mudos. E é esse o argumento mais convincente de Philip Kotler e Nancy Lee quanto ao papel do marketing social na luta inteligente contra a pobreza. O título ambicioso, *Marketing contra a pobreza*, reflete mais a determinação deles para dar um fim à pobreza do que sua convicção de que o marketing social seja mais uma vacina mágica contra a pobreza. Não, a importância deste livro situa-se no foco para recontextualizar a pobreza. Ela não é uma doença transmissível que pode ser afetada pelo desenvolvimento de uma vacina. A pobreza é uma condição humana crônica, mais similar ao diabetes do que à pólio, suscetível a eventos externos e influenciada por diferenças individuais e comunitárias.

Marketing contra a pobreza exemplifica o poder do marketing social a fim de reduzir a pobreza em três modos singulares do marketing: teoria das trocas, segmentação de mercado e competitividade. A *teoria das trocas* sugere o pensamento inquietante de que os pobres têm o direito de desejar aquilo que os ricos desejam, descartando a ideia de paternalismo, na qual o desenvolvimento é guiado pelas "necessidades" dos pobres (necessidades estas que são convenientemente definidas pelos ricos). Os autores enfatizam a capacidade da pesquisa de mercado para identificar o que os pobres desejam: companheirismo, a chance de liderar ou ajudar os outros. Eles ilustram como o marketing social traduz esses desejos em produtos e serviços, como camisinhas, reidratação oral e mosquiteiros contra malária. Em troca, os pobres estão dispostos a usar esses produtos e serviços para atenuar sua pobreza.

A *segmentação de mercado* oferece a ideia aparentemente nova de que os pobres talvez não sejam todos iguais. Alguns deles podem ser alvos de mudança mais eficientes do que outros. A ideia de *competitividade* emerge do marketing comercial, onde se supõe que cada novo produto ou serviço compete na mente dos consumidores com as escolhas de consumo já existentes. Durante anos, os especialistas em desenvolvimento supuseram que os pobres estavam parados à espera de ajuda. A ideia de que os programas de desenvolvimento tinham de competir pela atenção dos pobres parecia absurda. Na verdade, os pobres fazem escolhas de como sobreviver todos os dias. E algumas dessas escolhas são resistentes à mudança. Um programa de desenvolvimento não só precisa ser bom, mas também precisa ser melhor do que aquilo que os pobres já valorizam.

Philip Kotler e Nancy Lee enfatizam principalmente a importância de integrar os recursos dos setores público e privado para criar programas abrangentes, focalizados e contínuos o bastante para fazer diferença no enorme peso do problema da pobreza. Todo o conceito da continuidade dos programas de desenvolvimento coloca em questão uma das metas mais almejadas da comunidade de desenvolvimento, mas a menos atingida: sustentabilidade. Sustentabilidade passou a significar que depois de dois ou cinco anos de um programa, seus efeitos devem durar muito mais depois do fim desse programa. A lógica é atraente. Os recursos são tão poucos e o problema é tão grande. Mas, como sugerem os autores, o marketing surge de um paradigma no mundo comercial em que o marketing é uma função empresarial contínua, não um custo de lançamento.

Talvez o mais atraente seja o trabalho que os autores tiveram para pesquisar estudos de caso relevantes e usá-los para ilustrar seus argumentos. Este livro não só abrirá os olhos dos profissionais de desenvolvimento, mas também é muito gostoso de ler.

—Bill Smith, EdD

Editor associado na Innovations Management/Academy for Educational Development, *Social Marketing Quarterly*

Prefácio

Foram escritos muitos livros sobre o flagelo da pobreza, mostrando diferentes teorias e oferecendo diferentes soluções; alguns delineiam macro soluções e outros lidam com micro soluções. Este livro assume uma nova perspectiva diante do problema e oferece um modelo diferente para ajudar os pobres a se livrar da pobreza. Examinamos o poder da "metodologia do marketing social" para aliviar o sofrimento dos pobres. Este prefácio descreve as principais abordagens na luta contra a pobreza e como a nossa soma-se ao conjunto de ferramentas para ajudar os pobres a ter uma vida melhor.

Dentre todos os problemas que a humanidade enfrenta – doença, drogas pesadas, crime, corrupção, conflito armado, aquecimento global, perigo nuclear, sustentabilidade ambiental – a pobreza está entre os mais persistentes e vergonhosos. Além disso, a pobreza contribui muito para os outros problemas. Os pobres sofrem mais com as doenças e sua condição sem esperança leva alguns deles para uma vida de crime, drogas pesadas e conflito armado. Isso significa que o custo da pobreza excede em muito o custo que é suportado pelos pobres. A pobreza derrama seu veneno sobre o resto da humanidade.

Até o século XIX, os pobres recebiam pouca atenção. A pobreza era considerada inevitável. Os governos e os benfeitores pouco podiam fazer. A Revolução Industrial exacerbou o problema ao atrair os camponeses pobres para as cidades em busca de trabalho. Isso levou ao surgimento de favelas e cortiços. O destino dos pobres ficou mais visível. Pesquisadores caridosos como Beatrice e Sidney Webb no Reino Unido começaram a estudar os pobres e a escrever sobre sua sorte. Charles Dickens, em *Oliver Twist*, dramatizou as condições e a exploração a que os pobres eram submetidos.

xvi Prefácio

A ideia da criação de programas antipobreza começou no século XIX e continua até hoje. Um sexto da população mundial ganha menos de US$1 por dia. Outros 2 bilhões das 6 bilhões de pessoas no mundo ganham menos de US$2 por dia. Em 2000, as Nações Unidas esboçaram seu plano multilateral para reduzir a pobreza no mundo, os Objetivos de Desenvolvimento do Milênio – oito objetivos com 18 metas associadas, planejados para reduzir significativamente os níveis de pobreza até 2015. A meta 1 era cortar pela metade, entre 1990 e 2015, a proporção de pessoas cuja renda é de menos de US$1 por dia. A meta é ambiciosa e provavelmente não será atingida, considerando-se as novas circunstâncias do aumento dos custos dos alimentos e da energia e os contínuos conflitos armados no mundo.

Os especialistas apresentaram diferentes teorias sobre as causas do problema e, portanto, sugeriram medidas diferentes para resolvê-lo. Podemos distinguir entre os especialistas que veem a pobreza como provocada por um fator principal e entre os que veem muitos fatores causais atuando em conjunto.

A teoria mais simples é que os próprios pobres provocaram essa condição. A suposição é que muitos são incapazes, preguiçosos e pouco instruídos e que preferem viver de caridade em vez de se esforçarem para sair da pobreza. A solução implícita desta percepção é ou encontrar um modo de mudar a atitude e o comportamento deles ou deixá-los em seu estado de penúria. É certo que alguns pobres são responsáveis por sua situação. No entanto, existem evidências de que quase todos os pobres estariam prontos e dispostos a escapar de suas condições miseráveis se pudessem encontrar emprego e tivessem um lugar decente para morar.

Outra teoria simplista é a de que a pobreza resulta de os pobres terem filhos demais. Cada novo filho deixa mais pobre uma família pobre. O argumento é de que a Terra tem uma "capacidade de sustentação" com recursos e alimentos para uma população limitada e não tem como permitir um padrão de vida decente para 6 bilhões de pessoas (muito menos para os 9 bilhões de habitantes estimados para 2020). Portanto, a pobreza continua a ser um problema por causa da superpopulação. Essa é uma variação da proposição de Thomas Malthus de que a taxa de crescimento populacional irá exceder a taxa de crescimento das reservas de alimento, resultando em fome, guerra e na continuação da pobreza.[1] A principal versão moderna dessa teoria encontra-se no livro *The Limits to Growth*.[2] Essa teoria diz que a maior parte da pobreza desapareceria se as famílias pobres limitassem o número de filhos, voluntariamente ou por decreto. A China colocou isso em prática, restringindo as famílias a apenas um filho. Certamente essa foi uma das principais contribuições para a impressionante redução do número de famílias que vivem na pobreza na China.

Outra teoria singular é que a pobreza persiste porque os pobres não possuem uma propriedade tangível sobre a qual pudessem tomar empréstimos; eles não têm ativos negociáveis. Essa teoria foi proposta pelo respeitado embora controverso economista peruano Hernando de Soto, em seu livro *The Mystery of Capital: Why Capitalism Triumphs in the West and Fails Everywhere Else*.[3] De Soto argumenta que a fonte real de riqueza é a propriedade real – isto é, direitos de propriedade bem-definidos e socialmente aceitos. A propriedade é um ativo que pode ser usado para obter ou fazer um empréstimo ou hipoteca, ou conseguir seguro ou possuir ações, e outras coisas que tornam o capitalismo tão eficaz na produção de crescimento e prosperidade econômicos. Mas de Soto diz que isso não funciona nas comunidades e países pobres porque as instituições não reconhecem os ativos dos pobres. Os pobres têm muitos ativos (terra, casas, empresas), mas geralmente encontram-se no domínio extralegal e informal. O sistema legal não se adaptou a essa realidade. Os custos de tornar legais esses ativos (conseguir a escritura de uma casa, registrar uma empresa) são tão proibitivos em termos de tempo e dinheiro que os ativos acabam sendo "capital morto". Os pobres não podem usar seus ativos para conseguir alguma das ferramentas normais do capitalista para obter mobilidade ascendente. Como esses ativos não são reconhecidos, eles criam um estilo extralegal de vida dentro de seus círculos sociais informais. Para de Soto, a única solução é pressionar o sistema legal a permitir a monetarização desses ativos de modo que o capital morto torne-se vivo.

Além dessas grandes teorias específicas, a maioria dos especialistas reconhece que a pobreza resulta de muitas causas interrelacionadas e que todas devem ser abordadas de um modo integrado. Vejamos a opinião de Paul Collier no livro *The Bottom Billion: Why the Poorest Countries Are Failing and What Can Be Done About It*.[4] Segundo Collier, os bilhões de pessoas na base da pirâmide vivem em "países aprisionados". Ele identifica quatro elementos que fazem com que os países se tornem aprisionados:

- *Guerra civil.* Quase três quartos do bilhão mais pobre passaram ou estão passando por uma guerra civil. As guerras civis geralmente ocorrem onde existem desequilíbrios étnicos e muitos jovens desempregados e com pouca instrução.
- *A praga dos recursos naturais.* Quase 30% desses países dependem da exportação de matérias-primas, como petróleo ou minérios. Os países com grandes quantidades de recursos naturais tendem a não desenvolver as habilidades de seu povo, bem como a não realizar eleições democráticas. Isso frequentemente resulta em governos corruptos e em massas empobrecidas e violentas.

- *Países sem saída para o mar.* Cerca de 30% dos países com pobres em condições desesperadoras estão cercados por vizinhos ruins ou não têm saída para o mar. Isso os deixa em desvantagem econômica.
- *Governança ruim.* Cerca de 75% dos países sofrem com governos ruins ou com líderes autocráticos que exploram o povo.

Cada condição requer um tipo diferente de solução. Collier favorece as intervenções militares legítimas nas áreas dilaceradas por guerras civis. Os países com grandes quantidades de recursos naturais deveriam desenvolver habilidades que elevassem o valor de suas exportações e não simplesmente exportar matérias-primas aos preços de mercado mundial. Os países sem saída para o mar precisam aprender a trabalhar com países vizinhos que tenham portos para construir estradas que lhes deem acesso aos portos. A má governança é o problema mais difícil de ser resolvido. Robert Mugabe arrasou o Zimbábue e o resto do mundo ficou observando impotente.

A principal recomendação de Collier para lutar contra a pobreza é "estreitar o alvo e ampliar os instrumentos". Estreitar o alvo significa concentrar-se no bilhão de pessoas (70% das quais vivem na África) que estão em países fracassados. Ampliar os instrumentos significa mudar o foco da ajuda para um conjunto de instrumentos políticos: melhor fornecimento de ajuda, intervenção militar ocasional, estatutos internacionais e política comercial mais inteligente.

O que dizer da ajuda estrangeira como uma solução parcial para os problemas dos pobres? Dois especialistas têm visões extremamente diferentes sobre o valor da ajuda estrangeira. Jeffrey Sachs, autor de *The End of Poverty*, quer que o ocidente seja mais generoso e dê mais ajuda estrangeira aos países pobres.[5] Por outro lado, William Easterly, em *The White Man's Burden*, apresenta argumentos fortes contra a ajuda estrangeira.[6] Ele descreve Jeffrey Sachs como um daqueles "planejadores do topo da hierarquia" que nunca fica constrangido com os inúmeros fracassos da ajuda estrangeira. Alguns estimam que apenas 15% da ajuda estrangeira cheguem aos pobres como resultado dos altos custos administrativos e da corrupção. A tendência de "planejamento de cima para baixo" das agências de assistência e ajuda estrangeira não lhes fornece informações sobre as variações das necessidades locais de remédios e alimentos. A ajuda estrangeira também cria uma dependência que impede que os países busquem suas próprias soluções, além de atrapalhar as empresas privadas do país que produzem ou vendem os itens fornecidos pela ajuda estrangeira. Easterly vê o trabalho das grandes burocracias de ajuda estrangeira e seus grandes gastos e intervenções do passado como, em grande medida, um fracasso. Ao mesmo tempo, Easterly reconhece alguns bons atos dessas grandes agências de ajuda, especialmente quando se concentram em necessidades específicas. Tais necessidades incluem perfurar e manter poços locais, construir e manter estradas ou sistemas de esgotos locais, ou distribuir remédios ou alimentos nos locais em que são necessários.

O maior problema do planejamento de cima para baixo é que as grandes agências nos níveis internacional e nacional têm de decidir como alocar o dinheiro para as diferentes ferramentas de alívio da pobreza. Elas fazem isso estabelecendo prioridades que refletem as condições mais comuns do país. Mas as prioridades podem variar entre as diferentes aldeias e cidades. Isso significa que algumas comunidades recebem mais para gastar em causas que não são importantes e que outras comunidades recebem menos do que precisam.

Isso torna desejável agregar uma "abordagem de planejamento de baixo para cima" que envolva todas as comunidades para desenvolver suas próprias propostas e programas de que precisam, que serão então transmitidos para cima. Esses programas precisam atender a alguns critérios, como ter visão de futuro do que desenvolveria a comunidade, e explicar a lógica do programa. A necessidade é de "levar a montanha para o vale". C. K. Prahalad, no livro *A Riqueza na Base da Pirâmide*, descreve de forma eloquente como inovações locais e assistência financeira para os pobres podem dar um incentivo para ajudá-los a escapar da pobreza.

Considerando-se essas diferentes abordagens ao entendimento e à redução da pobreza, estamos prontos para relacionar as principais características deste livro:

- Não há uma única grande solução (como ajuda financeira ou controle da população) que tenha a resposta completa ao problema do alívio da pobreza.
- Acreditamos que as melhores soluções envolvem mais do que soluções governamentais e soluções de organizações não governamentais (ONGs). As soluções também envolverão o setor privado, em um trabalho conjunto com os órgãos do governo e as organizações civis.
- Acreditamos que grande parte do trabalho de auxiliar os pobres está no uso de ferramentas para entender, influenciar e ajudar os pobres a participar do desenvolvimento de suas próprias soluções.
- Associamos o grande quadro nacional do problema às condições específicas encontradas em cada situação local.

xx Prefácio

- Descrevemos e exemplificamos com casos reais os principais passos no programa de planejamento, implementação, monitoramento e controle de marketing social. Acreditamos que este nível de análise vem faltando em todos os trabalhos anteriores de auxílio aos pobres.

Em resumo, nosso livro visa a descrever como e o que fazer para ajudar os pobres a escapar da pobreza.

Escrevemos este livro para que os que trabalham na redução da pobreza entendam e usem o poderoso instrumento do marketing social. Acreditamos que o marketing social ajuda as pessoas a sair da pobreza, garantindo que não retrocedam e, até mesmo, impedindo que cheguem a essa situação; achamos que um importante fator na solução da pobreza tem sido deixado de lado.

A Parte I, "Compreender o problema da pobreza e suas soluções amplas", resume as diversas definições usadas para mensurar o número de pessoas que vive na pobreza, os principais fatores que causam ou refletem a pobreza e como os não pobres também são afetados pela pobreza. Depois, examinamos as atuais soluções para o problema da pobreza e descrevemos como a solução do marketing social difere delas.

A Parte II, "Aplicação da perspectiva e das soluções de marketing", é mais prática e apresenta diversas teorias, princípios e técnicas que têm sido usados para criar campanhas de mudança de comportamento; isso é exemplificado com casos de redução de pobreza bem-sucedidos em todo o mundo.

A Parte III, "Garantia de uma abordagem integrada", aborda o papel único que os três grandes setores (público, sem fins lucrativos e privado) desempenham na redução da pobreza; o último capítulo enfatiza a necessidade crucial de esses três setores trabalharem juntos, garantindo uma abordagem integrada.

Acreditamos que você terá facilidade para entender o conceito de marketing. Adotamos uma perspectiva orientada para o cliente. Definimos quem são nossos clientes e o que precisam e desejam a fim de adotar os comportamentos desejáveis que temos em mente – aqueles que os ajudarão a sair da pobreza.

Notas

[1] Thomas Malthus, *Principles of Political Economy* (London: William Pickering, 1836).

[2] Donella H. Meadows (e outros), *The Limits to Growth: A Report for the Club of Rome's Project on the Predicament of Mankind* (Nova York: Universe Books, 1972).

[3] Hernando de Soto, *The Mystery of Capital: Why Capitalism Triumphs in the West and Fails Everywhere Else* (Nova York: Basic Books, 2000).

[4] Paul Collier, *The Bottom Billion: Why the Poorest Countries Are Failing and What Can Be Done About It* (Oxford, U.K.: Oxford University Press, 2007).

[5] Jeffrey Sachs, *The End of Poverty: Economic Possibilities for Our Time* (Nova York: Penguin Press, 2005).

[6] William Easterly, *The White Man's Burden: Why the West's Efforts to Aid the Rest Have Done So Much Ill and So Little Good* (Nova York: Penguin Press, 2006). O mesmo ceticismo sobre a ajuda estrangeira é expresso em Clark C. Gibson, Krister Andersson, Elinor Ostrom e Sujai Shivakumar, *The Samaritan's Dilemma: The Political Economy of Development Aid* (Oxford, U.K.: Oxford University Press, 2005).

Sumário

PARTE I   **Compreender o Problema da Pobreza e suas Soluções Amplas** **29**

Capítulo 1   **Por que a Pobreza Fere a Todos** **31**

Quem e quantos são os pobres? 33
Onde vivem os pobres? 36
Por que eles são pobres? 36
Por que devemos nos importar com os pobres? 41
Resumo 44
Notas 45

Capítulo 2   **Exame de Muitas Soluções Atuais** **47**

Principais estratégias propostas para a redução da pobreza . . . 48
Necessidade de uma estratégia multilateral 51
Organizações financiadoras ativas na luta contra a pobreza . . . 51
Cinquenta medidas específicas atuais para ajudar os pobres . . . 57
Consequências inesperadas de programas
bem-intencionados 61
Por que o pensamento de marketing precisa ser adicionado
à solução da pobreza 62
Seis compreensões-chave sobre os pobres 63
Não o que, mas como 66
Resumo 66
Notas 66

24 Sumário

Capítulo 3 **A Solução do Marketing Social** **69**

O que está envolvido na tentativa de mudar o
comportamento de alguém? 70
O que é marketing social? 73
Quais questões relativas à pobreza podem se beneficiar
com o marketing social? 74
Como o marketing social difere do marketing comercial,
do marketing sem fins lucrativos e do marketing no
setor público? 76
Quais são os principais fundamentos do marketing social? 77
Como evoluiu o conceito de marketing social? 80
Quem faz marketing social? 83
Quais são as outras maneiras de impactar as
questões sociais? 84
Qual é o papel do profissional de marketing social
em influenciar os fatores no topo da hierarquia? 85
Resumo. 87
Notas 88

PARTE II **Aplicação da Perspectiva e das Soluções**
de Marketing **91**

Capítulo 4 **Segmentação do Mercado da Pobreza** **93**

Passos para determinar as prioridades do mercado-alvo 99
A teoria e a prática tradicionais de segmentação
de mercado. 100
Segmentação por nível de pobreza 103
A prevalência da macrossegmentação e seus problemas. 104
Argumentos a favor da microssegmentação. 106
Estratégias de segmentação recomendadas para
campanhas de marketing social 110
Considerações adicionais ao escolher variáveis
de segmentação 110
Resumo. 115
Notas 115

Capítulo 5 **Avaliação e Escolha das Prioridades no Mercado-Alvo. . 117**

Modelos para avaliar segmentos 124
Resumo: Que modelo deve ser escolhido? 138
Notas 139

Sumário **25**

Capítulo 6 **Como Decidir sobre as Mudanças Comportamentais Desejadas** **141**

Quais são os comportamentos desejados? 147
Teorias de mudança de comportamento. 149
Um modelo analítico para escolher comportamentos 160
Resumo. 164
Notas 165

Capítulo 7 **Compreender as Barreiras, os Benefícios e a Competição pela Mudança** **167**

Barreiras 171
Benefícios 174
Concorrência. 178
Resumo. 181
Notas 183

Capítulo 8 **Desenvolvimento do Posicionamento Desejado e do *Mix* de Marketing Estratégico.** **185**

Posicionamento. 192
O *mix* de marketing estratégico (os quatro Ps) 194
Resumo. 209
Notas 210

PARTE III **Garantia de uma Abordagem Integrada** **213**

Capítulo 9 **Desenvolvimento de um Plano de Marketing Social** ... **215**

Etapa 1: Histórico, propósito e foco. 218
Etapa 2: Análise da situação 218
Etapa 3: Perfil do público-alvo 219
Etapa 4: Objetivos e metas do marketing 220
Etapa 5: Fatores que influenciam a adoção
do comportamento. 222
Etapa 6: Declaração de posicionamento. 223
Etapa 7: Estratégias do *mix* de marketing. 223
Etapa 8: Plano de monitoramento e avaliação 227
Etapa 9: Orçamento 228
Etapa 10: Plano para implementação e gestão
da campanha 229
Resumo. 229
Notas 230

26 Sumário

Capítulo 10 O Papel do Setor Público na Redução da Pobreza 231

Que papel crucial os órgãos do governo desempenham na
redução da pobreza? 237
O papel do governo americano na redução da pobreza 238
O papel do governo chinês 240
O papel do governo de Bangladesh 242
Visão geral do papel do governo na redução da pobreza 243
Marketing social no setor público. 245
Resumo. 247
Notas 247

**Capítulo 11 O Papel do Setor sem Fins Lucrativos na Redução
da Pobreza. 249**

O que são organizações sem fins lucrativos e por que elas
são necessárias? 250
Que papel crucial as organizações sem fins lucrativos
desempenham na redução da pobreza? 255
Quais organizações sem fins lucrativos importantes
atuam na área da pobreza? 256
CARE. 257
Organizações sem fins lucrativos nacionais que lutam
contra o problema da pobreza. 261
Marketing social no setor sem fins lucrativos 265
Resumo. 268
Notas 268

Capítulo 12 O Papel do Setor Privado na Redução da Pobreza 271

O papel único que o setor privado desempenha na redução
da pobreza 276
Comportamento empresarial no passado 278
As empresas precisam mudar. 280
As empresas se envolvem no problema da pobreza 281
Esforços das empresas para baratear o custo de bens
e serviços. 284
Marketing social no setor privado 285
Resumo. 287
Notas 287

Sumário **27**

Capítulo 13 **Levando os Três Setores a Trabalhar Juntos** **289**

Desenvolvimento de uma estratégia tripla 292
Mais sobre o funcionamento do relacionamento triplo...... 295
De volta à parceria tripla 301
Resumo... 303
Notas 303

ÍNDICE **305**

ESTUDOS DE CASO

Capítulo 4 HIV/AIDS: Revertendo a tendência por meio de técnicas
de segmentação de público-alvo 94

Capítulo 5 Sound Families: uma iniciativa da Fundação
Bill & Melinda Gates no estado de Washington 118

Capítulo 6 Planejamento familiar: Uma solução para a
redução da pobreza
Estudos de caso da Population Services International (PSI) ... 142

Capítulo 7 Produtividade agrícola: O caso promissor em Malawi 168

Capítulo 8 Prevenção sustentável da malária: História de sucesso
da NetMark na África............................... 186

Capítulo 9 Exemplo: redução da tuberculose no Peru 218

Capítulo 10 Nova York City: Center for Economic Opportunity 232

Capítulo 11 Resposta de emergência da comunidade e alívio de
desastres na América Central: um estudo de caso da
World Vision 251

Capítulo 12 A Microsoft ajuda sérvios e ciganos na Hungria a atingir
seu potencial ilimitado.............................. 272

Capítulo 13 A luta contra a oncocercose: é preciso uma parceria global. . . 290

PARTE I

Compreender o Problema da Pobreza e suas Soluções Amplas

1

Por que a Pobreza Fere a Todos

"A pobreza é uma convocação para agir – para os pobres e também para os ricos – um chamado para mudar o mundo a fim de que muitos mais tenham o suficiente para comer, abrigo adequado, acesso à educação e saúde, proteção diante da violência e voz ativa sobre o que ocorre em sua comunidade."

—Banco Mundial[1]

Às 5 da manhã, em Zimbabue, Chipo, de 13 anos, anda três quilômetros para buscar água a fim de matar a sede de seus quatro irmãos mais novos, entre 5 e 11 anos. Ela prepara uma panela pequena de mingau, pensando onde vai conseguir algo para alimentá-los à noite. Ela terá de carregar sua irmã caçula, que está com diarreia há uma semana, até uma clínica médica a seis quilômetros de distância, sabendo que terá uma longa espera pela frente. Os pais morreram de AIDS no começo do ano. Os vizinhos também são pobres, mas têm ajudado um pouco. Ela nem pensa em estudar; os irmãos e a própria sobrevivência são sua única preocupação.

Enquanto isso, perto de uma máquina de venda automática em um posto de gasolina em Newark, New Jersey, Jim vê Suzanne, a quem não encontrava há muito tempo. Ele fica chocado com sua aparência esquálida e suas roupas gastas. Ela começa a chorar e explica que não tem comido muito porque não tem dinheiro para comprar alimentos. Há três anos, ela foi atingida por um motorista bêbado e o acidente provocou uma série de fraturas. Ela passou meses no hospital e, quando voltou para casa, o marido pediu o divórcio. Ela vive com US$ 700 de pensão alimentícia por mês e US$ 60 em vales-alimentação.

32 PARTE I ❖ Compreender o Problema da Pobreza e suas Soluções Amplas

Ela tentou se inscrever para o auxílio invalidez, mas ficou sabendo que não atendia aos requisitos. Ela também se candidatou a empregos em meio-período, mas acha que os empregadores desistem de contratá-la assim que veem que ela anda com uma bengala. Ela paga US$ 430 de aluguel, US$ 90 de água e luz e US$ 60 de telefone. Ela gasta mais de US$70 por mês em consultas médicas e remédios e US$ 40 em gasolina. Isso lhe deixa US$10 para comida, pois geralmente os vales-alimentação acabam na metade do mês. Suzanne engoliu as lágrimas ao explicar como se sente mal por não tomar banho, mas sabonete e xampu não podem ser comprados com vale-alimentação.

Os terríveis destinos de pobres como Chipo e Suzanne parecem conhecidos a muitos de nós. Vemos os rostos dos famintos, desempregados e sem-teto. Lemos sobre as desigualdades de sexo, sobre os que são analfabetos e sobre aldeões que têm de andar uma hora a pé para conseguir cuidados de saúde ou para buscar água potável. Sabemos das mães cujos filhos pequenos morrem por causa de diarreia, das mães que morrem no parto e das que envelhecem prematuramente. Somos relembrados frequentemente de quantas pessoas têm tuberculose, malária ou HIV/AIDS. E ouvimos sobre os agricultores cujas terras produzem menos a cada ano, cujos animais de criação não são saudáveis e cuja água está contaminada.

Mas qual é o impacto sobre o resto de nós, os não pobres? Achamos que é enorme e explicamos por que neste capítulo. No decorrer dos anos, foram escritos muitos livros sobre a pobreza, suas causas e soluções. Alguns têm uma visão de 360° e oferecem ideias amplas de políticas e soluções, muitas vezes envolvendo medidas econômicas. Outros se aproximam muito das vítimas da pobreza e descrevem suas dificuldades e sofrimentos. Este livro é diferente, pois se concentra nos aspectos do trabalho de campo que tenta resolver os problemas específicos, como fome, doenças, educação inadequada, planejamento familiar, água imprópria para o consumo e outros que contribuem para a pobreza. Acreditamos que o campo em desenvolvimento do *marketing social,* com seu aparato de conceitos, ferramentas e princípios, afeta profundamente esses problemas e está faltando no *mix* de solução da pobreza.

Nosso foco e atenção incansáveis voltam-se para os pobres que desejam ajudar a si mesmos. O que eles desejam e necessitam para lidar com as barreiras e para apoiar os comportamentos que os tirarão da pobreza, ou evitarão que empobreçam? Esses são os sem-teto que não sabem quais recursos estão disponíveis nem como ter acesso a eles; os milhões de mulheres que desejam usar planejamento familiar, mas não conseguem convencer seus maridos; os agricultores pobres que têm medo de experimentar fertilizantes químicos porque ouviram dizer que podem prejudicar seus animais de criação; as prostitutas que temem perder negócios, ou ser presas, se sugerirem que seus clientes usem camisinhas; os pescadores que pensam que os mosquiteiros entregues em sua casa servem para pegar mais peixes; os jovens que desejam empregos que exigem conhecimento de informática que eles não têm; os pacientes de tuberculose que acham que por estarem se sentindo melhor podem interromper a medicação; as famílias pobres que querem economizar, mas não confiam nas instituições financeiras; as crianças que abandonam a escola porque a coceira provocada pela oncocercose faz com que sejam alvo de zombarias; e alunos do ensino médio que não terminam os estudos porque faltam muito às aulas e ficam para trás.

Descreveremos neste livro muitos casos em que a teoria e a prática do marketing social têm sido aplicadas com sucesso para influenciar comportamentos que reduzam a pobreza e melhorem a qualidade de vida. Acreditamos que a necessidade de acelerar a luta contra a pobreza é cada vez mais urgente em consequência do colapso financeiro que, a partir de 2008, tem feito com que mais pessoas percam o emprego (até mesmo seus lares) e o número de pobres aumente cada vez mais. Esperamos que as novas ferramentas e os novos conceitos para lidar com essas questões sejam úteis.

Começamos com uma breve descrição da paisagem da pobreza, respondendo às perguntas: quem são os pobres? Quantos eles são? Onde eles moram? Por que eles são pobres?

QUEM E QUANTOS SÃO OS POBRES?

Os governos estão interessados em medir a pobreza por diversos motivos: para mensurar seu percentual na população, para saber se a pobreza está aumentando ou diminuindo, para mensurar seu percentual nos diferentes grupos e, talvez, o mais importante, para dar uma direção às estratégias de redução da pobreza. Várias definições de "pobres" bastante comuns são apresentadas no quadro "Definições da Pobreza".

O Banco Mundial afirma que uma pessoa é considerada pobre se seu nível de renda ou de consumo estiver abaixo de um nível mínimo necessário para suprir as necessidades básicas. Esse nível mínimo é chamado de *linha de pobreza*. Como as necessidades básicas variam com o tempo e entre as sociedades, as linhas de pobreza variam com a época e o lugar. Cada país usa uma linha que é adequada a seu nível de desenvolvimento, normas sociais e valores. As informações sobre renda e consumo são obtidas por meio de pesquisas por amostragem em residências, realizadas com regularidade na maioria dos países. Ao estimar a pobreza mundial, é preciso usar a mesma referência de pobreza, para obter uma unidade comum a todos os países. Desde 2005, o Banco Mundial tem usado linhas de referência de renda diária de US$1,25 e US$2 por pessoa.[2]

Jeffrey Sachs, no livro *The End of Poverty*, distingue e descreve três graus de pobreza. Para cada um deles, aplicamos as linhas de referência do Banco Mundial para estimar o tamanho de cada grupo:

- Os que se encontram em *pobreza extrema* são as famílias que "não conseguem suprir as necessidades básicas de sobrevivência. Eles são cronicamente famintos, sem acesso a cuidados de saúde, à água potável e ao saneamento, não têm como custear a educação de alguns ou de todos os seus filhos e talvez nem tenham um abrigo rudimentar – um teto para protegê-los da chuva, uma chaminé para remover a fumaça do fogão a lenha – e artigos básicos de vestuário, como sapatos".[3] Usando os dados mais recentes (2005) do Banco Mundial, os economistas estimaram que 1,4 bilhão de pessoas viviam em pobreza extrema, com menos de US$ 1,25 por dia.[4]

- As pessoas que estão na *pobreza moderada*, "mal conseguem suprir suas necessidades básicas".[5] Essas pessoas têm de deixar de lado muitas das coisas que costumamos considerar como garantidas, como educação e cuidados de saúde. O menor infortúnio (problemas de saúde, perda de emprego, catástrofes naturais, seca, inflação) ameaça sua sobrevivência ou pode fazê-los cair no nível de pobreza extrema. Se definirmos os pobres moderados como as pessoas que ganham entre US$1,25 e US$2 por dia, seu número é estimado em 1,6 bilhão de pessoas.[6]

- Uma família em *pobreza relativa* tem um "nível de renda abaixo de uma determinada proporção da renda nacional",[7] o que reflete a distribuição de renda em cada país. "Os relativamente pobres, nos países de alta renda, não têm acesso a bens culturais, diversão, recreação e a cuidados de saúde de qualidade, boa educação e a outros pré-requisitos para a ascensão social".[8] Eles também podem estar recebendo menos atenção, pois o foco dirige-se para resolver o problema da pobreza extrema e da moderada, nas quais o sofrimento é mais óbvio. Embora não haja estimativas globais em relação aos pobres relativos, não seria de surpreender se houvesse mais de um bilhão de pessoas nesta categoria, fazendo com que o número total de pobres no mundo chegasse a 4 bilhões – a maioria de nós.

Capítulo 1 ❖ Por que a Pobreza Fere a Todos **35**

Definições de Pobreza

- *Definição absoluta.* A partir de 2005, o Banco Mundial define as pessoas que vivem na pobreza extrema como as que ganham menos de US$1,25 por dia, e as que vivem em pobreza moderada como as que ganham entre US$1,25 e $2 por dia.

- *Definição baseada na alimentação.* Define um limiar que diz que o custo da obtenção de quantidade suficiente de alimentos para um determinado tamanho de família não deve exceder 33% da renda disponível da família. Assim, uma família de quatro pessoas deve ganhar pelo menos US$19.991 ao ano porque precisa gastar US$6.663 para conseguir uma quantidade adequada de alimentos. Essa família de quatro pessoas será definida como pobre se ganhar menos de US$19.991 por ano. Essa medida tem sido usada historicamente nos Estados Unidos, mas não pela maioria dos outros países.

- *Definição do índice de pobreza humana.* O Programa de Desenvolvimento das Nações Unidas define um índice composto por quatro fatores: a probabilidade de uma criança não ultrapassar os 60 anos, a taxa de analfabetismo funcional, o desemprego de longo prazo e a população que vive com menos de 50% da renda média nacional.

- *Por situação.* A ONU define a pobreza como "uma condição humana caracterizada pela privação crônica ou contínua de recursos, capacidades, escolhas, segurança e poder necessários para desfrutar de um padrão adequado de vida e de outros direitos civis, culturais, econômicos, políticos e sociais".[9]

- *Definições pelo local em que os pobres moram.* Os *pobres de aldeias* são encontrados em milhares de aldeias na África, na Ásia e em todos os locais onde pouco se cultiva e onde existem poucas indústrias. Os *pobres rurais* vivem em pequenas comunidades que estagnaram em consequência de seca ou de abandono de indústrias e onde existem poucas oportunidades de emprego. E os *pobres urbanos* moram em pobreza relativa ou, nos piores casos, em favelas apinhadas e sujas.

ONDE VIVEM OS POBRES?

Mais de 90% dos pobres extremos vivem em três regiões do mundo: África subsaariana, leste e sul da Ásia. Detalhando a pobreza extrema por país, a Tabela 1.1 apresenta a porcentagem dos pobres do mundo que vivem em cada um desses países, sendo "pobre" definido como quem vive abaixo da linha de pobreza global de US$1 por dia.[10] Conforme indicado, dez países representam 84,24% dos pobres do mundo e quase dois terços (63%) moram na Índia ou na China.

Porém, para entender o quanto um país é "pobre", é mais relevante considerar qual proporção de sua população vive em pobreza extrema. A Tabela 1.2 apresenta essa estatística para todos os países que têm 50% ou mais pessoas vivendo abaixo da linha de pobreza. Como se pode ver, a grande maioria (70%) desses países está na África.

Alguns ficam surpresos ao saber que a Índia tem (apenas) 25% da população vivendo abaixo da linha de pobreza, a China, 10% e os Estados Unidos, 12%. O próximo quadro fornece mais detalhes sobre os Estados Unidos.

POR QUE ELES SÃO POBRES?

Existem debates contínuos a respeito das causas da pobreza que influenciam o planejamento e a implementação de programas de redução da pobreza que serão examinados no Capítulo 2, "Exame de muitas soluções atuais". A maioria dos fatores citados como causas da pobreza, no entanto, estão relacionados a algumas

TABELA 1.1 Os dez países que representam 84,24% dos pobres do mundo (abaixo de US$1 por dia)

Posição	País	Porcentagem de pobres do mundo
1	Índia	41,01%
2	China	22,12%
3	Nigéria	8,03%
4	Paquistão	3,86%
5	Bangladesh	1,82%
6	Brasil	1,82%
7	Etiópia	1,82%
8	Indonésia	1,49%
9	México	1,43%
10	Rússia	0,99%

Fonte: NationMaster, 2008

Capítulo 1 ❖ Por que a Pobreza Fere a Todos **37**

TABELA 1.2 Países que têm 50% ou mais pessoas vivendo abaixo da linha de pobreza[11]

Posição	País	Porcentagem da população que vive abaixo da linha de pobreza
1	Libéria (África)	80%
2	Faixa de Gaza (Oriente Médio)	80%
3	Haiti (América Central)	80%
4	Zimbábue (África)	80%
5	Chade (África)	80%
6	Serra Leoa (África)	70,2%
7	Suriname (América do Sul)	70%
8	Moçambique (África)	70%
9	Angola (África)	70%
10	Nigéria (África)	70%
11	Suazilândia (África)	69%
12	Burundi (África)	68%
13	Tadjiquistão (África)	60%
14	Bolívia (América do Sul)	60%
15	Ruanda (África)	60%
16	Comoros (África)	60%
17	Guatemala (América Central)	56,2%
18	Malaui (África)	55%
19	Senegal (África)	54%
20	São Tomé e Príncipe (África)	54%
21	Afeganistão (Ásia)	53%
22	Honduras (América Central)	50,7%
23	Quênia (África)	50%
24	Namíbia (África)	50%
25	Etiópia (África)	50%
26	Madagascar (África)	50%
27	Eritreia (África)	50%
28	África do Sul	50%

Fonte: NationMaster, 2009

poucas categorias pincipais: saúde, ambiente, economia, infraestrutura, educação, fatores sociais e planejamento familiar. Veja alguns exemplos a seguir:

- *Saúde ruim* que pode ser causada por falta de acesso financeiro a serviços de saúde, nutrição inadequada, baixos níveis de atividade física, doenças crônicas, depressão clínica, uso de drogas, falta de vacinação e/ou a disseminação de doenças como AIDS, malária e tuberculose.

Pobreza nos Estados Unidos

Nos Estados Unidos, estima-se que 37 milhões de americanos (12%) vivam abaixo da linha de pobreza oficial. Muitos ficam surpresos com os fatos a seguir, publicados em 2007, antes do colapso da indústria das hipotecas e do aumento dos preços da gasolina:[12]

- Um em oito americanos vive na pobreza. Uma família de quatro pessoas é considerada pobre se sua renda familiar ficar abaixo de US$19.991 por ano.

- Um terço de todos os americanos experimentará a pobreza dentro de um período de 13 anos. Nesse período, um em 10 americanos será pobre durante a maior parte do tempo e um em 20 será pobre por 10 anos ou mais.

- A pobreza nos Estados Unidos é muito mais elevada que em muitos outros países desenvolvidos. Na virada do século XXI, os Estados Unidos situavam-se em 24º lugar entre os primeiros 25 países quando se media a parcela da população abaixo de 50% da renda mediana.

As taxas de pobreza americanas variam significativamente por raça, idade, nível de escolaridade e outras características econômicas, sociais e demográficas. A taxa geral de pobreza para os menores (com menos de 18 anos) é de 22%, a mais alta no mundo desenvolvido. A taxa é mais alta para os menores afroamericanos (30%). A pobreza nos Estados Unidos aumentou recentemente devido ao aumento nos preços do petróleo, a queda nos preços das moradias, o elevado fardo de dívidas e a desindustrialização resultante da terceirização estrangeira de mais mercadorias que normalmente teriam sustentado os empregos operários no país.

Existe muita controvérsia quanto à mensuração da pobreza e às soluções para essa situação nos Estados Unidos. Os liberais tendem a afirmar que os níveis de pobreza são subestimados porque essas medidas ignoram os custos médicos dos pobres, os pagamentos de pensões alimentícias a filhos e outros custos. Os liberais geralmente desejam que o governo gaste mais em programas antipobreza. Os conservadores tendem a acreditar que os níveis de pobreza são superestimados por não se levar em conta os benefícios não monetários que os pobres recebem, como vales-alimentação, moradia pública, caridade de igrejas e empregos temporários. Os conservadores também argumentam que a vida na pobreza atualmente não é tão ruim como era no passado, pois muitos pobres têm aparelhos de TV, eletrodomésticos e até mesmo carros. Eles citam que 91% das famílias entre os 10% mais pobres da população possuem uma TV em cores, 55% possuem videocassete e 42% têm aparelho de som. Para eles, a solução está no crescimento econômico e não em ajuda financeira.

Capítulo 1 ❖ Por que a Pobreza Fere a Todos **39**

- *Fatores ambientais adversos,* incluindo erosão que causa infertilidade do solo, pastos usados em excesso, solos usados em excesso para plantação, desmatamento, catástrofes naturais, seca, contaminação da água e mudanças climáticas.
- *Condições econômicas difíceis* como desemprego generalizado, baixos salários, gastos excessivos ou fracassos econômicos de governos.
- *Falta de infraestrutura e serviços básicos* como estradas, tratamento de esgotos, suprimento de água e eletricidade.
- *Acesso difícil à educação* ou famílias cujos filhos não frequentam a escola porque precisam trabalhar na lavoura ou em outros negócios familiares.
- *Fatores sociais poderosos* incluindo crime, violência doméstica, distribuição de renda, guerra, discriminação, desigualdades entre os sexos, além de crenças, ações e escolhas individuais.
- *Falta de planejamento familiar,* às vezes refletindo a falta de acesso a aconselhamento e a serviços relacionados e, às vezes, sendo resultado de crenças religiosas ou de tradições culturais.

Novas forças que operam no mundo de hoje ameaçam ainda mais os suprimentos de alimentos, aumentando o custo da comida e o sofrimento dos pobres. As principais forças negativas incluem:

- *Altos preços da energia.* No passado, as economias mundiais eram movidas a petróleo barato. O preço de um barril de petróleo chegou a US$140 em meados de 2008, fazendo com que os custos de transporte, alimentação e outros subissem significativamente. Posteriormente, os preços do petróleo caíram para US$45 o barril, o que reduziu os custos da energia, mas atingiu os países ricos em petróleo, como a Venezuela e outros que dependem de receitas mais elevadas do petróleo, provocando o aumento do desemprego nesses países.
- *A ascensão da China.* O espetacular crescimento econômico da China exigiu grandes compras do aço mundial, de materiais de construção, alimentos e outros itens provocando um aumento significativo nos preços.
- *Biocombustíveis.* A conversão de terras férteis para a plantação de milho a ser transformado em biocombustível aumentou o preço das terras cultiváveis e de muitos produtos alimentícios.
- *Secas.* Secas longas na Austrália, na China e em outros países reduziram significativamente a produção de arroz, provocando um expressivo aumento dos preços, e resultando em escassez de alimentos e tumultos em países importadores de arroz, como o Haiti e o Egito.

- *Mudanças na alimentação.* As pessoas nos países emergentes, que estão vivenciando um grande crescimento econômico, estão consumindo mais carne, o que aumentou a necessidade de grãos para alimentar o gado e os porcos, fazendo assim com que os preços dos alimentos ficassem mais altos.
- *Aquecimento global.* O aquecimento global tende a afetar a produção de alimentos em países mais próximos ao Equador ao contribuir para condições de seca.
- *Colapso financeiro de 2008.* A economia americana passou repentinamente de forte a fraca em resultado dos padrões de crédito que levaram ao excesso de construção de moradias e à queda dos preços, fazendo com que muitos tomadores de hipotecas não pudessem honrar seus pagamentos mensais. Os preços das casas despencaram, os bancos pararam de oferecer empréstimos e grandes empresas – Lehman Brothers, AIG Insurance, Citicorp – mergulharam na falência ou em operações de salvamento de empresas. O problema americano espalhou-se para todos os outros países que tinham hipotecas "podres" e uma nova tendência a corte de custos em vez de gastos por parte dos consumidores e empresas provocou uma recessão mundial repleta de fechamentos de fábricas, perda de empregos e aumento no número de pobres.

O impacto dessas forças sobre os custos de vida, disponibilidade de crédito e desemprego aprofundou o nível da pobreza. Em 2008, por exemplo, tumultos por alimentos irromperam em Bangladesh e no Egito e houve necessidade de intervenções militares na Ásia. Mesmo nos Estados Unidos, os bancos de alimentos e organizações que oferecem sopa aos pobres relataram um aumento de 20% no número de visitantes, e o número de cidadãos inscritos nos programas de vales-alimentação aumentou em 1,3 milhão.[13]

Há também o ciclo vicioso da pobreza. Infelizmente, a pobreza tem uma tendência intrínseca de persistir durante gerações nas famílias pobres. Cada bebê nascido em uma família pobre enfrenta uma probabilidade maior do que a média de morrer no parto ou logo depois devido a instalações de saúde inadequadas e péssimas condições de vida. Se o bebê sobreviver, ele será exposto a fome, água poluída, doenças como malária e disenteria e a outros riscos graves. Se a criança sobreviver, ela provavelmente crescerá com pouca supervisão adulta porque os pais trabalham nos campos ou estão fracos demais para trabalhar; a criança pobre urbana crescerá em condições de favela e terá pouca ou nenhuma escolaridade; ela terá mais probabilidade de se ligar a amigos quando chegar à adolescência, muitos dos quais formarão gangues para proteção mútua. Algumas crianças terminarão na mendicância, em furtos ou no tráfico de drogas. É provável que a iniciação sexual seja precoce, resultando em jovens grávidas devido a pouca supervisão paterna ou à ignorância sobre os métodos de controle de fertilidade. Essas jovens então trazem recém-nascidos ao mundo e estes não têm mais chances do que seus pais de escapar da pobreza.

POR QUE DEVEMOS NOS IMPORTAR COM OS POBRES?

A pobreza é uma condição miserável e injusta que sempre assombrou a humanidade. A maioria das pessoas considera que o problema é insolúvel. Elas veem soluções anteriores que fracassaram. Alguns até pensam que as soluções anteriores pioraram a condição dos pobres. Elas afirmam que ajudar os pobres aumenta a dependência e produz uma "cultura da pobreza" que persiste de uma geração para outra. Alguns vão além e culpam os pobres por seus problemas. Eles pensam que muitos pobres são incapazes, preguiçosos e pouco inteligentes, ou mesmo parasitas. Dito isso, existe um pessimismo difundido sobre a capacidade humana de reduzir o nível de pobreza e as vidas desperdiçadas.

Por que é importante ser otimista sobre a capacidade humana de reduzir o número de pessoas que desperdiçam suas vidas em condições de penúria? O que os que não são pobres ganharão se a vida dos pobres melhorar? A resposta é que os que não são pobres, bem como os pobres, podem se beneficiar por sete razões.

Primeira: a pobreza significa *vidas desperdiçadas* – vidas de pessoas que poderiam cultivar todo seu potencial, prosperar e contribuir. Quantos poderiam ter se tornado médicos, cientistas, profissionais e contribuir para o bem-estar de suas famílias, amigos e da sociedade mais ampla? O Capítulo 7, "Compreender barreiras, benefícios e a competição pela mudança", conta a história de Cheong Chuon, um fazendeiro cambojano que, por causa do programa na Farmer Field School que frequentou, aprendeu a alimentar bem suas galinhas de modo mais barato dando-lhes minhocas e a alimentar suas larvas de cupins de um cupinzeiro. Ele também foi aconselhado a pedir um microempréstimo que usou para comprar mais galinhas e construir um galinheiro. Ele conseguiu pagar o empréstimo com o aumento da produtividade.

Segunda: a pobreza gera desespero e leva alguns pobres a vidas desperdiçadas e, em alguns extremos, até ao *crime*. Há muitos mendigos nos países

42 PARTE I ❖ Compreender o Problema da Pobreza e suas Soluções Amplas

pobres e, em alguns casos, eles até se organizam em cooperativas. Alguns dos que são privados de coisas boas se voltam para atividades criminosas – assaltos, roubos à mão armada, prostituição ou tráfico de drogas. As vítimas do crime incluem os pobres bem como muitos membros da sociedade mais ampla. Quantos poderiam ser organizados e apoiados para se tornarem produtivos em vez de destrutivos? No Capítulo 5, "Avaliação e escolha das prioridades do mercado-alvo", falaremos dos catadores de lixo que vivem nas favelas próximas a Manila, nas Filipinas. Eles se reúnem, diariamente, para escavar uma montanha de 39 metros de lixo no maior lixão da cidade. Suas indústrias caseiras florescem enquanto milhares de pessoas separam os cestos que levam para as favelas. Pensem no que aconteceria a esses 150.000 moradores se suas atividades não fossem apoiadas pela prefeitura.

Terceira: os pobres estão mais sujeitos a doenças e *problemas de saúde.* Considerem que no mundo rápido de hoje, as doenças viajam a velocidades estonteantes. Embora a AIDS tenha demorado décadas para se espalhar, a gripe aviária mostrou sinais de fazer isso em meses. Os que têm apenas algumas aves para fornecer ovos e umas poucas galinhas para comer não irão destruir sua única fonte de alimento para evitar que alguém, que mora em uma terra que nunca viram, venha a ter gripe aviária. E, conforme descrito no Capítulo 4, "Segmentação do mercado da pobreza", pensem em qual teria sido o destino de Nova York se uma campanha agressiva de distribuição de camisinhas não tivesse sido lançada no Dia dos Namorados em 2007. A cidade, com apenas 3% da população do país, tem 18% dos casos de HIV/AIDS.

Quarta: a desesperança sentida pelos pobres faz com que eles tendam a *seguir qualquer demagogo* que prometa salvação, quer seja por meio de comunismo, fascismo ou extremismo religioso. Osama bin Laden agiu no Sudão durante anos e conseguiu muitos seguidores. A pobreza e a desesperança são a principal fonte de terroristas suicidas que estão dispostos a trocar sua vida pelas pequenas recompensas dadas a suas famílias. No Capítulo 6, "Determinação das mudanças comportamentais desejadas", contaremos a história de Gulbibi, moradora do Paquistão, que se casou aos 16 anos. Aos 26 anos, ela já tinha quatro filhos e sofrido um aborto. Finalmente, com a ajuda de uma clínica de famílias, ela conseguiu convencer o marido de que eles não tinham como sustentar mais filhos no momento. Mas qual teria sido seu futuro e, potencialmente, o de muitas outras pessoas, se ela não tivesse agido?

Quinta: os pobres representam muito mais do que um grupo que merece nossa simpatia e caridade. Ajudar os pobres a escapar da pobreza também ajudará a *elevar a renda do resto do mundo.* Os pobres constituem uma grande oportunidade de mercado ainda não aproveitada para as empresas

Capítulo 1 ❖ Por que a Pobreza Fere a Todos **43**

que puderem imaginar novas formas de diminuir o custo de produtos e serviços. Até agora, as empresas têm deixado de reconhecer "a fortuna que se encontra na base da pirâmide".[14] Por meio de empréstimos de microfinanciamento, embalagens em tamanhos menores e equipamentos menos caros (computadores, celulares e assim por diante), a maioria dos pobres teria acesso aos frutos materiais da sociedade moderna. As empresas precisam dar atenção aos pobres se desejarem saber onde irão vender ou alugar o próximo bilhão de celulares ou computadores.

Atualmente milhões de chineses e indianos estão empregados na fabricação de produtos de baixo custo a serem vendidos em outros países menos desenvolvidos. Modelos básicos de geradores elétricos que suprem as necessidades essenciais são vendidos por menos de US$200 na África para os trabalhadores pobres. Unidades com produção de eletricidade comparável, mas com mais recursos, são vendidas três ou quatro vezes mais caro nos países desenvolvidos. Os preços de celulares estão ficando abaixo de US$30, em parte porque não têm recursos considerados desnecessários para muitos clientes. Um celular barato em um país como Mali, onde existe apenas uma linha telefônica fixa por 1.000 habitantes, é uma oportunidade comercial, não só uma conveniência. O proprietário de um celular cobra por minuto para que as outras pessoas façam ligações e o transforma em um meio de vida.

C. K. Prahalad,[15] no livro *A Riqueza na Base da Pirâmide,* faz uma apresentação convincente em prol da adaptação de produtos para que sejam acessíveis aos pobres. Segundo as contas feitas por Prahalad, os pobres moderados e extremos têm um poder aquisitivo igual a US$8 bilhões por dia. Isso transforma os pobres em um mercado anual de vários trilhões de dólares para os produtos mundiais. Prahalad acredita que os pobres são uma oportunidade, não um fardo. As empresas ocidentais podem relançar modelos anteriores e mais simples de produtos de sucesso e fornecê-los a um custo mais baixo para esse vasto mercado.

Uma sexta razão refere-se ao fato de que os países mais avançados deveriam se preocupar com as nações repletas de pobres. Essas nações muitas vezes reduzem-se a "estados fracassados" que sofrem com conflitos e violência que exigem *intervenção militar* por forças americanas ou da OTAN e das Nações Unidas. Foi isso o que aconteceu com Honduras, Líbano, Somália a Bósnia-Herzegovina – cada um desses surtos de violência entre países ou dentro de um país criando uma ameaça à segurança nacional americana ou europeia. Conforme descrito no Capítulo 11, "O papel do setor sem fins lucrativos na redução da pobreza", a falta de preparo diante de catástrofes naturais também pode levar a estados fracassados e aumentar a necessidade de ajuda interna-

44 Parte I ❖ Compreender o Problema da Pobreza e suas Soluções Amplas

cional. O enorme desastre do Furacão Mitch em 1998 na América Central funcionou como um alerta e inspirou os governos a tomar várias providências para minimizar o impacto das inevitáveis emergências futuras.

Sétima: os pobres ficam desesperados para deixar seu ambiente e imigrar para outros países, legal ou ilegalmente, para melhorar de vida. Os Estados Unidos estimam que 12 milhões de mexicanos e outros latino-americanos entraram ilegalmente no país, apesar dos bilhões gastos no controle de fronteiras. A Europa está começando a sentir as enormes pressões da imigração ilegal de pessoas desesperadas que fogem de circunstâncias terríveis na África e na Ásia. Não só existe o medo de que eles tirem os empregos dos trabalhadores nos países desenvolvidos, mas também que acabem vivendo em favelas e participando do aumento da criminalidade. É evidente que a classe trabalhadora (classes média e alta) nos países desenvolvidos não pode afirmar que está segura e não é afetada pela pobreza. Os pobres não são mais apenas um problema para os pobres, mas um problema para todos nós.

Resumo

Este capítulo apresentou as diversas definições usadas para medir o número de pessoas que vive em condições de pobreza. A "definição absoluta" de pessoas que vivem em pobreza extrema refere-se aos que ganham menos de US$1,25 por dia (cerca de 1,4 bilhão de pessoas). Os que vivem em pobreza moderada ganham entre US$1,25 e US$2 por dia (cerca de 1,6 bilhão de pessoas). Se acrescentarmos o bilhão de pessoas que vivem em pobreza relativa, 4 bilhões de pessoas seriam consideradas pobres. Embora a maioria (63%) das pessoas extremamente pobres vivam na Índia e na China, a África tem a maior porcentagem de sua população vivendo em condições de pobreza.

Vários fatores importantes relacionados com a causa ou com os reflexos da pobreza incluem os ligados à saúde, ao ambiente, à economia, à infraestrutura, à educação, a fatores sociais e ao planejamento familiar. As ideias existentes (um grande conjunto de soluções) para abordar esses fatores são apresentadas no Capítulo 2.

Concluímos mostrando como os não pobres também são afetados pela pobreza, citando sete razões pelas quais todos devemos fazer tudo o que nos for possível:

- Vidas desperdiçadas que poderiam contribuir para família, amigos, comunidades e sociedade
- Crime

Capítulo 1 ❖ Por que a Pobreza Fere a Todos **45**

- Disseminação de doenças e problemas de saúde
- Potencial para seguir demagogos
- Potencial de mercado não aproveitado
- O colapso dos estados fracassados que então requerem recursos externos
- Imigração ilegal para o mundo desenvolvido

Notas

[1] The World Bank. "Poverty Analysis—Overview." Acessado em 30 de agosto de 2008 em http://web.worldbank.org/WBSITE/EXTERNAL/TOPICS/EXTPOVERTY/EXTPA/0,,contentMDK:20153855~menuPK:435040~pagePK:148956~piPK:216618~theSitePK:430367,00.html.

[2] The World Bank. "World Bank Updates Poverty Estimates for the Developing World." 26 de agosto de 2008. Acessado em 31 de agosto de 2008 em http://econ.worldbank.org/WBSITE/EXTERNAL/EXTDEC/EXTRESEARCH/0,,print:Y~isCURL:Y~contentMDK:21882162~pagePK:64165401~piPK:64165026~theSitePK:469382,00.html.

[3] Jeffrey Sachs, *The End of Poverty: Economic Possibilities for Our Time* (New York: Penguin Press, 2005), p. 20.

[4] The World Bank, op. cit.

[5] Sachs, op. cit. p. 20.

[6] The World Bank, op. cit.

[7] Sachs, op. cit. p. 20.

[8] Sachs, op. cit. p. 20.

[9] United Nations. Human Rights in Development. "Poverty: What is poverty?" Acessado em 1 de setembro de 2008 em http://www.unhchr.ch/development/poverty-02.html.

[10] NationMaster. Poverty: Share of all poor people (most recent) by country. Acessado em 31 de agosto de 2008 em http://www.nationmaster.com/red/graph/eco_pov_sha_of_all_poo_peo-poverty-share-all-poor-people&b_printable=1. A fonte de dados relatados como Banco Mundial 2002 para números de população e proporção de população que vivem com menos de um dólar por dia é Indicadores do Milênio (millenniumindicators.un.org).

[11] NationMaster. População abaixo da linha de pobreza (mais recente) por país. Acessado em 27 de fevereiro de 2009 em http://www.nationmaster.com/graph/eco_pop_bel_pov_lin-economy-population-below-poverty-line. Fonte de dados relatada como CIA World Factbook 18 de dezembro de 2003 a 18 de dezembro de 2008.

[12] Center for American Progress Task Force on Poverty, abril 2007. "From Poverty to Prosperity: A National Strategy to Cut Poverty in Half."

[13] "The Progress Report." Center for American Progress Action Fund, 16 de abril de 2008.

[14] C. K. Prahalad, *The Fortune at the Bottom of the Pyramid: Eradicating Poverty Through Profits* (Upper Saddle River, NJ: Wharton School Publishing-Pearson, 2005). Ninguém fez mais do que Prahalad para abrir os olhos das empresas ao imenso e negligenciado

mercado de bilhões de pessoas que vivem na pobreza. Elas precisam de muito dos mesmos produtos, e Prahalad argumenta de forma convincente que, por meio de inovação, embalagem, quantidade ou uso, a maioria dos produtos pode se tornar acessível a esse grande mercado de consumidores ávidos. As empresas que ignoram a mensagem dele fazem isso por sua própria conta e risco.

[15] Prahalad, op. cit.

2

Exame de Muitas Soluções Atuais

"A melhor coisa que se pode fazer pelo próximo não é apenas dividir com ele suas riquezas, mas revelar-lhe as dele mesmo."

—Benjamin Disraeli

Muitas pessoas têm pensado muito sobre como ajudar os pobres a escapar do fardo da pobreza; elas reconhecem que a pobreza assume muitas formas e, assim, exige uma "guerra contra a pobreza", a ser travada em muitas frentes.

As soluções propostas variam com as interpretações do que faz com que as pessoas sejam pobres. Muitos dos fatores que contribuem para a pobreza foram descritos no Capítulo 1, "Por que a pobreza atinge a todos". Agora vamos abordar as numerosas explicações que foram dadas para justificar a persistência da pobreza por toda a história humana, incluindo as seguintes:

- Sempre haverá pessoas com deficiências como pouca inteligência, fraqueza, saúde ruim ou vícios que as condenarão a uma vida de pobreza.
- Muitas famílias têm mais filhos do que podem sustentar e isso as empobrece.
- Uma cultura de pobreza se estabelece em um grupo de pessoas que não adota os valores e as normas da sociedade mais ampla.
- A pobreza resulta do rompimento de famílias nas quais as crianças nascem fora do casamento e não são sustentadas pelo pai.
- A pobreza persiste por causa do fracasso das instituições sociais em proporcionar boa educação, habilidades com valor comercial, boa moradia e modelos positivos.

48 PARTE I ❖ Compreender o Problema da Pobreza e suas Soluções Amplas

- A pobreza é o resultado de discriminação de casta, classe, raça e etnia que limita as oportunidades disponíveis a determinados grupos.
- A pobreza é o resultado da incapacidade da economia de gerar um número suficiente de empregos com bons salários diante da mudança das habilidades necessárias e da desindustrialização.
- A pobreza é o resultado de catástrofes naturais (terremotos, furacões e colheitas ruins) e de guerras.
- A pobreza é o resultado da superconcentração de riqueza nas mãos de poucos e de instituições e leis que favorecem e protegem os ricos.
- A pobreza é o resultado da governança fraca e da corrupção que retarda o crescimento econômico e o desenvolvimento.

Cada explicação tem seus partidários e implica políticas e soluções bem diferentes. Não é de surpreender que haja tanta controvérsia e desacordo em relação aos programas antipobreza propostos. Os instrumentos para lutar contra a pobreza incluem métodos tão diferentes quanto defesa de uma causa, serviço social, educação, legislação, serviço voluntário, caridade e organização comunitária.

PRINCIPAIS ESTRATÉGIAS PROPOSTAS PARA A REDUÇÃO DA POBREZA

Os especialistas que estudaram as causas e as condições da pobreza propuseram quatro caminhos estratégicos principais e bem diferentes para a redução da pobreza: estratégia de crescimento econômico, estratégia de redistribuição, ajuda estrangeira maciça e controle populacional.

Estratégia de crescimento econômico

Muitos consideram que a tarefa de redução da pobreza consiste em aumentar a taxa de desenvolvimento econômico por meio de investimentos sólidos e criação de empregos. Por exemplo, entre 2000 e 2006, o Brasil e o México tiveram um crescimento econômico significativo. Como resultado, está surgindo uma nova classe média baixa nesses países. As pessoas têm um pouco mais de dinheiro para gastar e isso está impulsionando o crescimento de um mercado de consumo de massa. Claramente, o aumento da taxa de crescimento econômico irá ajudar a reduzir o número de pobres que vivem abaixo da linha de pobreza.

Esta estratégia de empregar medidas para aumentar o ritmo do desenvolvimento econômico seria de alguma ajuda para os pobres. Mas nunca fica claro quanto da riqueza criada seria dirigida para os pobres. No caso da China, a alta taxa de desenvolvimento econômico realmente tirou da pobreza milhões de pessoas. Os milhões de empregos criados pela construção de fábricas e de apartamentos atraíram muitas pessoas das áreas rurais para as áreas urbanas, como Pequim e Xangai, fornecendo-lhes trabalho e salário. Ao mesmo tempo, o número de bilionários na China aumentou e eles retiveram boa parte da riqueza criada como uma recompensa pelos riscos que assumiram. O crescimento econômico por si só normalmente não reduz a extrema pobreza se não houver outras medidas, como a construção de mais escolas e instalações de saúde.

Estratégia de redistribuição

Outros dizem que é preciso implementar uma segunda estratégia – especificamente, garantir que os ricos assumam um fardo maior na criação de escolas, instalações de saúde e outras instituições e serviços necessários para ajudar os pobres a viver melhor. O rápido crescimento econômico funcionaria bem se combinado com alguns recursos de redistribuição. É claro que, se os impostos sobre a riqueza forem altos demais, haverá um desestímulo a investimentos e tomada de riscos e, por consequência, uma redução na taxa de crescimento econômico. É evidente que é preciso equilibrar cuidadosamente os interesses dos ricos e dos pobres.

Ajuda estrangeira maciça

O argumento é que os países pobres nunca poderão ter um crescimento econômico rápido o suficiente nem empreender a redistribuição necessária para ajudar a maioria dos seus próprios pobres. Acredita-se que esses países pobres precisam de muita ajuda dos países ricos para garantir alívio e desencadear o desenvolvimento econômico.

Essa terceira estratégia, a da ajuda estrangeira maciça, é enfaticamente defendida por Jeffrey Sachs. Ele gostaria que as nações mais ricas do mundo lançassem programas de ajuda similares ao Plano Marshall a fim de dar aos pobres opções para escapar da pobreza.

Muitos críticos argumentam que isso seria uma contenção temporária e insuficiente ao problema, que não seria sustentável nem adotada de modo prático pelos países ricos. Além disso, não fica claro quais países estão incluídos no conjunto de nações "ricas". Os Estados Unidos, com uma dívida nacional de US$10 trilhões (2009), sem mencionar os programas insuficientes de saúde e de previdência social, têm muitas necessidades próprias a cobrir. A União Europeia também tem grandes dívidas. A China não pretende assumir mais dívidas para ajudar os Estados Unidos a participar de um Plano Marshall. O colapso financeiro de 2008 torna ainda mais difícil imaginar que o Ocidente venha a ajudar alguns dos países mais pobres do mundo.

William Easterly, Paul Collier e outros críticos até sugerem que, em alguns casos, a ajuda estrangeira causou mais mal do que bem.[1] Em primeiro lugar, ela aumentou a dependência dos pobres, que são poupados de trabalhar duro a fim de encontrar uma solução permanente para seus problemas. Os críticos argumentam que ajudar os pobres cria uma "cultura da pobreza" que persiste de uma geração para outra. Em segundo lugar, a ajuda estrangeira sob a forma de distribuição gratuita de alimentos prejudica os agricultores nos países pobres, que trabalham para cultivar alimentos, mas não ganham o suficiente quando esses alimentos são distribuídos gratuitamente. Em terceiro lugar, grande parte da ajuda estrangeira não chega aos destinatários pobres. William Easterly afirma em seu livro *The White Man's Burden* que os US$23 trilhões de ajuda estrangeira nas últimas cinco décadas chegaram aos tiranos no Zaire, Sudão e Paquistão e raramente foram usados para comprar os remédios baratos e outras provisões para crianças e pobres. Paul Collier, no livro *The Bottom Billion*, cita um estudo que rastreou o dinheiro liberado pelo Ministério das Finanças do Chad para financiar clínicas de saúde rurais. A corrupção impediu que 99% chegassem ao destino pretendido. Collier afirma que os responsáveis pelos planos têm pouca experiência ou controle sobre a sua distribuição.

Controle populacional

Outros destacam que as famílias pobres têm, proporcionalmente, mais filhos do que as famílias ricas e que isso ajuda a mantê-las pobres. Eles desejam medidas de longo alcance para promover o planejamento familiar. Essas medidas podem ir desde o estímulo ao uso de pílulas anticoncepcionais e preservativos até a concessão de incentivos e pagamentos às mulheres que não engravidarem, ou ao extremo de restringir legalmente as famílias a apenas um filho, como ocorre na China. Assim, as medidas podem ir de voluntárias a obrigatórias. Os que defendem as medidas voluntárias preferem usar o termo "planejamento familiar" em vez de "controle de natalidade". As taxas de natalidade podem ser diminuídas por meio de métodos de marketing social, como foi claramente demonstrado por um caso na Tailândia, onde o Dr. Mechai Viravaidya populariza camisinhas e outros métodos contraceptivos para diminuir a taxa de natalidade e também a infecção por HIV/AIDS (ver Capítulo 4, "Segmentação do mercado da pobreza").

Diversos fatores podem ajudar a diminuir a taxa de crescimento populacional, como nível de escolaridade mais elevado das mulheres, mais oportunidades de emprego, maternidade postergada e mudança para áreas urbanas.

NECESSIDADE DE UMA ESTRATÉGIA MULTILATERAL

Acreditamos que não há programa de combate à pobreza efetivo com apenas uma dessas quatro estratégias. O sucesso dos programas de combate à pobreza depende de uma combinação de esforços e investimentos. Uma necessidade imediata é melhorar o saneamento e o fornecimento de água potável para reduzir a possibilidade de doenças ou a sede. Os fundos devem, de modo geral, ser usados para melhorar as instalações de serviços de saúde e os programas para conter a disseminação de tuberculose, malária, HIV/AIDS e outras enfermidades fatais. Para minimizar a escassez de alimentos, o dinheiro deve ser investido no aumento da produção agrícola por meio de melhores sementes e fertilizantes. Os investimentos também precisam ser feitos para melhorar a infraestrutura em termos de estradas melhores, energia, transporte e comunicação. Um investimento de longo prazo, mas de alto retorno, é melhorar a educação construindo mais escolas e investindo na qualidade do ensino para permitir que as crianças pobres adquiram as habilidades necessárias para garantir a sua sobrevivência. Os locais com concentração de pobres devem decidir os investimentos que farão mais sentido dados os seus próprios recursos e esforços, além do que podem conseguir com o governo e outras instituições.

ORGANIZAÇÕES FINANCIADORAS ATIVAS NA LUTA CONTRA A POBREZA

Várias organizações prestam apoio financeiro para o financiamento de programas de redução da pobreza. Esta seção descreve algumas das principais organizações e indivíduos.

As Nações Unidas assumem a causa da redução da pobreza

Em 2000, as Nações Unidas esboçaram seu plano multilateral para reduzir a pobreza no mundo. Agindo sobre a Declaração do Milênio da ONU em 2000, as Nações Unidas formularam os Objetivos de Desenvolvimento do Milênio (ODM).[2] Foram estabelecidos oito objetivos com 18 metas associadas, planejados para reduzir significativamente os níveis de pobreza até 2015. Apenas um objetivo trata de renda; os outros sete lidam com a melhoria das condições humanas e sociais dos pobres. Os Objetivos de Desenvolvimento do Milênio das Nações Unidas são descritos no quadro a seguir.

Objetivos de Desenvolvimento do Milênio das Nações Unidas (ODM) e metas para 2015

Objetivo 1. Erradicar a extrema pobreza e a fome.

Meta 1. Reduzir pela metade a proporção de pessoas cuja renda é de menos de US$1 por dia (1990-2015).

Meta 2. Reduzir pela metade a proporção de pessoas que sofrem com fome (1990-2015).

Objetivo 2. Alcançar ensino básico universal.

Meta 3. Garantir que, até 2015, as crianças em todos os locais, meninos ou meninas, possam completar o ciclo de ensino básico.

Objetivo 3. Promover igualdade entre os sexos e capacitar as mulheres.

Meta 4. Eliminar a disparidade entre os sexos no ensino básico e médio, preferivelmente até 2005, e em todos os níveis de educação até 2015.

Objetivo 4. Reduzir a mortalidade infantil.

Meta 5. Reduzir em dois terços, entre 1990 e 2015, a taxa de mortalidade de crianças abaixo de cinco anos.

Objetivo 5. Melhorar a saúde materna.

Meta 6. Reduzir em três quartos, entre 1990 e 2015, a taxa de mortalidade materna.

Capítulo 2 ❖ Exame de Muitas Soluções Atuais **53**

Objetivo 6. Combater HIV/AIDS, malária e outras doenças.

Meta 7.   Interromper até 2015 e começar a reverter a disseminação de HIV/AIDS.

Meta 8.   Interromper até 2015 e começar a reverter a incidência de malária e outras doenças importantes.

Objetivo 7. Garantir a sustentabilidade ambiental.

Meta 9.   Integrar os princípios do desenvolvimento sustentável em programas e políticas nacionais e reverter a perda de recursos ambientais.

Meta 10.   Reduzir pela metade a proporção de pessoas sem acesso sustentável à água potável e a saneamento básico em 2015.

Meta 11.   Ter atingido em 2020 uma melhora significativa na vida de pelo menos 100 milhões de moradores de favelas.

Objetivo 8. Construir uma parceria global para o desenvolvimento.

Meta 12.   Desenvolver um sistema financeiro e de comércio com base em regras abertas, previsível e não discriminatório. Isso inclui um compromisso com a boa governança, o desenvolvimento e a redução da pobreza, em nível nacional e internacional.

Meta 13.   Abordar as necessidades especiais dos países menos desenvolvidos. Inclui acesso livre de impostos e de cotas para as exportações dos países menos desenvolvidos, programas aperfeiçoados para países pobres e com dívida elevada e cancelamento de dívida bilateral oficial, além de ajuda de desenvolvimento mais generosa para os países comprometidos com a redução da pobreza.

Meta 14.   Abordar as necessidades especiais dos países sem saída para o mar e dos estados em desenvolvimento em pequenas ilhas (por meio do Program of Action for the Sustainable Development of Small Island Developing States e do resultado da 22ª sessão especial da Assembleia Geral).

Meta 15.   Lidar de modo abrangente com os problemas da dívida de países em desenvolvimento por meio de medidas nacionais e internacionais a fim de tornar a dívida sustentável a longo prazo.

Meta 16.   Em cooperação com os países em desenvolvimento, desenvolver e implementar estratégias para trabalho decente e produtivo para os jovens.

Meta 17.   Em cooperação com as empresas farmacêuticas, fornecer drogas essenciais a preços acessíveis nos países em desenvolvimento.

Meta 18.   Em cooperação com o setor privado, tornar disponíveis os benefícios das novas tecnologias.

54 PARTE I ❖ Compreender o Problema da Pobreza e suas Soluções Amplas

Claramente, o programa de Objetivos de Desenvolvimento do Milênio da ONU leva em conta inúmeros fatores que contribuem para a pobreza. Infelizmente, o progresso na implementação e consecução desses objetivos valiosos está atrasado. Em maio de 2005, o secretário geral da ONU, Kofi Annan, alertou que existe o perigo de que muitos países pobres não alcancem muitos, ou até mesmo a maioria, dos Objetivos de Desenvolvimento do Milênio.[3] As mortes no parto estão aumentando nas áreas de risco, a renda média se elevou apenas um pouco em algumas regiões e caiu em outras, e a fome aumentou entre 1997 e 2002; igualdade entre os sexos, matrícula no ensino básico, permanência na escola e a maioria dos outros objetivos continuam longe da realização e provavelmente não serão alcançados em 2015.

Banco mundial

O Banco Mundial tem sido uma força ativa no estímulo aos esforços para medir, financiar e reduzir a pobreza em todo o mundo. Muitas informações novas e em mudança sobre a pobreza podem ser encontradas em seu site, Poverty Net.[4] Entre os tópicos abordados em Poverty Net estão análise da pobreza, mapeamento da pobreza, monitoramento da pobreza, estratégias de redução da pobreza, capacitação, sair da pobreza, além de livros e artigos úteis citados para pesquisadores e outros interessados.

Fundo Global para combate à AIDS, tuberculose e malária

A ideia de um fundo global de luta contra a pobreza foi proposta em 2001 em um artigo de Amir Attaran e Jeffrey Sachs. Eles sugeriram um novo fluxo de financiamento de US$7,5 bilhões para fazer concessões, e não empréstimos, aos países mais pobres.[5] O dinheiro seria doado pelos governos.

Em janeiro de 2002, o Fundo Global para combate à AIDS, tuberculose e malária foi finalmente criado com o objetivo de aumentar substancialmente o financiamento global para intervir em três doenças espalhadas por todo o planeta; essas doenças matam mais de 6 milhões de pessoas a cada ano.

O Fundo Global foi criado como uma fundação que funciona como uma instituição beneficente ao mesmo tempo pública e privada. Ele não faz parte da Organização Mundial de Saúde das Nações Unidas nem do Banco Mundial, embora ambas contribuam com recursos para lutar contra essas doenças. O Fundo Global funciona como um mecanismo de financiamento mais do que como um órgão implementador. Ele tem um painel de revisão técnica que revê e concede recursos às aplicações que mereçam concessões. As concessões só são renovadas depois de uma revisão rigorosa dos resultados atingidos.

O Fundo Global já concedeu US$10 bilhões em 136 países para combater essas doenças. Em agosto de 2006, a Fundação Gates contribuiu com US$500 milhões para o Fundo Global, dizendo que o fundo era "uma das iniciativas de saúde mais importantes do mundo".

O projeto Red Campaign

Em janeiro de 2006, o roqueiro Bono Vox e Bobby Shriver, sobrinho de John F. Kennedy, deram início ao projeto Red Campaign, que combina consumerismo com altruísmo. A Red é uma instituição que cobra das empresas uma taxa de licença para dar a um ou mais de seus produtos o selo "Red" e cuja renda vai para o Fundo Global, contribuindo, assim, para ajudar os pobres. Entre algumas das empresas que compraram licenças estão Dell, Apple, American Express, Converse, Hallmark, The Gap e Motorola. Por exemplo:

- A American Express lançou um cartão Red (apenas na Inglaterra) e destinará 1% dos gastos totais ao Fundo Global.
- A Apple lançou uma edição especial do iPod e destinará uma parte do preço de venda para o Fundo Global.
- A Dell irá contribuir com US$80 para cada computador de mesa e com US$50 para cada laptop vendidos.
- A Motorola irá contribuir com US$8.50 para cada celular MotoRazr Red vendido.
- The Gap contribuirá com 50% dos lucros líquidos das vendas de sua linha de roupas Red.

Red é uma versão atualizada do "marketing de causa", que começou em 1983 quando a American Express disse que doaria um centavo para restaurar a Estátua da Liberdade para cada compra efetuada com seu cartão.[6] Isso elevou para 45% as solicitações de cartões American Express e gerou um aumento de 27% no uso do cartão. Esse projeto arrecadou US$1,7 milhão para a restauração. Desde então, diversas empresas fizeram campanhas de marketing de causa. Mas Red representa um novo nível ao envolver muitas empresas na licença da cor vermelha. O benefício para as empresas é que elas podem anunciar sua responsabilidade social corporativa. Alguns críticos reclamaram que as empresas licenciadas Red gastaram mais na publicidade de seu apoio à Red do que a quantia arrecadada. Os executivos da campanha Red reconhecem que as empresas podem ter gasto US$50 milhões em publicidade e contribuído com US$25 milhões para a causa.

Até o momento, os fundos da Red foram usados para administrar tratamentos antirretrovirais para mais de 300.000 pessoas e forneceram orientação e tratamento a mais de 300.000 grávidas soropositivas para HIV.[7] Para citar um caso específico, o Treatment and Research AIDS Center em Kigali, Ruanda foi quase incapaz de lidar com o grande influxo de mães que precisavam de tratamento. Os médicos atendiam as pacientes e as mandavam para casa, sabendo que morreriam sem medicação. Hoje, graças ao comprador norte-americano, o dinheiro da Red ajuda a sustentar os serviços para os portadores de HIV.

Fundação Bill & Melinda Gates

Uma das ações recentes e mais empolgantes de arrecadação de fundos foi a criação, em 2000, da Fundação Bill & Melinda Gates, considerada a maior do mundo com ativos de US$37,6 bilhões.[8] Warren Buffett contribuiu com mais US$3,4 bilhões e planeja contribuir com muito mais no futuro. A Fundação já desembolsou US$14,4 bilhões. Bill e Melinda Gates decidiram concentrar suas concessões em algumas áreas em vez de contribuir para todas as causas. Eles fizeram duas perguntas: Quais problemas afetam mais pessoas? Quais problemas foram negligenciados no passado? Decidiram então concentrar-se em cinco áreas principais:

- Reduzir as doenças que mais matam no mundo – AIDS, malária e tuberculose
- Financiar vacinações e imunizações
- Oferecer microfinanciamento para os pobres
- Melhorar a produtividade agrícola por meio de uma revolução verde na África
- Melhorar o ensino médio público nos Estados Unidos

A Fundação Gates não trabalha sozinha, e tem como aliadas outras fundações beneficentes como Rockefeller, Michael and Susan Dell, Hewlett, etc. A Fundação Gates ajudou a dar início à GAVI Alliance (antigamente conhecida como Global Alliance for Vaccines and Immunization) com uma contribuição de US$1,5 bilhão. GAVI é sustentada por 17 governos doadores também pela União Europeia. A aliança distribuiu vacinas (tétano, hepatite B e febre amarela) a 138 milhões de crianças em 70 dos países mais pobres do mundo, salvando vidas ao evitar mais de dois milhões de mortes prematuras.

CINQUENTA MEDIDAS ESPECÍFICAS ATUAIS PARA AJUDAR OS POBRES

Existe uma longa história de países que adotam diferentes medidas específicas para ajudar os pobres, incluindo desde programas de ajuda emergencial, programas de rede de segurança e proteção social, esquemas de igualdade social a programas de empoderamento.

O ponto de partida são as medidas de auxílio de curto prazo da Cruz Vermelha, CARE e outras instituições em países do terceiro mundo para ajudar as populações atingidas por catástrofes naturais. Eles são chamados de *programas de ajuda emergencial* e consistem em

- Ajuda financeira
- Programas de alimentação direta
- Distribuição gratuita de alimentos
- Subsídios de preços
- Programas de obras públicas

O propósito principal dessas intervenções é proteger os pobres, especialmente os pobres extremos, das consequências de catástrofes naturais como terremotos, tufões, inundações, ciclones e secas.

Em outras partes do terceiro mundo, em especial na África e no sul da Ásia, os choques e deslocamentos também são causados por guerra e conflitos civis. Redes de segurança pós-conflito foram apresentadas e estão classificadas sob o que chamamos de *Estrutura de Triplo R:*[9]

- Instituições e serviços de socorro social (em inglês, *relief*)
- Assistência em reabilitação
- Assistência na reconciliação e construção da paz

A necessidade de "redes de segurança" estende-se além do período durante e depois dos choques naturais e humanos. Tornou-se evidente que os pobres precisavam de proteção diante das condições de deterioração de suas vidas cotidianas. Portanto, os "programas de serviços sociais" passaram a incluir soluções para a pobreza como:[10]

- Sistemas de seguridade social para os que trabalham no setor informal
- Serviços para os que abandonaram a escola e para crianças de rua
- Programas de frentes de trabalho (auxílio em trabalho de emergência)
- Programas de microfinanciamento e emprego por conta própria
- Serviços de saúde materna e infantil

58 PARTE I ❖ Compreender o Problema da Pobreza e suas Soluções Amplas

- Atendimento psicossocial para as famílias afetadas
- Assistência para os idosos e portadores de deficiências

Um exemplo promissor de um programa de assistência social foi iniciado recentemente na América Latina, mais precisamente no Brasil, chamado Bolsa Família. Um pagamento em dinheiro de US$54 é feito às famílias pobres que ganham menos de US$68 por mês, desde que as crianças frequentem a escola e participem dos programas de vacinação do governo.[11] Cada família recebe um cartão de débito que recebe créditos todos os meses, a menos que a família não tenha cumprido as condições. Os que não cumprem as condições por algumas vezes são suspensos. Cerca de 11 milhões de famílias estão recebendo esse benefício, o que levou a maior frequência escolar e a mais vacinações. Espera-se que as crianças tenham mais educação do que seus pais e que isso lhes traga mais oportunidades.

Nos países desenvolvidos, principalmente nos Estados Unidos, os "programas de serviços sociais" incluem vales-alimentação, bolsas de estudo e serviços de saúde para os que não dispõem de assistência médica, Medicaid e outras populações vulneráveis.[12] Para os beneficiários-alvo, os serviços sociais incluem:

- Atendimento ambulatorial
- Serviços de pronto-socorro e de internação hospitalar
- Atendimento de saúde para usuários de drogas, portadores de deficiências e doentes mentais
- Serviços de assistência com atividades comuns e instrumentais da vida cotidiana
- Auxílio com medicação e suporte à saúde

Então, nos anos 1990, as soluções e os *serviços de proteção social* passaram a predominar. Esses serviços na verdade incluíam medidas de rede de segurança, mas também cobriam soluções de longo prazo. Eles não eram apenas de proteção (após um choque), mas também tinham um caráter de prevenção. Segundo o International Food Policy Research Institute: "As proteções sociais não são apenas programas com o objetivo de reduzir o impacto dos choques e conviver com suas consequências, mas também intervenções que, antes de mais nada, visam a evitar choques e destituição".[13]Elas incluem "todas as iniciativas públicas e privadas que fornecem transferências de renda ou de consumo aos pobres, protegem os vulneráveis dos riscos da vida e melhoram a situação social e promovem os direitos dos marginalizados e realizam tais ações com o objetivo geral de reduzir a vulnerabilidade econômica e social dos grupos pobres, vulneráveis e marginalizados."[14]

Em termos de serviços, essas iniciativas e as "soluções para a pobreza" assumem formas específicas como as seguintes:

- Serviços de assistência social (ou bem-estar social "ao velho estilo"), como
  - Benefícios de incapacidade
  - Pensões para pais ou mães solteiros
  - Pensões sociais para os idosos pobres
- Esquemas de seguridade social para
  - Pensões
  - Seguro saúde
  - Benefícios de maternidade
  - Benefícios de desemprego e pacotes de redução de despesas, e serviços funerais
- Serviços sociais para os pobres que necessitam de cuidados especiais:
  - Orfanatos e centros de acolhimento para crianças abandonadas
  - Instituições que fornecem cuidados a outras pessoas incapazes de cuidar de si mesmas
  - Campos de alimentação e de moradia para refugiados e "pessoas deslocadas internamente"
- Serviços de igualdade social para
  - Vítimas de violência doméstica ou abuso sexual
  - Minorias marginalizadas
  - Grupos estigmatizados

No final do século passado e início deste, a ideia das "soluções de emponderamento" ganhou destaque. Amartya Sen, que recebeu o prêmio Nobel de economia, apresentou o conceito de que o desenvolvimento econômico é essencialmente "a expansão da liberdade de escolha individual" que inspirou essa tendência de capacitar os pobres como a ação crucial para obter o fim da pobreza.[15]

No início do novo milênio, o Banco Mundial adotou a capacitação como sua principal estratégia para "atacar a pobreza".[16] Essa é uma estratégia de redução da pobreza com a finalidade de "expandir os bens e as capacidades dos pobres para participar das instituições que afetam sua vida, negociar com elas, influenciá-las, controlá-las e responsabilizá-las".[17]

As soluções de emponderamento abrangem mecanismos como

- Assistência de construção de bens materiais para
  - Expandir os ativos financeiros: poupança e capital de giro
  - Expandir os bens físicos: terra, moradia, animais de criação e outros
- Assistência de construção de capacidade humana para
  - Escolaridade
  - Boa saúde
  - Produção
  - Outras habilidades de melhoria de vida
- Assistência de construção de capacidade social para
  - Organizar-se e mobilizar-se para a solução coletiva de problemas
  - Aprimorar o capital social, as normas e redes que possibilitam a ação coletiva
  - Criar relações de "ponte" para acessar novos recursos gerenciados por outros grupos
- Serviços de suporte e assistência ao emponderamento, como
  - Fornecer aos órgãos locais um orçamento para apoiar, com informações e recursos humanos, os pobres e suas organizações para projetos de desenvolvimento com base na comunidade
  - Investir em cartões de relato de cidadão sobre gastos dos governos locais, pesquisas de acompanhamento de verbas e medidas dos resultados da prestação de serviços
  - Promover o diálogo entre as organizações de pobres, funcionários do governo e responsáveis pela elaboração de políticas, e o setor privado a fim de iniciar mudanças na regulamentação que favoreçam os pobres
  - Fornecer subsídios escalonados para intermediar novos vínculos entre os pobres e suas organizações, por um lado, e os mercados e sistemas financeiros formais, por outro.
  - Aumentar o acesso dos pobres à tecnologia de informação para melhorar seu acesso ao mercado
  - Fortalecer os grupos com base em associação, organizações e redes de pobres
  - Fornecer apoio a reformas judiciárias e legais para melhorar o acesso financeiro e físico dos pobres à justiça

Essas 50 soluções para os problemas da pobreza foram propostas nas últimas três décadas. Como as leis, nunca faltaram soluções. Não se pode negar que algumas ou muitas delas funcionaram em alguns locais ou por algum tempo. O problema reside em outro ponto: as soluções contra a pobreza funcionaram em alguns lugares, mas não em outros, algumas vezes, mas não em outras, ou não por muito tempo.

O problema claramente não é a escassez de iniciativas contra a pobreza, mas a falta de programas coordenados e colaborativos e a questão de escolher os programas certos para cada situação. Além do mais, alguns programas, se não forem cuidadosamente considerados, podem ter consequências indesejáveis.

CONSEQUÊNCIAS INESPERADAS DE PROGRAMAS BEM-INTENCIONADOS

A maioria dos programas voltados a ajudar os pobres começa por uma "avaliação de necessidades" para estimar o conhecimento, as atitudes, as crenças e as práticas da população pobre a ser assistida. As avaliações de necessidades devem guiar a busca por intervenções adequadas. Contudo, com demasiada frequência, os órgãos contra a pobreza apenas aplicam uma intervenção padronizada que ignora todas as diferenças em cada grupo pobre. Isso pode acontecer com o uso do "método de avaliação rápida" (RAM)[18] nos casos em que ele é aplicado para fornecer suporte "de pesquisa" a um conjunto pré-determinado de intervenções.

Em relação às consequências inesperadas de programas contra a pobreza, vejamos a experiência dos Estados Unidos com os programas de alívio à pobreza recentes. Durante o governo do presidente Lyndon B. Johnson nos anos 1960, os Estados Unidos lançaram os programas populares e bem-intencionados Great Society, que consistiam em diversas das medidas mencionadas anteriormente. Esses programas, associados ao progresso dos direitos civis, criaram sistemas de suporte social nos governos local, estadual e federal que empregaram uma nova classe média de antigos trabalhadores e burocratas de minorias pobres. Eles acabaram passando para o setor privado. O programa contra a pobreza foi a base para o surgimento de uma classe média negra.

Apesar de terem gerado alguns benefícios esses programas não obtiveram os resultados desejados. Nos 30 anos seguintes ocorreram aumentos no número de famílias com apenas um dos pais, altos índices de gravidez entre adolescentes e o declínio do nível de escolaridade entre os pobres. Além disso, o programa criou uma dependência do auxílio público. Algumas partes do programa foram alvo de abusos ou de fraudes explícitas. Ainda mais importante, o fracasso em realmente melhorar a vida dos pobres levou a outra reforma com o Welfare Reform Act de 1996. Essa nova reforma também não obteve os resultados desejados e facilitou o surgimento de uma nova subclasse de trabalhadores pobres.

Do mesmo modo, muitos programas bem-intencionados em outros países também tiveram consequências e resultados inesperados. Alguns tiveram uma surpreendente similaridade com a experiência americana. Por exemplo, a repetida ajuda com alimentos pode prejudicar os fazendeiros locais, em vez de incentivá-los. Durante uma crise de escassez de alimentos, os poucos fazendeiros que produzem safras de alimentos recebem um prêmio por sua produção. Isso incentiva mais investimento pois o retorno fornece o capital para investir. A ajuda maciça com alimentos, muitas vezes entregue por aviões cargueiros, perturba os mercados, diminui o valor dos alimentos produzidos localmente e desestimula o investimento por parte dos fazendeiros. O alimento nos países vizinhos também perde valor e piora o problema da fome. A população desenvolve uma dependência da ajuda em vez de lidar com as causas iniciais da falta de alimentos: falta de boa irrigação, canais de distribuição inadequados, corrupção e outros problemas. Os alimentos muitas vezes são roubados e depois revendidos pelos funcionários do governo. O Sudão tem um dos piores históricos de fome e de falta de alimentos em toda a África. Gerard Prunier conta a tocante história das consequências inesperadas da ajuda com alimentos durante a fome de 1984 no Sudão:

Quando o mercado para os alimentos cultivados na zona rural evaporou depois dos alimentos gratuitos, as pessoas foram para as cidades e as aldeias ficaram vazias. As cidades ficaram sobrecarregadas, a distribuição de alimentos era feita por uma empresa ineficiente, e as terras abandonadas tornaram-se alvos para as tribos vizinhas que desejavam mais terras. Certamente ninguém pode continuar a sustentar repetidos envios de alimentos quando a situação se repete a cada ano, e isso não é uma solução, mas uma série de curativos sobre um grande ferimento. Ainda assim, ano após ano, pedimos que pessoas generosas contribuam para o esforço de alimentar as pessoas famintas no Sudão; ao mesmo tempo em que a guerra é travada entre vizinhos.[19]

POR QUE O PENSAMENTO DE MARKETING PRECISA SER ADICIONADO À SOLUÇÃO DA POBREZA

Nossa tese é que os planejadores e implementadores antipobreza precisam de uma atitude mental de marketing estratégico para direcionar seu pensamento e suas ações no campo da solução da pobreza. A aplicação do marketing estratégico é uma metodologia comprovada para a solução de problemas no setor comercial, bem como no setor social, como ajudar as pessoas a parar de fumar, a se alimentar de modo mais saudável, a evitar doenças sexuais e gravidez e a mudar outros comportamentos. O sucesso repetido do marketing é atribuído a uma preocupação focalizada e única: quem são os clientes e do que eles precisam?

O marketing, se aplicado adequadamente, vai além da importante contribuição de C.K.Prahalad,[20] que promoveu o tema da satisfação dos desejos dos pobres como uma oportunidade de lucro. Nós aplaudimos Prahalad por seu brilhante trabalho na promoção dos pobres como consumidores de bens e pela ênfase em modelos de negócios como soluções para a pobreza. O Capítulo 4, "Segmentação do mercado da pobreza", e o Capítulo 12, "O papel do setor privado na redução da pobreza", discutem as muitas formas pelas quais as empresas podem servir aos interesses dos pobres e obter lucro.

Tão impactante quanto alcançar *A Riqueza na Base da Pirâmide*, Stephen Smith[21] argumenta que os que dispõem de alguma renda, mesmo que US$1 ou US$2 por dia, não é um problema. Embora Smith não use a linguagem de marketing, ele reforça a importância do marketing ao servir os pobres extremos e apoia o argumento de que o marketing é o melhor método para o sucesso. Antes de os pobres extremos poderem consumir qualquer coisa, eles precisam de capital social, que consiste em saúde, mortalidade infantil reduzida, proteção contra doenças, informação para saber como usar o auxílio e conexão com a comunidade. Essas são necessidades de desenvolvimento humano e social em oposição às necessidades de mercado com base em dinheiro.

Como veremos no próximo capítulo, o marketing social tem um histórico de 30 anos aumentando o capital social e implementando programas planejados para suprir as necessidades humanas básicas e fundamentais.[22] A necessidade mais premente e fundamental dos pobres extremos é a esperança. A esperança se torna realidade quando o segmento-alvo dos pobres extremos acredita que o prestador de serviços os escutou, entendeu a necessidade e tem um programa de implementação planejado que estará disponível para concluir a tarefa. Tudo começa com o cliente – de baixo para cima, não de cima para baixo.

SEIS COMPREENSÕES-CHAVE SOBRE OS POBRES

Seis aspectos da pobreza negligenciados e às vezes despercebidos devem ser apreciados para podermos capacitar melhor os pobres e ajudá-los a atingir o sucesso.

Os pobres são um grupo heterogêneo

Em qualquer país atingido pela pobreza, os pobres são numerosos e, muitas vezes, a maioria da população. Mas nem todos são pobres do mesmo jeito. Alguns são *extrema e cronicamente pobres*; outros estão um pouco acima dos pobres extremos e são chamados de *pobres moderados*. Outros ainda estão na *fronteira da pobreza* e outro segmento é apenas *relativamente pobre em relação aos grupos similares*. Isso significa que, para ajudarmos efetivamente os pobres, precisamos começar a reconhecer as diferenças entre os grupos e dentro de cada um deles.

Os pobres são formados por diversos segmentos com respostas diferenciadas. Isso significa que precisamos identificar os principais segmentos da pobreza e aplicar os procedimentos adequados para ajudar os pobres em cada segmento a escapar da pobreza e a permanecer fora dela.

Segmentos de pobreza diferentes pedem uma assistência diferente para mitigar a pobreza

A pesquisa de mercado é um modo rápido, mas válido e eficaz em termos de custo, para descobrir o que os diferentes segmentos da pobreza precisam com relação à assistência para mitigar a pobreza. A pesquisa de mercado da pobreza no nível local, tanto qualitativa como quantitativa, é crucial para identificar a assistência de mitigação da pobreza certa para cada segmento.

Os pobres precisam da ajuda de todas as instituições

Ajudar os pobres a escapar da pobreza não é apenas responsabilidade do governo. A redução eficaz e sustentável da pobreza depende da ação de uma parceria entre governo, organizações sem fins lucrativos e empresas.

A sinergia surge quando os três trabalham em conjunto. Em qualquer setor ou segmento, a sinergia de resultados também ocorre quando a força de um compensa a fraqueza do outro ou dos dois outros.

As empresas, talvez relutantes em investir em mercados de baixa renda, começaram a ver a *riqueza na base da pirâmide*. Há tempo as grandes empresas fazem contribuições filantrópicas, mas agora elas estão vendo o valor dos mercados novos e não aproveitados. Um único celular em uma região subsaariana pode criar uma oportunidade de negócios para um pequeno revendedor de telefonemas por minuto. Em diversos países africanos, as vendas de celulares estão crescendo 150% ao ano, muito mais do que nos saturados mercados

Capítulo 2 ❖ Exame de Muitas Soluções Atuais **65**

ocidentais. Os governos estão eliminando as tarifas de importação, e os microfinanciadores locais estão financiando sua compra por meio de organizações sem fins lucrativos.

Os pobres diferem em suas percepções dos custos da mudança de comportamento

Ao auxiliar os pobres a deixarem para trás seu *status* de pobreza, é necessário entender como eles percebem os custos de mudar seu comportamento e situação. Há diferentes custos para os pobres escaparem à pobreza e permanecerem sem comportamentos de pobreza nos diferentes segmentos.

Logo, devemos conhecer o que pode favorecer a mudança de comportamento para sair da pobreza nos vários segmentos.

Os pobres entram e saem da pobreza várias vezes

A situação da pobreza de uma pessoa não é estática, mas dinâmico. Por meio da combinação certa de auxílio externo e esforço pessoal, uma pessoa no segmento de pobreza extrema consegue migrar para uma condição menos extrema do segmento pobre geral. Mas, depois de alguns meses ou de um ou dois anos, devido às circunstâncias, essa pessoa retorna ao segmento de pobreza extrema original. Algo similar ocorre em muitos dos outros segmentos de pobreza.

Para oferecer o conjunto certo de soluções, os programas de alívio à pobreza precisam entender as forças incontroláveis e as controláveis que fazem com que as pessoas retornem à pobreza.

A verdadeira face da pobreza é uma face localizada

Os pobres são encontrados a nível local e só podem ser envolvidos na localidade em que vivem e trabalham. Em decorrência disso, o desenvolvimento e a implementação de soluções para a pobreza são mais importantes a nível local.

É nesse nível que encontramos os pobres face a face. Os trabalhadores antipobreza podem morar com os pobres, escutar suas histórias (tanto tristes quanto alegres), comer com eles e fazer amizade com eles. Esse é um importante passo no alívio da pobreza. Como o benfeitor fornece um serviço intangível, é essencial que haja entendimento e confiança mútuos. Nas regiões com altos índices de analfabetismo, as histórias muitas vezes são a única metodologia de pesquisa que funciona. Quando isso acontece e é repetido, fazer a história da pobreza parece uma tarefa viável.

66 Parte I ❖ Compreender o Problema da Pobreza e suas Soluções Amplas

Nos níveis nacional e macro, os pobres são uma massa. Eles são numerosos demais e os problemas parecem imensos. No nível local, ainda que sejam muitos, os pobres podem ser contados. O mapeamento da pobreza os localizou e os contou e agora pode monitorá-los conforme se movem, entrando e saindo da pobreza. É no nível local que o fim da pobreza se torna uma possibilidade real.

NÃO O QUE, MAS COMO

Saber o que tem de ser feito não é a mesma coisa que saber como implementar programas e atingir resultados bem-sucedidos que contribuam para o alívio da pobreza. Na Parte II, "Aplicação da perspectiva e das soluções de marketing", expandimos esses seis aspectos e realidades da pobreza. Os capítulos fornecem exemplos e orientação para maior segmentação, envolvimento dos órgãos cruciais, pesquisa, determinação de alvos, estratégias de posicionamento, intercâmbios de valores, estratégias promocionais e educacionais e medidas de sucesso.

Resumo

Muitas explicações são dadas para a permanência da pobreza. Os diferentes grupos que lutam pela sua redução entendem que a solução depende de pelo menos uma de quatro estratégias: crescimento econômico, redistribuição de renda ou riqueza, ajuda estrangeira maciça e controle populacional. Mas a redução da pobreza exige uma abordagem multilateral. Isso é exemplificado pelas organizações financiadoras, como as Nações Unidas, Banco Mundial, Fundo Global, projeto Red Campaign e a Fundação Gates. Relacionamos 50 medidas usadas pelos países para fornecer redes de segurança, serviços e proteção social, igualdade social e estratégias de capacitação. Por fim, argumentamos que o acréscimo de uma atitude mental, princípios e ferramentas de marketing ajudarão a atingir um novo nível de efetividade no planejamento e na implementação dos programas de redução da pobreza.

Notas

[1] Ver Clark C. Gibson, Krister Andersson, Elinor Ostrom e Sujai Shivakumar, *The Samaritan's Dilemma: The Political Economy of Development Aid* (Oxford: Oxford University Press, 2005); William Easterly, *The White Man's Burden: Why the West's Efforts to Aid the Rest Have Done So Much Ill and So Little Good* (NY: Penguin, 2006); e Paul Collier, *The Bottom Billion* (Oxford: Oxford University Press, 2007).

Capítulo 2 ❖ Exame de Muitas Soluções Atuais **67**

[2] The Millennium Development Goals Report, 2006.

[3] The Millennium Development Goals Report, maio 2005. O relato de cada uma das metas indica que existe progresso nos locais da Ásia em que as economias estão em crescimento. No entanto, muitas outras regiões, em especial a África subsaariana, estão perdendo terreno.

[4] Poverty Net website acessado em 5 de setembro de 2008. http://web.worldbank.org/WBSITE/EXTERNAL/TOPICS/EXTPOVERTY/0,, menuPK:336998~pagePK:149018~piPK:149093~theSitePK:336992,00.html.

[5] Ver "The Global Fund Saves Lives". O website do Fundo Global.

[6] Hamish Pringle e Marjorie Thompson, *Brand Soul: How Cause-Related Marketing Builds Brands* (Nova York: John Wiley & Sons, 1999).

[7] Ron Nixon, "Little Green for (Red)", *New York Times*, 6 de fevereiro de 2008, pp. C1 e C5.

[8] Patricia Sellers, "Melinda Gates Goes Public", *Fortune*, 21 de janeiro de 2008, pp. 44–56.

[9] Ramani Gunatilaka e P. A. Kiriwandeniya, "Protection for the Vulnerable". Apresentação no workshop para Policy Framework for Poverty Reduction in Sri Lanka, outubro de 1999.

[10] Michelle Adato, Akhter Ahmed e Francie Lund, "Linking Safety Nets, Social Protection, and Poverty Reduction—Directions for Africa", um resumo de conferência preparado para a conferência sobre "Assuring Food and Nutrition Security in Africa by 2020: Prioritizing Actions, Strengthening Actors, and Facilitating Partnerships", Kampala, Uganda, 1 a 3 de abril de 2004. Acessado em http://www.ifpri.org/2020africaconference em 7 de março de 2005.

[11] Ver "Happy Families", *The Economist,* 9 de fevereiro de 2008, pp. 39–40.

[12] Grantmakers in Health Resource Center, *Shoring Up the Safety Net: Findings from the Grantmakers in Health Study of Philanthropic Strategies to Support Communities under Stress*. Acessado em http://www.gih.org/usr_doc/safety_net_finding.pdf, em 8 de julho de 2005; e Agency for Health Care Administration, Safety Net Project Background. Acessado em http://www.MyFlorida.com em 8 de julho de 2005.

[13] Adato, Ahmed e Lund, op. cit.

[14] Jane Mpagi, *Social Protection in Uganda: A Study to Inform the Development of a Framework for Social Protection in the Context of the Poverty Eradication Action Plan.* Relatório da fase 1, Social Protection Task Force, Uganda, outubro de 2002.Acessado em http://www.ids.ac.uk/ids/pvty/pdf-files/UgandaCh1-2.pdf em 8 de julho de 2005.

[15] Amartya Sen, *Development as Freedom* (Nova York: Knopf, 1999). Sen já tinha apresentado este conceito de desenvolvimento em Amartya Sen, "Well-Being, Agency and Freedom: The Dewey Lectures 1984," The Journal of Philosophy, Vol. 82, No. 4: 1985, pp. 169–221.

[16] World Bank, *World Development Report 2000/2001: Attacking Poverty* (Nova York: Oxford University Press, 2000).

[17] Deepa Narayan, *Empowerment and Poverty Reduction: A Sourcebook* (Washington, D.C.: The World Bank, 2002), p. 14.

[18] Ver Bie Nio Ong, *Rapid Appraisal and Health Policy* (San Diego: Singular Publishing Group, 1996), e Taryn Vian, "Rapid Needs Assessment Following Cyclone Disaster in Madagascar". Um estudo apresentado na 129º Reunião Anual da American Public Health Association, 24 de outubro de 2001.

68 PARTE I ❖ Compreender o Problema da Pobreza e suas Soluções Amplas

[19] G. Prunier, *Darfur: The Ambiguous Genocide*. Copyright © 2005 de Gérard Prunier. Publicado na América do Norte pela Cornell University Press. Prunier apresenta uma compreensão mais completa das terríveis consequências da ajuda ineficaz. Rebeldes que vagavam pelo país, famílias deslocadas e intervenção de vizinhos predatórios, tudo isso pode ser atribuído ao que é descrito como tentativas incompetentes para prestar assistência em vez de resolver os problemas.

[20] C.K. Prahalad, *The Fortune at the Bottom of the Pyramid: Eradicating Poverty Through Profits* (Upper Saddle River; NJ: Wharton School Publishing-Pearson, 2005).

[21] Stephen C. Smith, *Ending Global Poverty: A Guide to What Works* (Nova York: Palgrave-MacMillan, 2005).

[22] Ver P. Kotler e E. Roberto, 1989, "Social Marketing: Strategies for Changing Public Behavior", para exemplos reais detalhados de campanhas de marketing bem-sucedidas no combate à AIDS, analfabetismo e gravidez na adolescência e para criar mudança social positiva. Ver também P. Kotler, E. Roberto e N. Lee, *Social Marketing: Improving the Quality of Life*, 2ª edição (Thousand Oaks, CA: Sage, 2002) para mais exemplos, e P. Kotler e N. Lee, *Social Marketing: Influencing Behaviors for Good*, 3ª edição (Thousand Oaks, CA: Sage, 2008).

3

A Solução do Marketing Social

"Imagino um futuro em que a sorte de nascer ou não em determinado local não determine as chances de uma criança ser feliz e bem-sucedida. Vislumbro um mundo diferente em que o sofrimento não seja automaticamente o destino de bilhões de pessoas."

—Melinda Gates[1]

Pense no efeito que teríamos sobre o número de indivíduos na pobreza, em várias partes do mundo, se pudéssemos ajudar e persuadir mais pessoas a ser vacinadas, colocar mosquiteiros sobre suas camas, tomar seus remédios para tuberculose, usar preservativos, reduzir as gorduras saturadas em sua alimentação, parar de fumar, amamentar por seis meses, fazer exames de triagem para câncer, dizer não às drogas, usar álcool com moderação, purificar a água, utilizar os serviços para os sem-teto e lavar suas mãos com frequência, pelo tempo que levamos para cantar "Parabéns a você" duas vezes.

O que aconteceria se também conseguíssemos influenciar mais crianças a se preparar para o primeiro ano na escola, e mais adolescentes a terminar o ensino médio e continuar estudando na faculdade, e depois conseguir e manter um emprego, viver por sua própria conta e se preparar para o momento de trazer uma criança a este mundo?

Que diferença faria se tivéssemos mais tutores voluntários, mentores e eleitores bem informados, e se estivéssemos mais bem preparados coletivamente para as catástrofes naturais? E depois imagine como seria ainda mais importante se os órgãos governamentais, as organizações sem fins lucrativos, os filantropos e as empresas dessem apoio integrado para tornar esses comportamentos mais acessíveis, populares e fáceis – em todo o mundo.

Na verdade é isso que os profissionais de marketing social fazem todos os dias, em todo o mundo, ao *influenciar comportamentos*.

O QUE ESTÁ ENVOLVIDO NA TENTATIVA DE MUDAR O COMPORTAMENTO DE ALGUÉM?

Muitos comportamentos positivos não são adotados por diversas razões. Alguns comportamentos atuais são decorrentes de vícios e exigem muita força de vontade para mudar; alguns são espontâneos e repetidos sem muita reflexão ou preocupação informada. Algumas mudanças de comportamento envolvem custos ou esforços desagradáveis, enquanto outros não dispõem de um sistema ou de pessoas que auxiliem ou facilitem o comportamento.

O objetivo do marketing social é desenvolver atitudes construtivas para auxiliar as mudanças de comportamentos desejadas. O princípio básico é aumentar a percepção do público de que os benefícios do novo comportamento superam os custos de sua adoção. O novo comportamento deve ser mais valorizado do que o comportamento atual. Por exemplo, existem duas grandes abordagens para fazer com que alguém pense em parar de fumar:

- Aumentar a percepção dos benefícios do comportamento desejado (por exemplo, enfatizando para os jovens como sua respiração melhora quando praticam esportes e deixam de fumar)
- Aumentar os custos do comportamento indesejado (por exemplo, aumentando os impostos sobre cigarros)

Os profissionais de marketing social, como seus colegas de marketing comercial, usam os quatro Ps – produto, preço, distribuição e comunicação – para incentivar a compra ou a adoção dos comportamentos. Eles aumentam o poder de atração do comportamento e, algumas vezes, oferecem bens ou serviços para apoiar o comportamento (produto); eles alteram o preço ou o custo de um comportamento em relação a outro (preço); eles facilitam passar para o novo comportamento (distribuição); e eles promovem os benefícios do novo comportamento a curto e a longo prazo (comunicação).

O marketing comercial, que tem sido tão eficaz em fazer com que as pessoas melhorem sua vida material, usa um conjunto de princípios e práticas que pode ser aplicado efetivamente no campo social, como indicado pelo exemplo a seguir.

Capítulo 3 ❖ A Solução do Marketing Social **71**

Imagine uma aldeia na Índia onde haja um surto repentino de Gripe A. Suponha que exista uma vacina que possa impedir que a epidemia de gripe se espalhe, especialmente se todos na aldeia forem se vacinar quando chegar o caminhão trazendo a vacina. É importante obter 100% de adesão à vacina. *O número de pessoas na aldeia que comparecerá para ser vacinada dependerá da intensidade da campanha de marketing.* Considere os seguintes níveis possíveis da campanha de marketing, do mais fraco ao mais intenso:

- Enviar apenas um agente de marketing para visitar cada família e anunciar o dia da vacinação.
- Some a isso: O agente pergunta se alguém na família (como um portador de deficiência) precisará de ajuda no dia para chegar ao local da vacinação em massa.
- Some a isso: O agente descreve para a família os grandes benefícios de ser vacinado e o dano possível de pegar a doença.
- Some a isso: O agente menciona que haverá diversão no local da vacinação.
- Some a isso: O agente menciona que haverá distribuição gratuita de alimentos no local.
- Some a isso: O agente menciona que cada pessoa vacinada receberá um presente (como um rádio transistor ou outro item doado por uma empresa parceira).

Se o agente se limitar ao primeiro passo, a probabilidade é que a maioria dos habitantes não compareça. A informação pura raramente inclui uma carga motivacional. A oferta de ajuda para que todos os membros da família compareçam – crianças, idosos e portadores de deficiências – aumenta o comparecimento. Ajudar os moradores a reconhecer com clareza os benefícios da vacinação aumentará a intenção de comparecimento. Oferecer diversão e alimentação gratuitas no local irá aumentar o comparecimento. Por fim, se for absolutamente crucial obter 100% de presença, também pode ser importante dar a cada pessoa um presente que seja atraente.

Mesmo essa abordagem é apenas uma visão limitada de marketing do que é preciso para atrair muitas pessoas para uma vacinação. Ela tem o caráter de uma abordagem de "marketing de massa", em oposição a uma abordagem de "marketing de alvo". O agente optou por atrair todos com um pacote similar de benefícios, auxílio, diversão e presentes. Mas alguns moradores não serão convencidos por algum desses fatores de persuasão; as pessoas também diferem em sua prontidão e disposição para responder. Alguns moradores são

72 PARTE I ❖ Compreender o Problema da Pobreza e suas Soluções Amplas

contrários a vacinações, acreditando que elas vão contra os preceitos de sua religião; outros acham que as vacinas serão dolorosas ou ineficazes. As pessoas têm diferentes percepções, atitudes e crenças que influenciam seu comportamento. Compreendendo isso, um agente de marketing sofisticado não desenvolveria seu plano de vacinação até ter entrevistado os moradores da aldeia e conversado com o líder tribal para ver quais crenças facilitariam o projeto e quais seriam um obstáculo. E ele poderia empregar estratégias diferentes com os diferentes segmentos.

Mesmo esta hipótese de segmentação e de definição de alvos é uma visão muito limitada de uma abordagem impactante de marketing social. Nossa campanha descreve apenas o planejamento de marketing social de *cima para baixo* para mudar o comportamento dos "consumidores"-alvo. Mas também é preciso fazer um trabalho de marketing social de *baixo para cima*, a fim de alterar o efeito dos fatores e forças mais amplos que afetarão o sucesso da campanha. Aqui estão alguns exemplos associados à vacinação bem-sucedida de todas as pessoas em uma aldeia:

- O agente de marketing tem de arrecadar fundos para pagar as vacinas, os instrumentos, as instalações, a pesquisa de marketing e a promoção do evento. Isso requer uma análise de mercado das possíveis fontes de fundos – talvez um órgão do governo, empresas doadoras ou organizações não governamentais (ONGs). O profissional de marketing pode estabelecer uma unidade de arrecadação de fundos para a campanha de vacinação que identifique, visite e solicite apoio de organizações e indivíduos específicos que provavelmente contribuirão.
- O agente de marketing tem de encontrar um local onde a vacinação e as atividades possam ser realizadas. Sua localização deve ser de fácil acesso. Talvez o agente tenha de convencer um fazendeiro que possua um campo amplo e vazio a emprestá-lo nesse dia.
- O agente de marketing provavelmente terá de contatar uma companhia de seguros a fim de obter termos favoráveis para oferecer cobertura a qualquer pessoa que seja ferida na vacinação ou nas atividades do dia.

O marketing social depende da compreensão das necessidades, desejos, percepções, preferências, valores e barreiras do público-alvo e na transformação dessa compreensão em um plano efetivo para alcançar os resultados de comportamento desejados, de baixo para cima e vice-versa. Sem essa compreensão, muitos profissionais que trabalham junto aos pobres, com a melhor das intenções, fracassam em seus objetivos de reduzir a pobreza. Não basta

Capítulo 3 ❖ A Solução do Marketing Social **73**

simplesmente dizer a uma pessoa que um novo comportamento seria bom para ela. Cada maço de cigarros contém um alerta de que o fumo é prejudicial à saúde. Sabemos que isso não é suficiente. O marketing social fornece os passos que geralmente faltam em outros esforços bem-intencionados para melhorar a sociedade.

O QUE É MARKETING SOCIAL?[2]

> O marketing social é um processo que aplica os princípios e as técnicas de marketing para criar, comunicar e fornecer valor a fim de influenciar os comportamentos do público-alvo que beneficiem a sociedade (saúde pública, segurança, meio ambiente e comunidades), bem como o público-alvo.[3]

O marketing social progrediu muito desde seu aparecimento no início dos anos 1970. Ele tem tido um profundo impacto positivo sobre as questões sociais como planejamento familiar, uso de fumo, alcoolismo, gravidez na adolescência, HIV/AIDS, imunizações, câncer de pele e alfabetização. Muitas campanhas de marketing social lidam com os problemas nas sociedades industriais, como obesidade, falta de exercício, distúrbios alimentares, beber antes de dirigir, uso do cinto de segurança em automóveis, porte de armas, conservação da água, lixo e conservação de energia.

No entanto, a expressão marketing social é entendida erroneamente ou usada de forma indevida por muitos. Há diversos pontos mal-compreendidos que devem ser esclarecidos:

- Não confunda marketing social com publicidade social. Todos já vimos campanhas públicas bem intencionadas para apagar fogueiras de acampamentos ("Urso Smokey"), ter uma boa escolarização ("Vá para a faculdade") e não usar drogas ("Apenas diga não às drogas"). A publicidade social é um importante instrumento de marketing social. Mas o marketing social vai bem além de simplesmente promover uma causa. Na verdade, promover a causa é o último passo no desenvolvimento de uma campanha completa de marketing social.
- Assegure a seus colegas, às autoridades eleitas e aos financiadores que o marketing social não é uma expressão alternativa para manipulação e venda agressiva. Na verdade, é exatamente o oposto, pois raramente é bem-sucedido sem uma abordagem voltada para o cliente e sensível a suas necessidades.

74 PARTE I ❖ Compreender o Problema da Pobreza e suas Soluções Amplas

- Entenda que a expressão "marketing social" não é sinônimo de "rede social" nem de "mídia social", embora essas sejam táticas promocionais usadas pelos profissionais de marketing social.
- Saiba que uma estratégia de marketing social pode incluir o fornecimento de subsídios para produtos como mosquiteiros e remédios para HIV. Mas simplesmente fornecer subsídios para produtos não é marketing social.

QUAIS QUESTÕES RELATIVAS À POBREZA PODEM SE BENEFICIAR COM O MARKETING SOCIAL?

A Tabela 3.1 apresenta 30 grandes questões ligadas à pobreza que podem se beneficiar do uso dos princípios e técnicas do marketing social. Essa é apenas uma lista parcial, mas representa os principais fatores causadores da pobreza que podem ser atenuados por ações de marketing social. Exemplos de comportamentos de cima para baixo que contribuem para aliviar a questão também são apresentados.

TABELA 3.1 Trinta questões ligadas à pobreza que podem ser afetadas pelo marketing social, aumentando a resistência diante das dificuldades econômicas e diminuindo a vulnerabilidade à pobreza

Questões ligadas à pobreza que podem ser ajudadas pelo marketing social		Um comportamento que poderia ser escolhido para uma ação de marketing social
Saúde	HIV/AIDS	Usar preservativos.
	Tuberculose	Tomar todos os medicamentos receitados conforme orientação médica.
	Malária	Colocar um mosquiteiro sobre a cama.
	Câncer	Fazer exames para os cânceres de mama, próstata e cólon.
	Doenças cardíacas	Realizar atividades físicas regulares.
	Poliomielite	Concordar com a vacinação infantil.
	Nutrição	Amamentar pelo menos nos primeiros seis meses.
	Água potável	Purificar a água antes de beber.
	Diarreia entre bebês e crianças pequenas	Aceitar a terapia de reidratação oral.
	Doenças infecciosas	Lavar as mãos.

(Continua)

Capítulo 3 ❖ A Solução do Marketing Social **75**

TABELA 3.1 (*Continuação*)

Questões ligadas à pobreza que podem ser ajudadas pelo marketing social		Um comportamento que poderia ser escolhido para uma ação de marketing social
Saúde (*Continuação*)	Alcoolismo e uso de drogas	Procurar tratamento.
	Quedas de idosos	Fazer uma avaliação do risco de quedas.
	Saneamento	Garantir a instalação de banheiros.
	Medicamentos essenciais	Formar parcerias para garantir financiamentos ou subsidiar custos.
	Saúde mental	Reduzir o estigma nas comunidades.
Educação	Preparo escolar	Certificar-se de ler para as crianças em idade pré-escolar por 20 minutos ao dia.
	Alfabetização	Eliminar as desigualdades entre os sexos.
	Conclusão do ensino médio	Encontrar um tutor voluntário para os jovens em risco.
Planejamento familiar	Gravidez na adolescência	Adiar a vida sexual.
	Incapacidade de sustentar famílias grandes	Capacitar as mulheres a fazer escolhas de fertilidade.
Suprimento de alimentos	Produtividade agrícola	Adicionar nutrientes ao solo.
Emprego	Desemprego	Candidatar-se a empréstimos de microfinanciamento.
	Falta de habilidades específicas	Participar de treinamento de habilidades específicas.
Gestão financeira	Falência	Viver dentro de suas possibilidades.
Catástrofes naturais	Furacões	Seguir as instruções para evacuação.
Abrigo	Sem-tetos	Acessar os serviços disponíveis.
	Abrigo	Ajudar a construir um telhado para se proteger da chuva.
Segurança	Fumaça	Instalar uma chaminé para remover a fumaça do fogão.
	Violência doméstica	Ligar para o telefone de ajuda para casos de violência doméstica.
	Crime	Formar grupos de vigilância comunitária.

COMO O MARKETING SOCIAL DIFERE DO MARKETING COMERCIAL, DO MARKETING SEM FINS LUCRATIVOS E DO MARKETING NO SETOR PÚBLICO?

Existem várias diferenças importantes entre o marketing social e o comercial:

- No caso do marketing comercial, o processo de marketing visa a vender um produto ou serviço tangível. No caso do marketing social, o processo de marketing é usado para vender um *comportamento desejado*.
- Não é de surpreender que, no setor comercial, o objetivo principal seja o *ganho financeiro*. No marketing social, o objetivo principal é o *ganho do indivíduo ou da sociedade*. Os profissionais de marketing comercial escolhem públicos-alvo que proporcionem o maior volume de vendas lucrativas. No caso do marketing social, os segmentos são selecionados com base em um conjunto diferente de critérios, como o que produzirá a maior quantidade de mudança comportamental. Nos dois casos, no entanto, os profissionais de marketing buscam obter os maiores retornos para seu investimento de recursos.
- Os concorrentes são muito diferentes. O profissional de marketing comercial vê os concorrentes como *organizações que oferecem bens e serviços* ou que satisfazem necessidades similares. Os profissionais de marketing social veem a *concorrência como o comportamento atual ou preferido do público-alvo* e os benefícios e custos percebidos desse comportamento. Isso inclui todas as organizações que vendem ou promovem comportamentos contrários (como o setor de fumo).

O marketing social é mais difícil do que o marketing comercial. Pense nos recursos financeiros que a concorrência tem para fazer com que fumar pareça algo bom, para promover bebidas alcoólicas e para adicionar glamour à promiscuidade sexual. E pense nos desafios enfrentados quando se tenta influenciar as pessoas a abandonar um comportamento de vício (parar de fumar), resistir à pressão dos amigos (usar proteção sexual), esforçar-se mais (evitar beber água contaminada), ouvir notícias ruins (fazer um teste de HIV), arriscar seus relacionamentos (evitar usar drogas pesadas) ou lembrar-se de algo (tomar os remédios três vezes por dia).

Apesar dessas diferenças, também existem muitas semelhanças entre os modelos de marketing social e de marketing do setor comercial – e essas similaridades são cruciais para o sucesso de todos os profissionais de marketing:

- *É importante ser orientado para o cliente*. O profissional de marketing sabe que a oferta (produto, preço, distribuição) precisa ser atraente para o público-alvo, resolvendo um problema ou satisfazendo um desejo ou necessidade.

- *A teoria das trocas é fundamental.* O público-alvo deve perceber benefícios que igualem ou superem os custos percebidos.[4] Como Bill Smith da AED diz muitas vezes, devemos pensar no paradigma do marketing social como "Vamos fazer um negócio!"[5]
- *A pesquisa de marketing é usada em todo o processo.* O profissional de marketing precisa pesquisar e entender as necessidades, desejos, crenças e atitudes específicos do público-alvo para criar estratégias eficazes.
- *Os públicos são segmentados.* As estratégias precisam se adaptar aos desejos, necessidades, recursos e comportamento atual próprios dos diferentes segmentos de mercado.
- *Todos os quatro Ps são levados em consideração.* Uma estratégia vencedora requer uma abordagem integrada, que utilize todos os instrumentos disponíveis e não dependa apenas de publicidade e de outras comunicações persuasivas.
- *Os resultados são medidos e usados para aprimoramento.* O feedback é valorizado e visto como um "conselho" para melhorar da próxima vez.

As ações de marketing social são geralmente iniciadas e patrocinadas pelos profissionais que trabalham em órgãos governamentais e em organizações sem fins lucrativos. No entanto, no setor sem fins lucrativos, o marketing é usado com mais frequência para apoiar a utilização dos serviços da organização (como exames para tuberculose), compra de produtos e serviços auxiliares (como lojas em museus), recrutamento de voluntários, ações em defesa de uma causa e arrecadação de fundos. No setor público, as atividades de marketing também são usadas para apoiar a utilização dos produtos e serviços do órgão do governo (como a agência do correio e as clínicas comunitárias) e para incentivar o apoio e a adesão dos cidadãos. Assim, as ações de marketing social são apenas uma das muitas atividades de marketing realizadas pelos profissionais de marketing dos setores público e sem fins lucrativos.

QUAIS SÃO OS PRINCIPAIS FUNDAMENTOS DO MARKETING SOCIAL?

Foco em comportamentos

Do mesmo modo que os profissionais de marketing do setor comercial vendem bens e serviços, os profissionais de marketing social vendem comportamentos. Os agentes de mudança geralmente desejam influenciar o público-alvo de uma dentre quatro maneiras:

78 PARTE I ❖ Compreender o Problema da Pobreza e suas Soluções Amplas

- *Aceitar* um novo comportamento (como colocar um mosquiteiro sobre a cama)
- *Rejeitar* um comportamento potencialmente indesejável (como começar a fumar)
- *Modificar* um comportamento atual (por exemplo, no caso dos que têm vários parceiros sexuais, usar preservativo todas as vezes)
- *Abandonar* um comportamento antigo e indesejável (como uso excessivo de álcool)

A ação pode se referir ao incentivo de um comportamento realizado apenas uma vez (como fazer um exame para tuberculose) ou à criação de um hábito e ao estabelecimento de um comportamento repetido (como lavar as mãos).

Embora marcos de progresso também sejam estabelecidos para aumentar o conhecimento e as habilidades por meio da educação, e talvez sejam necessárias ações para alterar crenças, atitudes ou sentimentos presentes, o fundamental para o profissional de marketing social é o público-alvo "comprar" o comportamento. Por exemplo, um comportamento específico que as organizações voltadas para evitar o uso de drogas desejam influenciar é que as mulheres evitem álcool durante a gestação. Os profissionais dessas organizações reconhecem a necessidade de informar às mulheres que o álcool pode causar problemas congênitos e de convencê-las de que isso poderia acontecer a seu filho. Porém, no fim das contas, sua medida de sucesso será o número de mulheres grávidas que deixem de beber álcool.

Reconhecer que a mudança de comportamento é normalmente voluntária

Talvez o aspecto mais desafiador do marketing social é que ele depende muito da adesão voluntária e não de formas de influência legais, econômicas ou coercitivas. Em muitos casos, os profissionais de marketing social não podem prometer um benefício direto ou imediato em troca da adoção da mudança de comportamento proposta. Lembre-se do exemplo de fazer com que todos em uma aldeia participassem voluntariamente de uma vacinação: alguns acreditam que a grande dependência da mudança voluntária e individual de comportamento está ultrapassada e enfatizam o uso de outros meios, como a lei ou a coerção. Os que não participarem podem ter de pagar uma multa ou perder o direito a uma vaga para seus filhos na escola ou ter de cumprir alguma outra punição. Os profissionais de marketing social preferem incentivar a mudança voluntária de comportamento, mas também

Capítulo 3 ❖ A Solução do Marketing Social **79**

podem solicitar que outras instituições (como escolas ou legislação) usem sua influência quando o aumento da participação seja considerado crucial para uma comunidade.

Usar princípios e técnicas tradicionais de marketing

O princípio mais fundamental subjacente ao marketing é aplicar a *visão geral da orientação para o cliente* para entender os segmentos de mercado e suas potenciais necessidades, desejos, crenças, problemas, preocupações e comportamentos. Então, os profissionais de marketing escolhem *mercados-alvo* que podem influenciar e satisfazer melhor; eles estabelecem *objetivos e metas* claros. O produto é *posicionado* para atrair os desejos do mercado-alvo e o jogo exige que os profissionais de marketing façam isso de modo mais eficaz do que a concorrência. Depois, eles usam as quatro ferramentas principais do marketing – os quatro Ps – para influenciar os mercados-alvo: produto, preço, distribuição e comunicação, também chamados de *mix de marketing*. Depois de um plano ser implementado, *os resultados são monitorados e avaliados*, e as estratégias são alteradas, se necessário.

Selecionar e influenciar um mercado-alvo

Os profissionais de marketing sabem que o mercado é um agrupamento de populações diversas, cada uma com um conjunto distinto de desejos e necessidades. Eles sabem que o que atrai uma pessoa pode não atrair outra. Portanto, eles dividem o mercado em grupos similares (segmentos de mercado), medem o potencial relativo de cada segmento para realizar os objetivos organizacionais e de marketing, e escolhem um ou mais segmentos (mercados-alvo) nos quais concentram suas ações e recursos. Para cada mercado-alvo, é criado um *mix* distinto dos quatro Ps, planejado para atrair unicamente ao segmento-alvo.

Considerando também uma visão mais expandida do marketing social, Robert Donovan e Nadine Henley, entre outros autores, defendem também ter como alvos os indivíduos da comunidade que tenham o poder para determinar políticas institucionais e para fazer mudanças legislativas nas estruturas sociais (como os diretores de escolas). Esses são mercados de baixo para cima em que as ações deixarão de influenciar (apenas) um indivíduo com um problema ou um comportamento potencialmente problemático para passar a influenciar aqueles que podem facilitar a mudança de comportamento individual.[6] As técnicas usadas são as mesmas.

Reconhecer que o beneficiário é o indivíduo, grupo ou a sociedade como um todo – não a organização patrocinadora

Ao contrário do marketing no setor comercial, no qual os principais beneficiários são os investidores da empresa, o principal beneficiário de um programa de marketing social é o indivíduo, um grupo ou a sociedade como um todo. A pergunta que muitos fazem é: quem determina se a mudança social criada pela campanha é benéfica? Embora a maioria das causas apoiadas pelas ações de marketing social tenda a obter um elevado consenso de que a causa é boa, esse modelo também pode ser usado por adversários que tenham visões opostas do que é bom. O aborto é um exemplo de uma questão em que os dois lados argumentam que estão no lado "bom" e ambos usam técnicas de marketing social para influenciar o comportamento do público. Então, quem pode definir o que é "bom"? Donovan e Henley propõem que a Declaração Universal dos Direitos Humanos, da ONU (www.unhchr.ch), seja a base em relação ao bem comum. Alan Andreasen sugere que o cliente ou o patrocinador da campanha deve tomar essa decisão. Craig Lefebvre diz: "Depende do olhar de quem vê".[7]

COMO EVOLUIU O CONCEITO DE MARKETING SOCIAL?

Quando pensamos no marketing social como uma força que "influencia o comportamento do público", fica claro que fazer campanhas para obter mudanças voluntárias de comportamento não é um fenômeno novo. Pense nas ações para libertar os escravos, abolir o trabalho infantil, dar às mulheres o direito de voto e recrutar mulheres para a força de trabalho.

Lançando a disciplina formalmente há mais de 37 anos, a expressão *marketing social* foi cunhada por Philip Kotler e Gerald Zaltman em um artigo pioneiro no *Journal of Marketing*. O artigo descrevia "o uso dos princípios e técnicas de marketing para promover uma causa, ideia ou comportamento social".[8] Nas décadas seguintes, o interesse crescente e o uso dos conceitos, instrumentos e práticas de marketing social passaram da saúde pública e da segurança para os ativistas ambientais e comunitários, como fica evidente a partir da lista parcial de eventos, textos e artigos de periódicos no quadro a seguir.

Marketing social: principais eventos e publicações

Década de 1970:

- 1971: Um artigo pioneiro, "Social Marketing: An Approach to Planned Social Change", no *Journal of Marketing* escrito por Philip Kotler e Gerald Zaltman apresenta pela primeira vez a expressão "marketing social".

- Outros profissionais e pesquisadores conhecidos juntam suas vozes pelo potencial do marketing social, entre eles Alan Andreasen (Georgetown University), James Mintz (Federal Department of Health, Canadá), Bill Novelli (cofundador da Porter Novelli Associates) e William Smith (Academy for Educational Development).

Década de 1980:

- O Banco Mundial, a Organização Mundial de Saúde e os Centros para Controle de Doenças começam a usar a expressão e a promover o interesse no marketing social.

- 1981: Um artigo no *Journal of Marketing* escrito por Paul Bloom e William Novelli revê os 10 primeiros anos de marketing social. Os autores destacam a falta de rigor na aplicação dos princípios e técnicas de marketing em áreas cruciais do campo, incluindo pesquisa, segmentação e canais de distribuição.

- 1988: Um artigo no *Health Education Quarterly*, "Social Marketing and Public Health Intervention", escrito por R. Craig Lefebvre e June Flora, dá ampla exposição ao marketing social no campo da saúde pública.

- 1989: O livro *Social Marketing: Strategies for Changing Public Behavior*, de Philip Kotler e Eduardo Roberto, descreve a aplicação dos princípios e técnicas de marketing para influenciar a gestão da mudança social. (Nancy Lee une-se aos autores, e são publicadas duas edições subsequentes em 2002 e 2008.)

Década de 1990:

- São criados programas universitários, incluindo o Center for Social Marketing na Universidade Strathclyde em Glasgow e o Department of Community and Family Health na University of South Florida.

- 1992: Um artigo na *American Psychologist* escrito por J. Prochaska, C. Di-Clemente e J. C. Norcross apresenta uma estrutura organizadora para obter a mudança de comportamento. Esse é considerado por muitos como o modelo mais útil desenvolvido até o momento.

- 1994: É lançada a publicação do *Social Marketing Quarterly* pela Best Start, Inc. e pelo Department of Public Health, University of South Florida.

- 1995: O livro *Marketing Social Change: Changing Behavior to Promote Health, Social Development, and the Environment*, de Alan Andreasen, faz uma contribuição significativa para a teoria e a prática do marketing social.

- 1999: O Social Marketing Institute é fundado em Washington, com Alan Andreasen da Georgetown University como diretor-executivo interino.

- 1999: O livro *Fostering Sustainable Behavior*, de Doug McKenzie-Mohr e William Smith, apresenta o marketing social com base na comunidade.

Década de 2000:

- 2003: O livro *Social Marketing: Principles and Practice* de Rob Donovan e Nadine Hadley é publicado na Austrália.

- 2005: O National Social Marketing Centre é fundado em Londres, Inglaterra, coordenado por Jeff French e Clive Blair-Stevens.

- 2005: Acontece a 10ª conferência anual sobre Inovações em Marketing Social.

- 2006: O livro *Social Marketing in the 21st Century*, de Alan Andreasen, descreve um papel expandido para o marketing social.

- 2008: Acontece a 19ª conferência anual de Marketing Social em Saúde Pública.

- 2008: A primeira Conferência Mundial de Marketing Social é realizada em Brighton, Inglaterra.

Fonte: *Social Marketing: Influencing Behaviors for Good* (Sage, 2008)

Bill Smith na AED indicou que os programas de marketing social de grande escala começaram nos anos 1970:

"Os primeiros programas de marketing social de grande escala foram internacionais – o primeiro trabalho com a diarreia em El Salvador por Manoff, trabalho da AED em Honduras, Gâmbia e Egito. Logo depois dessas ações aconteceu o marketing social de anticoncepcionais feito pela PSI, Futures Group, AED e outros. Dezenas de milhões de dólares foram investidos em planejar, realizar e avaliar essas ações de marketing social... Desde o princípio, elas eram orientadas para o produto e não para a mensagem. Isto é, a solução para um problema era encontrada no marketing social de novos produtos e serviços. A distribuição gratuita nunca fez parte dessas primeiras ações de marketing social. Os produtos – preservativos e anticoncepcionais, pacotes de reidratação oral, etc, eram produtos físicos – com custos reais, canais de distribuição e ações de comunicação. Logo se descobriu que o preço AGREGAVA VALOR aos produtos e alguns dos mais interessantes estudos de preços entre os pobres foram feitos por esses programas há 30 anos. Mas todos eles eram desconhecidos pela maioria dos profissionais de marketing social de 'saúde pública' nos Estados Unidos."[9]

QUEM FAZ MARKETING SOCIAL?

Na maioria dos casos, os princípios e as técnicas de marketing social são usados pelas pessoas na linha de frente, responsáveis por melhorar a saúde pública, evitar lesões, proteger o ambiente e promover o envolvimento comunitário. Raramente eles têm um título acadêmico em marketing social. O mais frequente é que eles sejam gerentes de programas ou trabalhem em cargos de relações com a comunidade ou de comunicações. De modo geral, as ações envolvem diversos agentes de mudança que, como indica Robert Hornik, podem ou não agir de um modo conscientemente coordenado.[10] Muitas organizações internacionais estão envolvidas em atividades de marketing social, por exemplo, grupos como o Banco Mundial e unidades das Nações Unidas como a UNESCO e a Organização Mundial de Saúde. Quase todas as organizações que patrocinam essas ações em um país como os Estados Unidos são *órgãos do setor público*, quer nacionais, como os Centers for Disease Control and Prevention (CDC), Departamentos de Saúde, Departamentos de Serviços Humanos e Sociais, a Environmental Protection Agency, a National Highway Traffic Safety Administration, os Departments of Wildlife and Fisheries, e as jurisdições locais, inclusive concessionárias de serviços públicos, corpo de bombeiros, escolas, parques e clínicas de saúde comunitárias.

84 PARTE I ❖ Compreender o Problema da Pobreza e suas Soluções Amplas

As organizações sem fins lucrativos e as fundações também se envolvem, na maioria das vezes apoiando comportamentos alinhados com sua missão. A seguir estão alguns exemplos:

- World Vision treina parteiras em Gana.
- A Academy for Educational Development (AED) associou-se com o setor privado para aumentar o uso de mosquiteiros tratados com inseticida a fim de evitar a malária.
- Population Services International (PSI) promove multivitaminas com ferro e ácido fólico junto às mulheres em idade reprodutiva nos países em desenvolvimento.
- A campanha da Kaiser Family Foundation, Know HIV/AIDS, promove exames diagnósticos.

QUAIS SÃO AS OUTRAS MANEIRAS DE IMPACTAR AS QUESTÕES SOCIAIS?

O marketing social não é a única abordagem a afetar uma questão social como a pobreza, e os profissionais de marketing social não são os únicos que influenciam a situação. Outras forças e organizações, que algumas pessoas descrevem como fatores da base da pirâmide social, podem influenciar os comportamentos individuais na base da pirâmide – e até tornar desnecessária a mudança pessoal. Esses fatores incluem inovações tecnológicas, descobertas científicas, melhorias na infraestrutura, novas políticas e currículos escolares, educação pública e a mídia:

- *Tecnologia.* No oeste do Quênia, um quarto dos fazendeiros no distrito de Sauri usa uma nova técnica para melhorar as colheitas, plantando árvores que fixam o nitrogênio ao longo de campos de cultivo de milho e de outros alimentos, proporcionando um substituto natural para os fertilizantes químicos.[11]
- *Ciência.* As descobertas médicas criam vacinas para alguns cânceres, como a que recentemente foi liberada para jovens a fim de prevenir o câncer cervical. Em 2006, os pesquisadores da Clínica Mayo anunciaram que estavam próximos da descoberta de uma vacina que poderia ajudar os fumantes a deixar o cigarro.[12]
- *Melhorias nas infraestruturas e ambientes construídos.* A água limpa na África do Sul ficou mais acessível em algumas comunidades quando uma empresa empreendedora criou um dispositivo para substituir as bombas manuais. O sistema de água Play Pump™ é um tipo de carrossel que bom-

beia água do solo a partir de poços para um tanque de armazenagem. Com crianças girando o carrossel cerca de 16 vezes por minuto, o sistema pode produzir 1.400 litros de água por hora, atingindo com facilidade os 6 litros por pessoa por dia estimados como necessários.

- *Escolas.* As políticas e as ofertas dos distritos escolares podem contribuir significativamente em todas as arenas sociais: saúde (oferecendo opções mais saudáveis nas cantinas escolares e aulas regulares de atividades físicas), segurança (exigindo que os alunos usem crachás de identificação), proteção ambiental (colocando recipientes de reciclagem em cada sala de aula), e envolvimento comunitário (oferecendo os ginásios esportivos para campanhas de doação de sangue).
- *Educação.* A linha entre o marketing social e a educação é bem clara. A educação é uma ferramenta útil para o profissional de marketing social, mas não funciona sozinha. Quase sempre a educação é usada para comunicar informações e/ou construir habilidades, mas ela não dá a mesma atenção e rigor à criação e à manutenção da mudança comportamental. Ela aplica basicamente apenas um dos quatro instrumentos de marketing – comunicação. Muitos no campo concordam que, quando a informação é motivadora e "nova" (como a descoberta de que a fumaça passiva do cigarro aumenta o risco da síndrome da morte súbita em bebês), ela pode tirar rapidamente um mercado da inação e, até mesmo, da resistência e levá-lo à ação. Infelizmente, isso não é tão comum. Pensem no fato de que os alertas sobre o cigarro são colocados nos maços há décadas, mas a Organização Mundial de Saúde estima que 29% dos jovens e adultos (a partir dos 15 anos) de todo o mundo ainda fumam.[13]
- *Mídia.* Noticiários e programas de entretenimento têm uma influência poderosa sobre os comportamentos individuais porque moldam valores, estão associados a eventos e tendências atuais e criam normas sociais. Muitos argumentam, por exemplo, que a atitude casual e sensacionalista dos filmes e da TV em relação ao sexo tem sido um fator importante nos problemas que vemos entre os jovens hoje.[14] Por outro lado, a mídia foi um fator poderoso que influenciou as pessoas a doar tempo e recursos para as vítimas do furacão Katrina.

QUAL É O PAPEL DO PROFISSIONAL DE MARKETING SOCIAL EM INFLUENCIAR OS FATORES NO TOPO DA HIERARQUIA?

Muitos acreditam que até o momento temos colocado parte excessiva do fardo para melhorar o *status* das questões sociais sobre a mudança individual de comportamento e que os profissionais de marketing social devem direcionar

86   PARTE I ❖ Compreender o Problema da Pobreza e suas Soluções Amplas

parte de seus esforços para influenciar os fatores no topo da hierarquia. Nós concordamos.

Alan Andreasen em seu livro *Social Marketing in the 21st Century* descreve esse papel expandido do marketing social:

> "O marketing social tem a ver com tornar o mundo um lugar melhor para todos – não só para os investidores ou executivos da fundação. E, como ressaltamos em todo o livro, os mesmos princípios básicos que induzem um garoto de 12 anos em Bangkog ou em Leningrado a comer um Big Mac e um cuidador na Indonésia a começar a usar soluções orais para reidratação em casos de diarreia, também podem ser usados para influenciar políticos, figuras da mídia, ativistas da comunidade, juízes e agentes da lei, executivos da fundação e outras pessoas cujas ações são necessárias para criar uma mudança social positiva, duradoura e difundida."[15]

Considere a questão da disseminação do HIV/AIDS. De cima para baixo, os profissionais de marketing social focam em diminuir os comportamentos de risco (como sexo sem proteção) e em aumentar os exames pontuais (durante a gravidez, por exemplo). Se eles movessem sua atenção para cima, eles notariam líderes de grupos, organizações, corporações e comunidade e criadores de políticas que poderiam tornar essa mudança um pouco mais fácil ou mais provável, e que seriam um mercado-alvo para um esforço de marketing social. Os profissionais de marketing social poderiam associar-se a outros para influenciar as empresas farmacêuticas a tornar os testes para HIV/AIDS mais rápidos e acessíveis; trabalhar com grupos médicos a fim de criar protocolos para perguntar a pacientes se fazem sexo sem proteção e, se a resposta for sim, incentivá-los a fazer o exame para HIV/AIDS, atuar junto aos órgãos de instrução pública para incluir informações sobre HIV/AIDS no currículo do ensino médio; apoiar programas de troca de agulhas; fornecer tendências e histórias pessoais à mídia, talvez até mesmo ideias para uma história para produtores de novelas ou de comédias de situação (sitcoms) populares junto ao público-alvo; procurar uma empresa parceira que se interessasse por realizar testes em sua loja de varejo própria; organizar reuniões com líderes comunitários como sacerdotes e diretores de organizações sem fins lucrativos, e até mesmo fornecer verbas para que eles aloquem recursos humanos para intervenções na comunidade. Se pudessem, visitariam salões de cabeleireiros e barbeiros, incentivando proprietários e funcionários a divulgar os exames junto a seus clientes.

Eles deporiam diante de um comitê do senado para defender o aumento de verbas para pesquisa, disponibilidade de preservativos ou instalações para exames gratuitos.

O processo e os princípios de marketing são os mesmos usados para influenciar indivíduos, utilizando uma orientação para o cliente, pesquisa de marketing, objetivos e metas claros, posicionamento, um *mix* de marketing, monitoramento e avaliação. Só mudou o mercado-alvo.[16]

Resumo

O marketing social é um processo que aplica os princípios e as técnicas de marketing para criar, comunicar e fornecer valor a fim de influenciar os comportamentos do público-alvo que beneficiem a sociedade (saúde pública, segurança, meio ambiente e comunidades), bem como o público-alvo.[17]

As questões relativas à pobreza que podem se beneficiar com a aplicação do marketing social incluem as que afetam saúde, segurança, educação, planejamento familiar, suprimento de alimentos, emprego, gestão financeira pessoal, catástrofes naturais, abrigo e desigualdade de sexos – todos os fatores que, ao serem melhorados, aumentam a resistência a dificuldades econômicas e diminuem a vulnerabilidade à pobreza.

Existem algumas diferenças importantes entre o marketing social e o comercial. Os profissionais de marketing social estão focados em vender um comportamento, enquanto os profissionais de marketing comercial estão mais focados na venda de bens e serviços. Os profissionais de marketing do setor comercial posicionam seus produtos contra os de outras empresas, enquanto os profissionais de marketing social competem com o comportamento atual do público e os benefícios associados a esse comportamento. O principal benefício de uma "venda" em marketing social é o bem-estar de um indivíduo, grupo ou sociedade, enquanto no marketing comercial é a riqueza do acionista.

Existem muitas semelhanças importantes entre os modelos de marketing social e comercial:

- É importante ser orientado para o cliente.
- A teoria das trocas é fundamental.
- A pesquisa de marketing é usada em todo o processo.
- Os públicos são segmentados.
- Todos os quatro Ps são levados em consideração.
- Os resultados são medidos e usados para aprimoramento.

88 PARTE I ❖ Compreender o Problema da Pobreza e suas Soluções Amplas

Os princípios para o sucesso são os seguintes:

- Foco em comportamentos.
- Reconhecer que a mudança de comportamento é normalmente voluntária.
- Usar princípios e técnicas tradicionais de marketing.
- Selecionar e influenciar um mercado-alvo.
- Reconhecer que o principal beneficiário é o indivíduo, um grupo ou a sociedade como um todo.

Os engajados em atividades de marketing social incluem profissionais em órgãos públicos, organizações sem fins lucrativos, marketing corporativo e relações com a comunidade e empresas de publicidade, relações públicas e pesquisa de mercado. Um título acadêmico em marketing social é raro e a responsabilidade comumente cabe a um gerente de programas, profissional de relações com a comunidade ou de comunicações.

Outras abordagens para mudar comportamentos e influenciar as questões sociais incluem inovações tecnológicas, descobertas científicas, pressões econômicas, leis, melhorias na infraestrutura, mudanças em práticas de negócios corporativas, novas políticas e currículos escolares, educação pública e a mídia. Muitos concordam que esses fatores e públicos estão ao alcance, e até mesmo sob responsabilidade, dos profissionais de marketing social.

Notas

[1] Melinda Gates, oradora na abertura do evento, Seattle Biomedical Research Institute, 30 de abril de 2008. A citação foi publicada em um folheto que promovia o evento.

[2] Boa parte do texto do restante deste capítulo foi adaptada do livro de Philip Kotler e Nancy R. Lee, *Social Marketing: Influencing Behaviors for Good*, 3ª edição (Thousand Oaks, CA: Sage, 2008).

[3] Kotler e Lee, op. cit., p. 7.

[4] R. P. Bagozzi, "Marketing as Exchange: A Theory of Transactions in the Marketplace," *American Behavioral Science*, março-abril de 1978, pp. 535–556.

[5] William Smith, "Social Marketing and Its Potential Contribution to a Modern Synthesis of Social Change," *Social Marketing Quarterly*, Volume VIII/Número 2, verão de 2002, p. 46.

[6] Rob Donovan e Nadine Henley, 2003. *Social Marketing: Principles and Practices I (Melbourne, Australia: IP Communications)*

[7] Social Marketing Listserve, 2006.

[8] "Social Marketing: An Approach to Planned Social Change" (1971) em *Journal of Marketing* de Philip Kotler e Gerald Zaltman cunhou o termo "marketing social".

[9] Comunicação por e-mail de Bill Smith, novembro de 2007.

Capítulo 3 ❖ A Solução do Marketing Social **89**

[10] Robert Hornik, "Some Complementary Ideas About Social Change", *Social Marketing Quarterly*, Volume VIII/Número 2, verão de 2002, p. 11.

[11] Jeffrey Sachs, *The End of Poverty: Economic Possibilities for Our Time* (Nova York: Penguin Press, 2005), p. 229.

[12] http://www.foxnews.com/printer_friendly_wires/2006Jul27/0,4675,TobaccoVaccine,00. html.

[13] Estatísticas do ano 2000 da Organização Mundial de Saúde, Tobacco Free Initiative.

[14] Alan Andreasen e Philip Kotler, *Strategic Marketing for Nonprofit Organizations*, 6ª edição (Prentice Hall, 2003), p. 490.

[15] Alan Andreasen, *Social Marketing in the 21st Century* (Thousand Oaks, CA: Sage, 2006), p. 11.

[16] Philip Kotler e Nancy Lee, *Marketing in the Public Sector: A Roadmap for Improved Performance* (Prentice Hall, 2006).

[17] Philip Kotler e Nancy R. Lee, *Social Marketing: Influencing Behaviors for Good*, 3ª edição (Thousand Oaks, CA: Sage, 2008).

PARTE II

Aplicação da Perspectiva e das Soluções de Marketing

4

Segmentação do Mercado da Pobreza

"Cada um é pobre de um modo diferente."

—Anônimo

Os três primeiros capítulos deste livro descrevem como o marketing social está ausente do conjunto de soluções que pretendem reduzir a pobreza. Acreditamos, como já indicado, que esta disciplina tem um papel único e estratégico para fazer com que as pessoas pobres saiam da pobreza e não voltem a essa condição.

A Parte II, "Aplicação da perspectiva e das soluções de marketing", apresenta e exemplifica cinco instrumentos conhecidos dos profissionais de marketing comercial. Esses capítulos também descrevem aplicações para criar planos de programas e estratégias que apoiem os programas de redução da pobreza:

Capítulo	Ferramenta de marketing	Questão respondida pela ferramenta
4	Segmentação do mercado	Quais são os segmentos de mercado potenciais para nossas ações?
5	Avaliação e escolha das prioridades do mercado-alvo	Em quem nos deveríamos focar primeiro ou mais?
6	Determinação dos comportamentos desejados	O que queremos que eles façam?
7	Identificação de obstáculos, benefícios e concorrentes	O que eles pensam dessa ideia?
8	Desenvolvimento do posicionamento desejado e do *mix* de marketing estratégico (os quatro Ps)	O que eles precisam para fazer isso?

94 PARTE II ❖ Aplicação da Perspectiva e das Soluções de Marketing

Este capítulo concentra-se na segmentação de mercado; primeiro define e descreve o processo e depois defende uma abordagem de segmentação micro *versus* macro, reconhecendo que o mercado da pobreza é tão vasto e diversificado quanto a própria humanidade. Afinal, a maioria de nós (mais de 60%) é pobre.

Como faremos em cada um dos próximos capítulos, começamos com um breve caso que exemplifica os princípios e as teorias apresentados no capítulo. O estudo de caso deste capítulo destaca ações na África e na Tailândia para lidar com o impacto do HIV/AIDS sobre os pobres. Ela mostra como o sucesso, em cada um dos casos, baseou-se no reconhecimento da necessidade de identificar grupos homogêneos na população e de desenvolver estratégias sob medida para seu conjunto de desejos, necessidades e preferências.

HIV/AIDS:
Revertendo a tendência por meio de técnicas de segmentação de público-alvo

O efeito do HIV/AIDS sobre a pobreza é profundo, mas com frequência não é plenamente reconhecido nem mensurado. A doença reduz a renda e aumenta as despesas. O fato de ter de cuidar de parentes reduz a produtividade e aumenta o isolamento social. A perda de renda muitas vezes obriga à venda de ativos, como gado, cabras e galinhas, deixando as famílias ainda mais vulneráveis. Essa perda de renda e de ativos perturba ainda mais as redes de apoio social e dificulta a aceitação e a eficácia das ações de intervenção e de contato.

O papel do profissional de marketing social em HIV/AIDS é geralmente o de influenciar comportamentos que interrompam a disseminação da doença e o de incentivar o diagnóstico e o tratamento precoces. Nosso papel potencial, no topo da pirâmide social, é influenciar os responsáveis pela definição de políticas, ONGs, filantropos e organizações do setor privado para fornecer apoio que torne esses comportamentos mais fáceis, acessíveis, aceitáveis e mais baratos.

Começamos tomando decisões estratégias ao responder a primeira pergunta, que é também a mais importante: *a quem queremos influenciar?* Como se pode ver na lista a seguir de *públicos-alvo em potencial* para uma campanha HIV/AIDS, o que queremos em última instância, levar o público--alvo a fazer depende de quem é esse público:

Capítulo 4 ❖ Segmentação do Mercado da Pobreza **95**

- *Mulheres no México* cujos maridos trabalham em campos agrícolas na Flórida e fazem sexo sem proteção com as prostitutas que frequentam os campos
- *Crianças em Ruanda e África do Sul,* que são HIV-positivas e cujos pais vivem com AIDS e estão doentes demais para levá-las a uma clínica para receber drogas antirretrovirais
- *Rapazes gays no Brasil* que fumam crack juntos e compartilham agulhas para injetar cocaína
- *Prostitutas no Nepal* que não conseguem comprar preservativos tarde da noite nem perto da casa noturna em que trabalham e têm medo de comprá-los de dia na farmácia local porque conhecem os atendentes e se sentem constrangidas
- *Mães solteiras afro-americanas nos Estados Unidos, entre 18 e 24 anos,* que fazem sexo sem proteção com namorados, que também fazem sexo com homens gays, sem que as mulheres saibam
- *Homens entre 30 e 40 anos em Botsuana* que têm mais de cinco parceiras sexuais, das quais apenas uma é namorada fixa – e fazem sexo sem proteção com ela

As duas histórias a seguir têm finais positivos, em parte porque os líderes do país começaram respondendo essa primeira pergunta.

Uganda: a segmentação associada ao comportamento e à fase da vida

Uganda teve uma das primeiras – e talvez mais dramáticas – histórias de sucesso no enfrentamento da AIDS. A prevalência da AIDS no início da década de 1990 era de 15%, caindo para 6,5% em 2004. O declínio foi ainda maior entre as mulheres grávidas (um indicador-chave do avanço da epidemia) em Kampala, a capital do país, com a prevalência declinando de aproximadamente 30% em 1993 para cerca de 10% em 2004. Uma pesquisa realizada pela Organização Mundial de Saúde relatou que os encontros sexuais casuais declinaram bem mais de 50% entre 1989 e 1995.[1] Não é de surpreender que o sucesso de Uganda tenha sido objeto de estudos e análise intensos.

O declínio da prevalência de HIV em Uganda parece associado à percepção de que para contatar e persuadir os diferentes grupos populacionais seria necessário realizar intervenções diferentes e transmitir mensagens adequadas. Comportamentos diferentes são estimulados em mercados diferentes:

- Os jovens que ainda não tinham iniciado a vida sexual foram aconselhados a esperar.

- Os jovens que iniciaram recentemente a vida sexual foram enfaticamente aconselhados a praticar a abstinência secundária.

- Os jovens adultos sexualmente ativos foram incentivados a reduzir o número de parceiros.

- Os casais foram incentivados a permanecer monógamos.

- As prostitutas e outros envolvidos em comportamentos de alto risco foram incentivados a usar preservativos de forma correta e consistente.

A promoção equilibrada de todos esses comportamentos é comumente chamada de abordagem "ABC". "A" refere-se à abstinência ou ao adiamento da iniciação sexual entre os jovens, "B" refere-se a ser fiel ou a reduzir o número de parceiros sexuais e "C" significa uso correto e consistente de preservativos para o sexo casual e outras situações de alto risco.[2]

É importante notar (e isto será expandido na Parte III, "Garantia de uma abordagem integrada") que um esquema de segmentação poderoso como este só terá sucesso se for plenamente implementado. E a implementação em grande escala exige um alto nível de compromisso político com a prevenção e o cuidado do HIV e envolve pessoas de todos os setores da sociedade. Essa abordagem integrada e o comprometimento de recursos possibilitou ações cruciais na implementação do programa em Uganda. Isso incluiu programas de educação sexual nas escolas, resultados dos exames de HIV no mesmo dia para diminuir a necessidade de longas viagens, kits de tratamento para doenças sexualmente transmissíveis (que ajudaram a prevenir a infecção por HIV e aumentaram o uso de preservativos) e fornecimento de preservativos subsidiados.

Tailândia: uma estratégia de segmentação por estado de saúde

O "Rei do Preservativo" da Tailândia, o senador Mechai Viravaidya, é o fundador e presidente da Population and Community Development Association (PDA), uma importante organização não governamental de saúde pública em Bangkok, Tailândia. Em uma entrevista em setembro de 2007, ele expressou sua opinião para Glenn Melnick, professor da University of Southern California:

"Quando era jovem, fui ensinado por meus pais, ambos médicos, que esperavam algum retorno depois de investir muito dinheiro na educação de seus filhos, algo que tornasse o mundo um pouco melhor e ajudasse algumas pessoas. Eles me disseram que se as pessoas como eu trabalhassem apenas por dinheiro, quem iria ajudar os pobres?"[3]

Ele acredita ter feito o possível para ajudar a diminuir a disseminação de HIV/AIDS e para capacitar os que viviam com AIDS. Ele citou um estudo de 1990 que estimava que, se nada fosse feito em relação à epidemia do HIV, até 4 milhões de tailandeses poderiam estar infectados no ano 2000 e poderia haver 460 mil mortes por AIDS.

No começo, outros políticos tailandeses recusaram-se a reconhecer o problema da AIDS. Torná-lo público poderia prejudicar um dos setores mais rentáveis da Tailândia: o comércio sexual. Mas Viravaidya alertou os dirigentes da indústria do sexo que era de seu interesse tomar todas as precauções contra a disseminação da AIDS, ou o setor poderia perder tanto os trabalhadores quanto os clientes para a doença. O PDA executou programas para informar sobre a AIDS e dificultar sua disseminação:

- Foram exibidos filmes para expor a taxa de morbidade da doença e para estigmatizar os que a disseminassem.

- Os vendedores da Amway ajudaram a distribuir folhetos sobre a doença e a distribuir preservativos.

Buscando os que correm risco de contrair HIV/AIDS

A chave para interromper a disseminação de HIV/AIDS nesse estágio inicial era criar uma campanha de informação pública integrada. Viravaidya tinha certeza de que seria preciso mais do que o governo para realizar uma ação tão abrangente. Os setores empresarial, religioso e educacional precisavam ser incluídos como parceiros cruciais. "Todos aderiram." Postos de gasolina e lanchonetes McDonald's forneciam preservativos; bancos e seguradoras distribuíam informação impressa sobre a AIDS a seus clientes e ao público. Os motoristas que passavam por cabines de pedágio recebiam informações sobre AIDS e preservativos junto com o troco. Canais de rádio e TV tinham de exibir mensagens educativas de 30 segundos sobre a AIDS a cada hora.

Os canais de TV e de rádio que incluíam informações corretas sobre a AIDS em sua programação regular recebiam subsídios. E Viravaidya não era tímido ao distribuir preservativos e promover seu uso. Ele explicava: "O preservativo é um ótimo amigo. Você pode fazer muitas coisas com ele... Você pode usar cores diferentes em dias diferentes: amarelo na segunda-feira, rosa na terça-feira e preto quando estiver de luto"[4] (ver Figura 4.1).

FIGURA 4.1 Mechai Viravaidya, o Rei do Preservativo, trabalhando para transformar os preservativos em norma de conduta social.

Muito foi conseguido. Os níveis de HIV que eram temidos no início dos anos 1990 foram evitados, e o número de novos casos de HIV vem caindo. Ainda mais importante, existem indícios irrefutáveis de que os comportamentos de alto risco que facilitam a transmissão do HIV diminuíram. Os estabelecimentos de sexo comercial têm uma política de 100% de uso de preservativos que é vigorosamente aplicada. Mas Viravaidya acredita que era preciso fazer mais, especialmente para outro segmento de mercado.

Ajudando os que vivem com HIV/AIDS

Embora evitar a transmissão do HIV fosse essencial para o sucesso do programa de controle de HIV/AIDS, Viravaidya acreditava que não se fazia o suficiente para as pessoas que já viviam com o HIV. O mais frequente era que

Capítulo 4 ❖ Segmentação do Mercado da Pobreza **99**

eles perdessem seus empregos, usassem todas as suas economias e retornas-sem para as comunidades de suas aldeias para serem cuidados pela família. Outros não eram bem-vindos, sofriam com a discriminação e não tinham um modo de ganhar a vida.

Assim, em 2004, o PDA lançou um programa chamado *Positive Partnerships* que emprestava dinheiro a pessoas soropositivas desde que elas tivessem um "companheiro" para um pequeno empreendimento – alguém que não estivesse infectado. Com o financiamento da Fundação Pfizer na Tailândia, a pessoa que não está infectada, em geral um amigo ou parente, é responsável por se tornar um embaixador comunitário para as pessoas que vivem com HIV. Os "companheiros" falam com vizinhos e grupos da comunidade sobre as realidades do HIV, tentando substituir o medo pelos fatos.[5]

Desde o lançamento oficial em 2004, cerca de 750 sociedades foram funda-das, e 84% delas estão pagando o empréstimo no prazo acertado, superando a taxa de pagamentos no sistema bancário geral na Tailândia. As pesquisas com os membros da comunidade nas áreas do projeto indicam que os níveis de ansieda-de em relação à AIDS e o estigma contra as pessoas que vivem com HIV caíram de 47% para cerca de 14%.[6]

Viravaidya acredita que as pessoas que vivem com HIV agora são vis-tas como uma força em sua comunidade. Elas são uma fonte de capital e também são apreciadas por ajudar sua comunidade ao mesmo tempo em que nutrem a compreensão e a tolerância. "É um projeto verdadeiramente magnífico por meio do qual as pessoas que literalmente eram consideradas mortas e sem esperança estão se tornando um elemento-chave em suas comunidades... É a transformação de uma derrota total em uma vitória maravilhosa."

PASSOS PARA DETERMINAR AS PRIORIDADES DO MERCADO-ALVO

O processo de determinação de alvos para uma campanha tem três passos:

1. *Segmentar o mercado.* Você deve dividir a população mais ampla de inte-resse inicial para sua campanha em grupos menores e homogêneos. Esses grupos devem ter algo em comum – algo que os leve a responder de modo similar a sua oferta. Este capítulo define quatro variáveis tradicionais que

você pode usar para segmentar seu mercado: demográfica, geográfica, psicográfica e ligada ao comportamento. Também descrevemos uma abordagem recomendada ao escolher entre essas opções.

2. *Avaliar os segmentos.* A seguir, é preciso avaliar cada segmento usando diversos fatores que são descritos detalhadamente no Capítulo 5, "Avaliação e escolha das prioridades do mercado-alvo": tamanho do segmento, incidência do problema, gravidade do problema, falta de capacidade de defesa do segmento, capacidade de atingir o segmento, prontidão do segmento para mudar um comportamento, custos cumulativos para contatar e servir o segmento, probabilidade de resposta às ferramentas do *mix* de marketing (os quatro Ps) e capacidades organizacionais.

3. *Escolher as prioridades do mercado-alvo.* Idealmente, neste ponto você será capaz de escolher um ou alguns segmentos como mercados-alvo para sua campanha. Principalmente, você poderá demonstrar que tomou essa decisão depois de identificar os segmentos mais importantes e de realizar uma avaliação completa e objetiva de cada segmento com base em critérios relevantes e rigorosos.

A TEORIA E A PRÁTICA TRADICIONAIS DE SEGMENTAÇÃO DE MERCADO

Uma breve explicação (ou revisão para alguns) e descrição da visão tradicional do profissional de marketing comercial a respeito da segmentação de mercado será útil antes de explorar sua aplicação no mercado da pobreza.

Segmentação de mercado é a subdivisão de um mercado (população) em subconjuntos distintos que contenham clientes potenciais similares (indivíduos).[7] Um *segmento de mercado* consiste de um grupo de clientes que compartilham um conjunto similar de necessidades, desejos e preferências.[8] Um *mercado-alvo* é um segmento no qual você decide se concentrar e que deseja influenciar.

A justificativa para a segmentação é simples: os profissionais de marketing desejam persuadir um mercado-alvo a "comprar" seu produto. Para realizar essa tarefa com sucesso, eles criam uma oferta (produto, preço, distribuição/comunicação) que é planejada de modo único para ser atraente aos desejos, necessidades e preferências de um grupo desejável, específico – uma oferta que eles esperam que seja mais tentadora do que as dos concorrentes. Algumas organizações têm uma *estratégia de marketing concentrado*, desenvolvendo produtos atraentes apenas a alguns segmentos de mercado (como a Enterprise, que oferece aluguel de carros para as pessoas

Capítulo 4 ❖ Segmentação do Mercado da Pobreza **101**

que tiveram seus carros acidentados ou roubados). Outras atraem diversos segmentos com ofertas diversificadas, usando uma *abordagem diferenciada* (como a Starbucks). Algumas têm uma *abordagem indiferenciada*, tratando o mercado como um agregado, concentrando-se no que existe de comum nas necessidades da maioria das pessoas em vez de naquilo que é diferente (como o Google).[9]

Existem quatro grandes variáveis de segmentação: demográfica, geográfica, psicográfica e ligada ao comportamento (ver Tabela 4.1):

- *As variáveis demográficas* são as mais comuns, dividindo uma população em grupos com base em fatores como idade, tamanho da família, ciclo de vida familiar, sexo, nível de renda, ocupação, nível de escolaridade, religião, raça, geração e nacionalidade. Esse é um modo popular de segmentar o mercado porque cria grupos que são fáceis de definir, pesquisar, contatar e monitorar.
- *As variáveis geográficas* também são comuns; elas se referem ao local em que um segmento mora, trabalha ou para onde viaja.
- *As variáveis psicográficas* distinguem grupos com base em fatores menos definitivos como características de personalidade, normas culturais, valores e estilo de vida. Todos conhecemos pessoas com quem compartilhamos um perfil demográfico e geográfico similar, mas com diferentes desejos, necessidades, preferências, atividades de lazer, livros que gostamos de ler e candidatos que apoiamos.
- *A segmentação por comportamento* divide o mercado com base no conhecimento, atitudes e comportamentos relativos ao produto que é vendido. As variáveis incluem ocasiões de uso, benefícios buscados e prontidão do comprador. Alguns acham que essas são as características mais "inspiradoras" porque dão ao profissional de marketing informações sobre oportunidades potenciais. Na verdade, algumas estratégias de segmentação começam separando um mercado dos que estão mais dispostos a comprar. Depois eles desenvolvem perfis detalhados desse segmento, examinando como esse grupo difere dos outros em termos de características demográficas, geográficas e psicográficas.

Na realidade, os profissionais de marketing raramente limitam sua segmentação ao uso de um único esquema de segmentação. O mais frequente é que usem uma combinação de variáveis que forneça um perfil detalhado de um segmento, distinguindo o comprador não só pelas preferências claras, mas também pelas características demográficas e hábitos de mídia associados.[10]

102 PARTE II ❖ Aplicação da Perspectiva e das Soluções de Marketing

TABELA 4.1 Principais variáveis de segmentação tradicional

Principais variáveis de segmentação	Categorias específicas	Classificações de amostras (marketing comercial, Estados Unidos)
Demográfica	Idade	Abaixo de 6, 6 a 11, 12 a 17, 18 a 34, 35 a 49, 50 a 64, 65 ou mais
	Sexo	masculino, feminino
	Tamanho da família	1, 2 ou 3, 4 ou 5, 5 ou mais
	Ciclo de vida familiar	Jovem, solteiro; jovem, casado, sem filhos; jovem, casado, filho mais novo com menos de 6 anos
	Estágio de vida	Passando por divórcio, iniciando um segundo casamento, cuidando de pais idosos, comprando a primeira casa, e assim por diante.
	Nível de renda	Abaixo de US$10.000, de US$10.000 a US$30.000, de US$30.000 a US$50.000, de US$50.000 a US$100.000, US$100.000 ou mais
	Ocupação	Profissional e técnico, gerente, autoridade eleita, técnico, trabalhador de serviços, manutenção, equipe religiosa, vendas, fazendeiro, estudante, dona de casa, desempregado, aposentado
	Nível de escolaridade	Ensino fundamental ou menos, ensino médio incompleto, ensino médio completo, ensino superior incompleto, ensino superior completo, pós-graduação
	Religião	Católico, protestante, judeu, muçulmano, budista, hindu, outra
	Raça	Branco, negro, asiático, hispânico
	Nacionalidade	Norte-americano, sul-americano, britânico, francês, alemão, italiano, japonês, ilhas do Pacífico, mexicano, africano
	Classe social	Baixa baixa, baixa alta, classe operária, classe média, classe alta
	Geração	Geração silenciosa, *baby boomers*, geração X, geração Y, geração do milênio
Geográfica	Região	Nordeste, sudeste, centro-norte, centro-sul, noroeste, sudoeste
	Densidade	Rural, suburbana, urbana
	Local de trabalho	Local de trabalho com mais de 100 funcionários, local de trabalho com menos de 100 funcionários, trabalho em casa
Psicográfica	Estilo de vida	Realizadores, esforçados, lutadores
	Personalidade	Compulsivo, sociável, autoritário, ambicioso
	Inovação	Inovadores, pioneiros, maioria inicial, maioria tardia, retardatários

(Continua)

TABELA 4.1 (*Continuação*)

Principais variáveis de segmentação	Categorias específicas	Classificações de amostras (marketing comercial, Estados Unidos)
Comportamental	Ocasião	Usa o produto regularmente, usa o produto apenas em ocasiões especiais
	Benefícios	Qualidade, serviço, economia, conveniência, velocidade
	Status de usuário	Não usuário, ex-usuário, usuário potencial, usuário pela primeira vez, usuário regular
	Taxa de uso	Uso leve, uso médio, uso intenso
	Status de lealdade	Nenhum, médio, forte, absoluto
	Prontidão de compra	Desconhece, conhece, informado, interessado, desejoso, pretende comprar
	Atitude em relação ao produto/categoria	Entusiasmada, positiva, indiferente, negativa, hostil

Adaptada de Keller e Kotler, *Marketing Management*, 12ª edição, p. 248.

SEGMENTAÇÃO POR NÍVEL DE POBREZA

Iniciemos a discussão da segmentação relativa à pobreza definindo quatro grupos: o mercado da pobreza extrema, o mercado da pobreza moderada, o mercado da pobreza relativa e os vulneráveis à pobreza, como mostra a Figura 4.2. As setas, começando pela esquerda, representam a estratégia de redução da pobreza para a qual os profissionais de marketing podem contribuir a fim de:

- Levar os que estão em pobreza *extrema* para a pobreza *moderada*
- Levar os que estão em pobreza *moderada* para a pobreza *relativa*
- Levar os que estão na pobreza *relativa* para fora da pobreza (mas ainda em posição vulnerável)

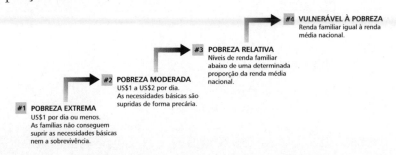

FIGURA 4.2 Mercados de pobreza com aplicação de segmentação por renda.

104 PARTE II ❖ Aplicação da Perspectiva e das Soluções de Marketing

• Certificar-se de que os que estão *fora da pobreza, mas ainda vulneráveis,* não voltem (novamente) à pobreza

Agora, fica evidente que esses quatro mercados são heterogêneos, compostos por centenas ou mesmo milhares de grupos singulares de indivíduos com diferentes características demográficas, geográficas, psicográficas e comportamentais. Como exemplo, considere não só a singularidade de um desses segmentos de mercado descritos na Tabela 4.2, mas também os diversos comportamentos desejáveis e as estratégias necessárias para sua adoção. Vamos supor mais uma vez um foco na segmentação para ações ligadas ao HIV/AIDS.

TABELA 4.2   Segmentos de mercado singulares para programas de HIV/AIDS

	Pobreza extrema	Pobreza moderada	Pobreza relativa	Vulnerável à pobreza
Status HIV/AIDS	AIDS Infectado ao vender sangue	HIV positivo	HIV negativo	HIV negativo
Geográficas	Província de Henan, China	Camboja rural	Haiti	Nova York
Demográficas	Homens, chefes de família; 30 a 50 anos; fazendeiros; filhos morando em casa	Mulheres grávidas; 18 a 34 anos; casadas; baixo nível de alfabetização	Crianças entre 10 e 12 anos que moram com a família; frequentam a escola irregularmente	Veteranos incapacitados; 50 anos ou mais; desempregados; solteiros
Psicográficas	Gosta de cultivar a terra; confiável; quer ajudar a família	Submissa	Crenças tradicionais em "magia e não em micróbios"; respeito pelos sacerdotes vudu	Sem esperança; raivoso
Ligadas a comportamento	Não toma as drogas antirretrovirais por causa dos efeitos colaterais ou as toma irregularmente	Não sabe qual seu *status* de HIV	Sexualmente ativa; não usa proteção	Usuários de drogas injetáveis

A PREVALÊNCIA DA MACROSSEGMENTAÇÃO E SEUS PROBLEMAS

Como o termo diz, as estratégias de macrossegmentação supõem que "um tamanho serve para todos" (da expressão em inglês "one size fits all") ou, no máximo, que são necessários alguns poucos tamanhos diferentes. E, como um artigo na *The Economist* em julho de 2005 declarou e exemplificou, anos de enganos ensinaram os patrocinadores que "as grandes macrossoluções muitas vezes ne-

Capítulo 4 ❖ Segmentação do Mercado da Pobreza **105**

gligenciam a incômoda microbase".[11]Eles descreveram um desses exemplos ao qual deram o título "A moral dos mosquiteiros", resumido a seguir:

> No Fórum Econômico Mundial na Suíça em janeiro de 2005, um discurso sobre a malária feito pelo presidente da Tanzânia, em que ele mencionou que 150 mil crianças africanas morriam todos os meses de malária levou a atriz Sharon Stone a doar US$10 mil para mosquiteiros. Ela desafiou os demais na plateia a fazer o mesmo. Em cinco minutos, cerca de 30 pessoas seguiram seu exemplo e doaram US$1 milhão – o bastante para comprar 250 mil mosquiteiros a US$4 cada.[12] Infelizmente, segundo o artigo na *The Economist*, seis meses depois essa generosidade ainda não tinha sido recompensada. O problema é que a estratégia tinha como alvo um mercado macro (todos os que se beneficiariam com os mosquiteiros) e não levou em consideração os diversos segmentos (a microbase) de que depende o sucesso: *fornecedores, distribuidores* e os próprios *usuários*. Em primeiro lugar, havia empreendedores locais que estavam fabricando mosquiteiros e que perderiam seus negócios com essa estratégia de mosquiteiros gratuitos para todos. E os governos não queriam que isso acontecesse pois esses vendedores comerciais seriam necessários no futuro, depois que a onda de verbas se esgotasse. Em segundo lugar, existiam muitos outros pequenos distribuidores de mosquiteiros com microempréstimos que seriam levados à inadimplência por causa dos mosquiteiros gratuitos. Em terceiro lugar, a estratégia supõe que os destinatários dos mosquiteiros iriam instalá-los e depois usá-los regularmente, como necessário. Mas não havia garantia nesse sentido. Um jornal de Uganda relatou que uma autoridade do governo estava alertando os moradores da aldeia a não transformarem os mosquiteiros em vestidos de noiva![13]

Como esse exemplo demonstra, antes que as macrossoluções potenciais sejam implementadas em um mercado, é importante identificar os segmentos que serão cruciais para o sucesso e, depois, pesquisar as necessidades e reações potenciais deles à estratégia proposta. Isso muitas vezes levará à estratégia de microssegmentação que inclui segmentação para os segmentos de usuários finais (com frequência mais de um), bem como para outros que sejam cruciais para o sucesso da ação. Essa é a única forma de ajudar a garantir que as consequências desejadas sejam alcançadas, bem como de evitar as indesejadas.

ARGUMENTOS A FAVOR DA MICROSSEGMENTAÇÃO

Stephen Smith esclarece a necessidade da microssegmentação ao dizer que "Ter os pobres como alvo envolve um procedimento de vários passos. Não será possível fazer algo pelos ultrapobres se não for possível encontrá-los nem distingui-los dos moderadamente pobres".[14]Smith, dentre outros, observa que os pobres extremos têm necessidades muito diferentes das daqueles que têm poucas habilidades ou recursos financeiros modestos. Acreditamos que essas necessidades, ao serem microssegmentadas, podem ser abordadas com precisão. Apresentamos dois exemplos dessa abordagem: primeiro uma visita (virtual) ao Departamento de Saúde de Nova York no Valentine's Day de 2007 e depois aos "Hutongs" na China:

> A cidade de Nova York continua a ser o epicentro da epidemia de HIV/AIDS nos Estados Unidos, com apenas 3% da população do país, mas 18% dos casos de HIV/AIDS.[15] Nas duas últimas décadas, a epidemia em Nova York tem afetado cada vez mais os *negros* (44% dos casos de AIDS em 2003 *versus* 31% em 1987), *latinos* (32% dos casos de AIDS em 2003 *versus* 25% em 1987), *mulheres* (31% dos casos de AIDS em 2003 *versus* 12% em 1987) e *os pobres*. Dentro de cada um desses grupos existem segmentos únicos categorizados pelos tipos de comportamentos de risco, incluindo homens que fazem sexo sem proteção com outros homens, homens que fazem sexo sem proteção com homens e mulheres, homens e mulheres que fazem sexo sem proteção com vários parceiros simultâneos, usuários de drogas injetáveis que compartilham agulhas e alunos do ensino médio que fazem sexo sem proteção. Apesar desses obstáculos e desafios, o prefeito Michael Bloomberg deseja transformar a cidade de Nova York em um modelo nacional e global para a prevenção, tratamento e cuidado de casos de HIV/AIDS. Uma estratégia fundamental é tornar os preservativos mais acessíveis e transformá-los na norma para cada um desses segmentos.
>
> A iniciativa de distribuição de preservativos de Nova York vem de 1971, quando o Departamento de Saúde começou a distribuí-los em suas clínicas. O programa foi expandido durante os anos 1980 para incluir as organizações de serviços comunitários. A distribuição aumentou mais de sete vezes em junho de 2005, quando o departamento lançou um sistema de fornecimento em larga escala com base na internet.[16] Depois, em 14 de fevereiro de 2007, o Departamento de Saúde de Nova York lançou o NYC Condom, transformando-se na primeira cidade do país com uma marca oficial e anunciou a expansão do sistema de dis-

tribuição (ver Figura 4.3). Para atingir os segmentos-alvo de mercado, a prefeitura foi além dos canais "principais" de distribuição como centros de saúde e organizações de serviço comunitário (uma abordagem de macrossegmentação) e usou os canais "laterais", onde microssegmentos de mercado-alvo muito específicos compram, comem, lavam roupa, cortam o cabelo e se reúnem.[17]

FIGURA 4.3 Pacote de preservativos com a marca de Nova York (2007).

Os preservativos "Get Some" são gratuitos e as mensagens da campanha incentivam os cidadãos com "Pegue os seus. Pegue alguns e vá!" em centenas de locais na cidade, inclusive *estações de metrô, barbearias, salões de cabeleireiro especializados em cabelo étnico, salões de manicure, docerias, lojas de bebidas, lavanderias, minimercados, saunas, spas, estúdios de tatuagem, teatros, bares, restaurantes, cafeterias, academias de ginástica, unidades da Associação Cristã de Moços, igrejas* – mesmo *lojas de varejo* como a Kenneth Cole. Como coordenador da campanha de preservativos, a Kenneth Cole acredita que "Qualquer produto bem sucedido tem uma marca forte e os preservativos não são diferentes". Durante a entrevista coletiva no Valentine's Day, Cole também lançou uma nova linha de camisetas e shorts em que cada peça exibia um bolso do tamanho de um preservativo e uma discreta etiqueta de tecido com "Instruções de segurança: esta roupa e seu conteúdo devem ser usados sempre que desejado". A mensagem "sexo seguro é sexo melhor, qualquer que seja sua orientação" foi crucial para a campanha.

Considere como a prefeitura facilita para que cada vez mais locais potenciais de distribuição se unam à campanha. Uma empresa de Nova York pode se transformar em parceiro na campanha simplesmente ligando para 311 ou visitando o website em www.nyccondom.org. O Departamento de Saúde então entrega lotes grátis de NYC Condoms e faz novas entregas conforme necessário. Esperava-se que esses esforços de expansão aumentassem o número de 2,5 milhões por ano para cerca de 18 milhões por ano. Na verdade, o número aumentou para 39 milhões por ano![18]

Agora, vejamos este outro exemplo de microssegmentação, desta vez na China, executada por uma empresa privada e usando uma estratégia útil também na luta contra a pobreza:

Uma empresa farmacêutica global entrou na China em 1995, considerando-a um mercado total de 1,2 bilhão de pessoas e que atingir apenas um quarto delas resultaria em um sucesso sem precedentes. A entrada no mercado com uma abordagem tão ampla resultou em vendas, mas depois de nove meses, elas começaram a declinar; os esforços para incentivar a força de vendas foram ineficazes. Então, a empresa começou a examinar os métodos de outras empresas, talvez mais alinhadas aos padrões de compra na China. Eles descobriram que as empresas de sucesso não usavam marketing de massa, mas sim um processo muito refinado de penetração quarteirão a quarteirão, rua a rua, tendo como alvo os "Hutongs", que são comunidades de ruas residenciais alinhadas dos dois lados por pátios compartilhados por muitas famílias. Esses locais de reunião comunitária constituem uma promoção valiosa boca a boca quando uma família empolgada com um produto compartilha esse entusiasmo com outras famílias, que então experimentam o produto. Essa estratégia de definir microssegmentos-alvo resultou em um comportamento de compra repetido e "as vendas da empresa quadruplicaram em um ano".[19]

Podemos encontrar apoio para a estratégia de microssegmentação também no nível do governo nacional.

A China, por exemplo, tem tido um crescimento sem precedentes em termos econômicos, em média quase 8% ao ano por mais de uma década. Para gerenciar seus serviços de desenvolvimento econômico e social, no início dos anos 1990, o governo central começou a segmentar 1,2 bilhão de pessoas por ocupação e local de moradia. Isso resultou na identificação de seis segmentos de mercado:[20]

- Moradores urbanos: 350 milhões, 28,4%
- Famílias de fazendeiros: 290 milhões, 23,6%
- Fazendeiros: 250 milhões, 20,3%
- Trabalhadores e empresas em cidades pequenas: 120 milhões, 9,8%
- Famílias de trabalhadores em cidades pequenas: 120 milhões, 9,8%
- Trabalhadores e famílias migrantes: 100 milhões, 8,1%

O grande tamanho desses segmentos faz com que o esforço pareça a princípio ser uma ação de macrossegmentação. Seria, se o governo tivesse parado nesse ponto, mas isso não ocorreu. Esses grandes segmentos foram divididos em segmentos menores e mais homogêneos que poderiam ser alvo de recursos essenciais ao bem-estar. Em 1995, o governo chinês tinha identificado 380 zonas de desenvolvimento com perfis detalhados das pessoas que moravam nelas, incluindo as habilidades que possuíam. A correspondência entre a mão de obra disponível e suas habilidades possibilitou que a China atraísse o investimento internacional de empresas ansiosas por servir esses alvos identificados mais claramente. Por exemplo, o perfil da província de Xinjiang enfatizava sua vantagem para empresas estrangeiras que possuíam empreendimentos agrícolas. A província da Qinhai era melhor para o desenvolvimento de recursos naturais e a província de Shaanxi era atraente para as empresas de desenvolvimento de alta tecnologia.

Neste exemplo de segmentação, o governo tinha uma estratégia ampla chamada "Jie Gui" (a integração da China na economia global) e usou o pensamento de marketing para implementá-la. Um forte argumento que pode ser extraído desse caso é que isso foi muito mais efetivo do que ajuda maciça e projetos de auxílio e que o resultado foi maior autossuficiência e uma economia sustentável. Assim, podemos dizer que a China reduziu o número de pobres alimentados e nutridos inadequadamente de 250 milhões em 1978 para 29 milhões em 2003.[21] Talvez premonitoriamente, Kotler, Fahey e Jatusripitak disseram em 1985 que "quando esse gigante finalmente despertar, todos os outros países terão de lutar por suas posições. A China já está se movendo rapidamente para liberar sua economia e descentralizar muitos negócios."[22] Descentralizar os centros de produção foi outra forma de segmentação usada pela China ao levar o local de trabalho aos trabalhadores mais qualificados.

O processo de segmentação continuou, passando para alvos ainda menores e mais bem-definidos. Por exemplo, compor o perfil da população rural *versus* a população urbana por crescimento de renda e construção residencial revelou mais informações úteis. Os moradores rurais estavam obtendo maior crescimento de renda do que os moradores urbanos, e a construção rural era três vezes maior do que em áreas urbanas. Ao segmentar a população, as habilidades, os recursos e os mercados, a China parece ter evitado a corrida para as grandes cidades e as favelas presentes nos outros países em desenvolvimento.

ESTRATÉGIAS DE SEGMENTAÇÃO RECOMENDADAS PARA CAMPANHAS DE MARKETING SOCIAL

Neste ponto, apresentamos a justificativa para a segmentação e as principais variáveis de segmentação usadas para "classificar" os indivíduos em grupos homogêneos: demográfica, geográfica, psicográfica e comportamental. Também apresentamos fortes motivos para criar microssegmentos dentro de macromercados, porque as abordagens que fracassam muitas vezes baseiam-se em uma estratégia de "tamanho único".

Supondo-se, então, uma meta de microssegmentação, quais variáveis são mais bem utilizadas para criar esses mercados-alvo potenciais? (Lembre-se de que iremos avaliar e priorizar esses segmentos potenciais posteriormente.)

No caso de campanhas de marketing social, recomendamos o uso de variáveis de segmentação comportamentais como a principal base para criar segmentos. Afinal, por definição, as campanhas de marketing focam-se em mudar o conhecimento, as atitudes e as práticas atuais relativas a um comportamento desejado. Depois de identificar esses segmentos que diferem segundo os comportamentos atuais, uma descrição detalhada de cada segmento é desenvolvida, fornecendo características demográficas, geográficas e psicográficas para auxiliar na avaliação e priorização dos segmentos.

Para exemplificar esse processo, suponha que você trabalhe em um departamento de saúde nos Estados Unidos e tenha a incumbência de reduzir a crescente prevalência de HIV/AIDS entre as mulheres afro-americanas. Suponha também que o aumento dos exames de rotina seja o foco de sua campanha de marketing social. A Tabela 4.3 apresenta uma grade de segmentação que você deve completar, usando primeiro as variáveis ligadas ao comportamento. Ao analisar a tabela, pense em como essas informações serão decisivas na determinação de segmentos específicos de mercado-alvo dentro da população mais ampla. Mesmo que seja improvável que os que estão sendo testados nos níveis recomendados sejam um alvo prioritário para uma campanha, será muito proveitoso examinar as características desse segmento de "pessoas que aderem ao comportamento desejado" em comparação com os três segmentos de "pessoas que não aderem ao comportamento desejado".

CONSIDERAÇÕES ADICIONAIS AO ESCOLHER VARIÁVEIS DE SEGMENTAÇÃO

Embora você deva considerar primeiro as variáveis de segmentação ligadas ao comportamento, também podem existir motivos válidos para escolher

Capítulo 4 ❖ Segmentação do Mercado da Pobreza **111**

TABELA 4.3 Esquema de segmentação para avaliar e escolher mercados prioritários para testes de HIV/AIDS

Aumento de teste de HIV/AIDS entre mulheres afro-americanas			
Atividade sexual	Sexualmente ativa: vários parceiros no último ano		
Nível de proteção	Não usa preservativo com regularidade		
Comportamentos relativos ao teste	Nunca foi testada	Foi testada há mais de um ano	Faz o teste, mas apenas uma vez por ano	Faz o teste para HIV/AIDS três a seis meses depois de fazer sexo sem proteção (comportamento desejado)
Tamanho			
Demográficas			
Geográficas			
Psicográficas			
Outras variáveis comportamentais relevantes (como cobertura de plano de assistência médica)			

uma base principal alternativa. É possível que sua estratégia seja influenciada mais pelo agente de mudança e/ou pela questão de pobreza com que você está lidando.

As estratégias de segmentação dependem do agente de mudança

Vemos diferenças compreensíveis e talvez naturais nas abordagens de segmentação de organizações governamentais (OGs), organizações não governamentais (ONGs) e no setor empresarial.

As OGs devem usar os níveis de renda para segmentar inicialmente o mercado e, depois, descrever esses grupos mais amplos usando outras variáveis demográficas (situação de emprego, etnia, tamanho da família, idade) e geográficas (região urbana *versus* região rural). Essa abordagem faz sentido porque esse tipo de dados sobre os cidadãos está disponível para os órgãos públicos e pode ser usado de modo confiável para monitorar o progresso. Nos Estados Unidos, por exemplo, em 2006, 36,5 milhões de pessoas viviam na pobreza, sendo que o *status* de pobreza era determinado pelos níveis de renda totais

112 PARTE II ❖ Aplicação da Perspectiva e das Soluções de Marketing

relativos ao tamanho da família e às idades dos membros da família. As taxas de pobreza eram então relatadas e monitoradas por raça, idade e região do país.

As ONGs, por outro lado, vão provavelmente segmentar o mercado por fatores críticos à sua missão. A Fundação Bill e Melinda Gates visa a aumentar a produtividade das colheitas em *pequenas fazendas* na África Subsaariana e no sul da Ásia, introduzindo novas variedades de sementes, irrigação, fertilizantes e treinamento para fazendeiros. O programa de saúde materna do Population Services International (PSI) foca em *partos em casa*, fornecendo kits que incluem uma lâmina estéril para cortar o cordão umbilical e uma pinça ou corda limpas para evitar o tétano e outras infecções. E o programa de oncocercose do Carter Center está voltado para os 11 países com *maior incidência dessa doença parasitária* transmitida pela picada de borrachudos.

O setor empresarial tem maior probabilidade de segmentar o mercado da pobreza pelo potencial para vendas e uso de produtos. Por exemplo, a Casas Bahia, no Brasil, é uma cadeia de lojas de varejo que vende móveis, aparelhos de TV, geladeiras e outros eletrodomésticos especificamente para os pobres.[23] Em suas operações de marketing, o mercado total é segmentado geograficamente por regiões e, dentro de cada região, por estados. Em cada mercado, a Casas Bahia faz uma segmentação em cinco classes socioeconômicas: A, B, C, D e E. As classes D e E são os segmentos de mercado da pobreza, sendo que a classe D inclui os moderadamente pobres, e a classe E, os extremamente pobres*. Esses segmentos são definidos por tamanho da população e pela propriedade de bens domésticos duráveis.

A Tabela 4.4 apresenta os tamanhos da população nacional dos cinco segmentos de classe socioeconômica. A Tabela 4.5 mostra as taxas de propriedade para bens domésticos duráveis selecionados entre os cinco segmentos de classe socioeconômica em todo o país.

Observe que na Tabela 4.5 os bens domésticos duráveis mais presentes entre os extremamente pobres são o rádio e a TV. Isso está acima da conveniência de ter banheiro e geladeira. Aparentemente, os extremamente pobres no Brasil dão mais importância a lazer em casa do que a bebidas geladas, alimentos armazenados em geladeiras e a conveniência de dispor de banheiros.

---

* N. de R. T.: Cabe aqui ressaltar que, embora tenha um posicionamento de marca ancorado em preço baixo e, com isso, naturalmente atrair consumidores de renda mais baixa, a Casas Bahia não se destina a atender exclusivamente esse nicho. Atualmente a empresa está ampliando sua presença em *shopping centers* de grandes capitais.

Capítulo 4 ❖ Segmentação do Mercado da Pobreza **113**

TABELA 4.4 Estratificação da população brasileira em 2002

Classe socioeconômica	Renda familiar (em SM)*	Tamanho da população (em milhões)	População de famílias (em milhões)	Tamanho da família
E	0 a 2 vezes	54,3	7,6	7,1
D	2 a 4 vezes	44,2	9,4	4,7
C	4 a 10 vezes	48,9	12,6	4,0
B	10 a 25 vezes	21,6	5,4	4,0
A	mais de 25 vezes	7,3	2,5	2,9

*SM = salário mínimo (R$200/mês)
Fonte: C. K. Prahalad, *The Fortune at the Bottom of the Pyramid* (Upper Saddle River, NJ: Pearson Education Published as Wharton School Publishing, 2005), p.119.

TABELA 4.5 Índice de propriedade de instalações e bens domésticos duráveis selecionados

Itens	Porcentagem de classes que possuem o item			
	Classe E	Classe D	Classe C	Classe A e B
Número de banheiros por residência				
0	36%	14%	5%	1%
1	60%	77%	74%	39%
2	4%	8%	18%	34%
3	0%	1%	3%	18%
4 ou mais	0%	0%	1%	8%
Coleta de lixo	60%	80%	90%	96%
Eletricidade	87%	96%	99%	100%
Telefone	11%	28%	51%	86%
Microondas	3%	9%	22%	58%
Geladeira/freezer	62%	88%	96%	99%
Rádio	78%	88%	93%	97%
Televisão	72%	90%	96%	99%

Fonte: C. K. Prahalad, *The Fortune at the Bottom of the Pyramid* (Upper Saddle River, NJ: Pearson Education Published as Wharton School Publishing, 2005), p.121.

As estratégias de segmentação dependem do marketing social

Os fatores que os profissionais de marketing social usam para criar mercados potenciais variam significativamente com a questão social abordada. Como se pode ver nos exemplos a seguir, é frequente que haja uma variável inicial de segmentação principal, seguida por variáveis secundárias. Depois, os segmentos são descritos em mais detalhes segundo características adicionais:

- As ações de segmentação de tuberculose podem começar examinando uma combinação da *gravidade* da doença e dos *comportamentos relacionados*, agrupando os que estão infectados, mas não diagnosticados; os que foram diagnosticados, mas não estão sendo tratados; os que estão tomando medicamentos, mas não com regularidade; e os que se tornaram resistentes aos remédios e vivem em proximidade com outros familiares.
- Os programas de prevenção ao fumo interessam-se mais pela *população jovem*, mas dentro desse segmento há abordagens diferentes para os estudantes do ensino médio e para os estudantes universitários. Os programas de cessação muitas vezes se organizam ao redor do *status de saúde*, com ações especiais voltadas às gestantes, aos obesos e aos cardíacos.
- A população de sem-tetos pode diferir quanto ao *tempo* em que vivem como sem-teto e quanto à presença ou não de *crianças na família*. Esses grupos são depois detalhados e subdivididos por fatores demográficos relevantes como idade, etnia, estado de saúde física e mental e habilidades.
- As questões ligadas à educação para os pobres ou em risco de pobreza com frequência concentram-se nos *níveis de alfabetização*, identificando segmentos que se beneficiariam de contato e intervenções potenciais. Como o governador da Califórnia, Arnold Schwarzenegger destacou recentemente, os estudos econômicos mostram que, nesse estado, os imigrantes mexicanos que falam inglês fluentemente ganham 50% mais do que os que não falam.[24]
- As estratégias de melhoria de emprego são frequentemente criadas para os segmentos de mercado com base em *status de emprego* e *habilidades profissionais*. Faz sentido pensar que estratégias diferentes serão necessárias para os trabalhadores pobres e para os desempregados. E dentro do segmento de trabalhadores pobres, existem necessidades e abordagens diferentes para casais com filhos abaixo de 5 anos e para uma mãe solteira com adolescentes. E entre os desempregados, poderíamos agrupar os indivíduos segundo as habilidades profissionais e o lugar em que moram na comunidade.

Capítulo 4 ❖ Segmentação do Mercado da Pobreza **115**

Tenha em mente que os grupos criados por esses exercícios de segmentação representam apenas mercados-alvo potenciais. Isso o prepara para dar o próximo passo – avaliar os segmentos e, depois, selecionar ou priorizar os segmentos para as ações da campanha e/ou alocação de recursos.

Esses tópicos são abordados no próximo capítulo.

Resumo

Segmentação de mercado é a subdivisão de um mercado (população) em subconjuntos distintos que contenham clientes potenciais similares (indivíduos).[25] Um *segmento de mercado* consiste de um grupo de clientes que compartilham um conjunto similar de necessidades, desejos e preferências.[26] Um *mercado-alvo* é um segmento no qual você decide se concentrar e que deseja influenciar.

Três passos estão envolvidos na determinação das prioridades do mercado-alvo: segmentação, avaliação e escolha.

Quatro variáveis principais são usadas para segmentar o mercado: demográfica, geográfica, psicográfica e comportamental. No caso de campanhas de marketing social, recomendamos o uso de variáveis de segmentação comportamentais como a principal base e depois a descrição desses segmentos usando as outras três variáveis. Na realidade, as variáveis usadas para colocar os indivíduos em grupos mais homogêneos podem variar dependendo de qual é o agente de mudança. Abordagens diferentes são usadas por organizações governamentais (OGs), organizações não governamentais (ONGs) e pelo setor empresarial. As abordagens também dependem da questão da pobreza que será focalizada pela campanha.

A macrossegmentação supõe uma estratégia de "tamanho único" que muitas vezes leva a resultados decepcionantes. Essa estratégia não só ignora os desejos, as necessidades e as preferências das pessoas, mas também ignora a necessidade de desenvolver estratégias que podem ser cruciais para seu mercado-alvo.

Notas

[1] USAID HIV/AIDS, "The ABCs of HIV Prevention". Acessado em 2 de abril de 2008 em http://www.usaid.gov/our_work/global_health/aids/News/abcfactsheet.html.

[2] Ibid.

[3] Health Affairs—Web Exclusive, 25 de setembro de 2007, "Interview: From Family Planning to HIV/AIDS Prevention to Poverty Alleviation: A Conversation with Mechai Viravaidya", Glenn A. Melnick, gmelnick@usc.edu.

[4] Ibid.

116 PARTE II ❖ Aplicação da Perspectiva e das Soluções de Marketing

[5] UNAIDS. "'Positive partnerships' break down AIDS-discrimination Thailand". 2006 Feature Stories. Acessado em 2 de abril de 2008 em http://www.unaids.org/en/KnowledgeCentre/Resources/FeatureStories/archive/2006/20060330-thailand.asp.

[6] Ibid.

[7] P. Kotler, *Marketing Management* (3ª edição) (Englewood Cliffs, NJ: Prentice Hall, 1976), p. 144.

[8] P. Kotler e K. Keller, *Marketing Management* (12ª edição) (Englewood Cliffs, NJ: Prentice Hall, 2006), p. 248.

[9] P. Kotler, *Marketing Management* (3ª edição), p. 151.

[10] P. Kotler, *Marketing Management* (3ª edição), p. 144.

[11] Esta conclusão foi extraída de "Special Report: The $25 billion question—Aid to Africa," *The Economist*, 2 de julho de 2005.

[12] *New York Times*, 29 de janeiro de 2005, nytimes.com.

[13] *The Economist*, op. cit.

[14] Stephen C. Smith, *Ending Global Poverty: A Guide to What Works*, 2005 (Nova York: Palgrave/Macmillan) reproduzido com permissão de Palgrave Macmillan.

[15] Relatório da comissão da prefeitura de Nova York sobre HIV/AIDS, 31 de outubro de 2005.

[16] Ibid.

[17] "Health Department Launches the Nation's First Official City Condom". Comunicado à imprensa, NYC Department of Health and Mental Hygiene, 14 de fevereiro de 2007.

[18] Ibid.

[19] Michael Fairbanks, "Changing the Mind of a Nation: Elements in a Process of Creating Prosperity", em Lawrence Harrison e Samuel Huntington, eds., *Culture Matters: How Values Shape Human Progress* (Nova York: Basic Books, 2000), p. 271.

[20] Michael Fairbanks, op. cit., p. 281.

[21] http://www.worldbank.org/devoutreach/oct04/article.asp?id=267.

[22] P. Kotler, L. Fahey e S. Jatusripitak, *The New Competition: What Theory Z Didn't Tell You About Marketing* (Englewood Cliffs, NJ: Prentice-Hall, 1985).

[23] Um estudo de caso em C. K. Prahalad, *The Fortune at the Bottom of the Pyramid* (Upper Saddle River, NJ: Pearson Education, 2005) pp. 117–146.

[24] *The Week*, 4 de abril de 2008, p. 10.

[25] P. Kotler, *Marketing Management* (3ª edição), p. 144.

[26] P. Kotler e K. Keller, *Marketing Management* (12ª edição), p. 248.

5

Avaliação e Escolha das Prioridades no Mercado-Alvo

"Um menino caminhava pela praia ao amanhecer e viu um velho que pegava estrelas do mar e as jogava de volta no mar. Ao chegar perto do homem, o menino perguntou por que ele fazia isso. O velho explicou que as estrelas do mar morreriam se fossem deixadas ao sol da manhã.

"Mas a praia tem vários quilômetros e existem milhões de estrelas do mar," exclamou o menino. "Que diferença isso vai fazer?"

"O velho olhou para a estrela do mar que tinha na mão e, enquanto a colocava de volta ao mar, disse ao menino: 'Para esta faz diferença'".

—Adaptado de *The Star Thrower* de Loren Eiseley[1]

A escolha das prioridades no mercado-alvo é uma tarefa difícil e até dolorosa, especialmente quando se trata da pobreza. Como no caso da estrela do mar, o que acontece com quem não for "escolhido"? Qual é a satisfação de ajudar poucas pessoas, quando tantas são deixadas para trás? Outros reconhecem que não podem ajudar a todos; quando usaram essa abordagem no passado, eles acabaram não ajudando ninguém.

A verdade é que quase todas as organizações identificam e escolhem mercados prioritários para suas ações. O que muitas vezes falta é o uso de modelos analíticos rigorosos para isso. Entendemos que essa abordagem fará com que você e outros "sintam-se melhor" e que ela é a mais adequada para que mais pessoas saiam da pobreza, o que também vai ajudá-lo a obter um maior retorno sobre o seu investimento.

Nesse ponto do planejamento, você identificou diversos grupos potenciais como foco de suas ações. A próxima tarefa é estabelecer prioridades, talvez

118 PARTE II ❖ Aplicação da Perspectiva e das Soluções de Marketing

escolhendo apenas um ou dois para alocação de recursos a curto prazo. Este capítulo apresenta vários modelos usados para avaliar segmentos de mercado-alvo potenciais, permitindo que você estabeleça essas prioridades.

Usaremos a questão dos sem-teto para exemplificar a maioria desses modelos. Começaremos com um relato de caso da Fundação Bill & Melinda Gates que ilustra a necessidade de priorização e o sucesso dessa abordagem.

Sound Families: uma iniciativa da Fundação Bill & Melinda Gates no estado de Washington

"Moro aqui (Seattle) desde sempre e não me orgulho da fama da cidade pelo número de mães que põem seus filhos para dormir no banco traseiro do carro... Nossa cidade orgulha-se do que alguns de seus moradores fizeram. Transformamos o computador em um eletrodoméstico. Tornamos praticamente todos os livros do universo disponíveis apenas com alguns cliques. Até convencemos vocês a gastar US$4 em uma xícara de café. Mas não conseguimos garantir abrigo para todas as famílias da nossa cidade... E essa é nossa vergonha".[2]

—William H. Gates, pai.

Conferência nacional sobre soluções para famílias sem-teto
7 de fevereiro de 2008

A Fundação Bill & Melinda Gates é famosa por seu trabalho em educação e em saúde global. No ano 2000 deu início a uma ação em escala muito menor para lidar com uma questão mais próxima – evitar que as crianças cresçam em carros e abrigos ou nas ruas, ajudando os pais a garantir uma moradia estável e segura e a conseguirem a autossuficiência. Este texto descreve porque a fundação priorizou o segmento dos sem-teto, as estratégias usadas para ajudar a levar esse grupo a ter um lar e os resultados obtidos.

Histórico e opções de segmento

Em uma noite qualquer nos Estados Unidos, cerca de 540 mil pessoas não têm um teto sob o qual dormir. Apenas no estado de Washington, 22.045 pessoas foram contadas como sem-teto em uma noite de janeiro de 2007. No decorrer de um ano, o número total de pessoas sem-teto no estado é estimado na casa de 40 a 50 mil ou mais.[3]

Com base nos sistemas de contagem utilizados por esse estado, sabemos mais sobre esse macromercado e seus microssegmentos (ver a Tabela 5.1).

Capítulo 5 ❖ Avaliação e Escolha das Prioridades no Mercado-Alvo

TABELA 5.1 Subpopulações da população sem teto[4]

Subpopulações sem-teto	Total em abrigos	Porcentagem
Pessoas com distúrbios de uso de drogas	3.070	19,8%
Pessoas com distúrbios de doença mental	2.729	17,6%
Sobreviventes de violência doméstica	2.482	16%
Pessoas portadoras de deficiências físicas	1.359	8,8%
Veteranos	1.165	7,5%
Pessoas com coocorrência de problemas de uso de drogas e de doença mental	1.097	7,0%
Jovens sem família	431	2,8%
Idosos	243	1,6%
Pessoas com HIV/AIDS	188	1,2%
Trabalhadores agrícolas	23	0,2%
Sem-tetos crônicos	2.706	17,5%
Total	**15.493**	**100%**

Fonte: Washington State Community and Economic Development, janeiro de 2007

Muitas pessoas ficam surpresas ao saber que quase metade (46%) dos sem-teto são famílias com filhos pequenos (ver a Tabela 5.2). Embora a maioria dessas famílias, em um dado momento, esteja em abrigos de emergência ou temporários, mais de mil não estão.

TABELA 5.2 Famílias sem-teto com filhos pequenos em Washington, 2007

	Abrigadas	Desabrigadas	Total	Porcentagem
Pessoas sem-teto	7.124	4.835	11.959	54%
Pessoas em famílias sem-teto com crianças	8.827	1.259	10.086	46%
Total	15.951	6.094	22.045	100%
Famílias sem-teto com crianças	3.236	462	3.698	Não disponível

Fonte: Washington State Community and Economic Development, janeiro de 2007

Uma nova prioridade da Fundação

O tamanho da população sem-teto no estado de Washington e o fato de as famílias com filhos pequenos constituírem uma crescente subpopulação atraiu os olhares da Fundação em 2000. Outros fatores (características do segmento) confirmaram esse compromisso. Crianças que se mudam constantemente em busca de abrigo tendem a perder o ano na escola e têm de se esforçar muito para construir redes sociais confiáveis, essenciais na formação de adultos confiantes e seguros. Os pais dessas famílias enfrentam desafios adicionais, como a dificuldade de conciliar trabalho com o cuidado dos filhos e a manutenção da família. O impacto para a sociedade é ainda maior se pensarmos no risco de que essas famílias se separem e as crianças acabem indo para adoção.

Objetivos, metas e estratégias

A fim de encontrar o melhor modo de ajudar essas famílias, a Fundação estudou os dados nacionais e conversou com parceiros locais. Dois fatos importantes foram levantados: muitas famílias no estado de Washington não conseguem moradia a preço acessível, e as famílias precisam de mais do que um teto sobre a cabeça. Elas necessitam de serviços de apoio integrados para ajudar a criar uma estabilidade real em sua vida e, principalmente, para progredir rumo à autossuficiência.

A Fundação Bill & Melinda Gates, em coordenação com parceiros do setor público da região do Estreito de Puget, estado de Washington, e do governo federal, lançou o programa Sound Families em 2000 com a ambiciosa meta de triplicar a oferta de moradias de transição com serviços de apoio para famílias sem-teto nos condados de Pierce, King e Snohomish – três dos condados mais densamente povoados no oeste de Washington. O programa Sound Families contava com US$40 milhões da Fundação e, no decorrer dos sete anos seguintes, entidades privadas e públicas investiram mais de US$200 milhões em fundos adicionais para lidar com a condição das famílias sem-teto. A meta era construir 1.500 unidades de moradia de transição com serviços associados, triplicando a quantidade nos três condados que formam a região do Estreito de Puget no estado de Washington. Em conformidade com a filosofia de investimento da Fundação, as verbas prioritárias foram destinadas a soluções de base ampla e de longo prazo para a situação de sem-teto das famílias, por meio de parcerias baseadas na comunidade. Coerentemente com o objetivo de autossuficiência como resultado final, essas moradias precisavam ser combinadas com serviços sociais que ajudassem as famílias sem-teto a sair dessa condição e que diminuíssem a probabilidade de voltarem a ela no futuro. Para receber a verba, os candidatos respondiam a solicitações de propostas emitidas semestralmente por vários anos.

O programa apoiava o que se conhece por moradia enriquecida por serviço, uma abordagem inovadora diante do problema dos sem-teto que combina moradias a preço acessível e serviços sociais para fazer com que as famílias sem-teto progridam em direção à autossuficiência e diminuir a probabilidade de voltarem à condição de sem-tetos no futuro. O programa deu um lar às famílias por até dois anos e serviços sociais para prepará-las a um futuro estável e autossuficiente. Esses serviços lidavam com as causas subjacentes à condição. As famílias eram acompanhadas por um gerente de casos que as ajudava a acessar uma ampla gama de serviços planejados para suprir necessidades específicas, inclusive aconselhamento para casos de violência doméstica, tratamento em casos de dependência de álcool e outras drogas, um programa de desenvolvimento educacional geral (GED), treinamento profissional, procura de emprego e cuidados infantis.

As parcerias foram a base para o sucesso e dependeram intensamente de relacionamentos de colaboração entre construtoras de moradias – com fins lucrativos ou não —, gerentes de propriedades, prestadores de serviços e autoridades locais. As verbas foram fornecidas a organizações sem fins lucrativos como as Associações Cristãs de Moços, que trabalhavam junto a órgãos governamentais em vários níveis do governo e se apoiaram em parte em créditos fiscais estaduais; em subsídios de habitação federal e em numerosos financiamentos locais, estaduais e federais (ver a Figura 5.1).

Resultados

Em dezembro de 2007, o Northwest Institute for Children and Families da School of Social Work da Universidade de Washington fez uma avaliação do

FIGURA 5.1 Cena típica em um conjunto de moradias Sound Families.
Foto cortesia da Fundação Bill & Melinda Gates/Jennifer Loomis

programa Sound Families a pedido da Fundação Bill & Melinda Gates. Ele apresentou um quadro mais próximo da vida dessas famílias durante e após o período de moradia de transição.

O relatório dizia que, até 2007, 1.445 unidades haviam sido financiadas, servindo quase 1.500 famílias e mais de 2.700 crianças, com a duração média de estada de um pouco mais de 12 meses (ver Figuras 5.2 e 5.3). A demografia das famílias foi descrita do seguinte modo:[6]

- 85% eram chefiadas por apenas um dos pais, em geral uma mãe solteira.
- Metade das famílias tinha um filho, 25% tinha duas e 25% tinha três ou mais filhos.
- A idade média dos responsáveis principais era de 31 anos e a idade média dos filhos era de 6,5 anos.
- Metade dos responsáveis eram brancos/não hispânicos; 25% eram afro--americanos e 25% eram hispânicos/latinos, índios norte-americanos, asiáticos-americanos, havaianos nativos ou multirraciais.
- 70% dos responsáveis tinham pelo menos um diploma de ensino médio ou de desenvolvimento educacional geral (GED) ao entrar no programa.
- 64% das famílias já tinham sido sem-teto antes, algumas por quatro vezes ou mais.
- 44% vinham de um abrigo de emergência e 30% de casas de parentes ou amigos.
- Diversas causas que desencadearam a condição de sem-teto foram relatadas pelos gerentes de casos. Elas incluíam falta de moradias a preços acessíveis ou um salário muito baixo, perda de renda e violência doméstica.

Ainda mais importante, em relação aos objetivos do programa, dois terços (68%) de todas as famílias que saíram das moradias de transição mudaram-se para moradias permanentes, sem restrição de tempo, depois de uma média de 12,3 meses no programa de habitação. Esse número era maior entre as famílias que concluíram com sucesso todo o programa: 89% mudaram-se para moradias permanentes. A maioria dessas famílias conseguiu manter essa moradia. Além disso, os empregos em período integral triplicaram entre a entrada e a saída do programa.[7]

Incentivados pelo sucesso da Sound Families, os legisladores do estado de Washington criaram o Washington Families Fund em 2004, uma parceria público-privada pioneira dedicada a financiamento de longo prazo para moradias a preços acessíveis e com serviços associados. Até novembro de 2008, US$9,3 milhões foram concedidos a 28 parcerias em todo o estado, criando 389 unidades de moradia com serviços associados.

Capítulo 5 ❖ Avaliação e Escolha das Prioridades no Mercado-Alvo 123

FIGURA 5.2 Uma família beneficiada pela Sound Families em sua nova casa.
Foto cortesia da Fundação Bill & Melinda Gates/Karie Hamilton

FIGURA 5.3 Outra família beneficiada pela Sound Families em sua nova casa.
Foto cortesia da Fundação Bill & Melinda Gates/Jennifer Loomis

MODELOS PARA AVALIAR SEGMENTOS

Cinco modelos potenciais para avaliar e priorizar segmentos são descritos nas seções a seguir, começando por um que utiliza um único fator de análise e progredindo para os que usam múltiplos fatores para a tomada de decisão:

* Uso de níveis de pobreza
* Uso de um modelo de triagem
* Uso do modelo de estágios de mudança
* Uso de múltiplos fatores
* Uso do mapeamento da pobreza

A conclusão do capítulo discute as considerações para escolher entre esses modelos.

Uso de níveis de pobreza

Este modelo aparentemente simplista usa apenas um critério para avaliar e depois escolher as prioridades de segmento de mercado – o nível de pobreza. Estimativas de níveis de pobreza são desenvolvidas para cada um dos micromercados identificados em um exercício de segmentação e, em seguida, usadas para consideração. Esse modelo é exemplificado hipoteticamente na Tabela 5.3 para famílias sem-teto em um estado. Esses dados seriam úteis para que uma organização como a Fundação Bill e Melinda Gates escolhesse os segmentos de mercado para iniciativas futuras. Conforme descrito no Capítulo 4, "Segmentação do mercado da pobreza", esses dados podem ser inspiradores. É fácil imaginar diferentes abordagens e tipos de assistência para uma mãe solteira em pobreza extrema e para uma família com os dois pais e que esteja fora da pobreza, mas vulnerável a ela.

Passando para a escolha das prioridades-alvo com base nos números e no potencial de efeito a longo prazo, os gerentes de programa podem decidir que esse grande grupo de 4 mil famílias vulneráveis seria um mercado primário viável para seu foco. Esse segmento então precisaria ser analisado em busca de subgrupos únicos, resultando potencialmente em uma prioridade-alvo dentro desse grupo (como pais que não falem inglês).

Uso de um modelo de triagem

Como o nome sugere, o modelo de triagem aplica um modelo médico para avaliar os segmentos de mercado potenciais para as ações contra a pobreza, com base em três critérios:

Capítulo 5 ❖ Avaliação e Escolha das Prioridades no Mercado-Alvo **125**

TABELA 5.3 Distribuição hipotética de famílias e indivíduos sem-teto em um estado

	Um dos pais e filhos	Ambos os pais e filhos
Tamanho	5.000	5.000
Fora da pobreza, mas vulnerável	1.000 20%	4.000 80%
Pobreza relativa	500 10%	500 10%
Pobreza moderada	500 10%	400 8%
Pobreza extrema	3.600 60%	100 2%
	100%	100%

- O número e a porcentagem de pessoas daquele segmento que são *pobres*
- O número e a porcentagem de pessoas daquele segmento que têm probabilidade de escapar ao círculo vicioso da pobreza no *período mais breve e com necessidade de menos recursos*
- A probabilidade de que esse segmento *permaneça fora da pobreza*

Para exemplificar sua aplicação, vamos examinar o caso de um lixão nas Filipinas e de aldeias pesqueiras próximas. Então, discutiremos a aplicação do modelo de triagem para decidir qual segmento deveria ser prioritário para os fundos de alívio da pobreza do país.

Segmento 1: Catadores de lixo

Muitos podem não acreditar, mas ganhar a vida no lixo é uma realidade diária para milhares de pessoas que escavam uma montanha de 40 metros em um lixão nos arredores de Manila, nas Filipinas. Todos os dias, bem antes do amanhecer, centenas de moradores que vivem nas favelas próximas vão para os portões de Payatas, o maior lixão da cidade, cujo nome significa ironicamente "Terra Prometida". Equipes de catadores, com faroletes na cabeça e carregando cestos de vime, vasculham cada carga de lixo novo em busca de itens que possam consertar ou reciclar para depois vender (veja Figura 5.4).

FIGURA 5.4 Um *magangalahig*, ou catador de lixo, no alto da montanha de lixo de 40 metros no lixão Payatas, Quezon City, Filipinas.
Foto: © Matthew Power, 2006

A indústria caseira progride com milhares de pessoas, inclusive crianças, separando o conteúdo dos cestos levados para as favelas (ver Figura 5.5). Os tesouros incluem espuma de borracha, que é lavada e seca antes de ser colada em faixas para fazer colchões; pilhas de mochilas jogadas fora que serão lavadas, consertadas e vendidas nos mercados dos bairros mais pobres de Manila; e papel que, quando está seco, pode ser vendido para agentes de reciclagem. A comunidade é pobre, mas é unida. Sua esperança é alcançar uma renda média diária de US$2, o dobro da renda nacional, com toda a família trabalhando (alguns com apenas 4 anos de idade).[8]

Um estudo do Asian Development Bank em 2005 estimou que cerca de 150 mil moradores são dependentes, de um modo ou de outro, das 500 toneladas de lixo doméstico da cidade que são coletadas todos os dias. Esse mesmo estudo revelou que menos de 10% do lixo da cidade é reciclado. Muitos líderes comunitários preocupam-se com a saúde e o bem-estar dos catadores de lixo, bem como o fato de não haver um plano para lidar com o problema do gerenciamento do lixo.[9]

FIGURA 5.5 Um catador de lixo de 8 anos em uma estação de transferência de lixo na costa de Manila.
Foto: © Matthew Power, 2006

Segmento 2: Pescadores

Os pescadores e suas famílias nas comunidades costeiras estão entre os setores mais pobres da sociedade filipina. Diversos fatores ameaçam seu ganha-pão, incluindo a pesca predatória e a poluição causada pelos dejetos de empresas de conservas e enlatados, fabricantes de produtos de beleza e de cuidado pessoal e outras indústrias. A presença dos grandes navios pesqueiros comerciais elimina a opção de pescar em alto mar. E para aumentar o problema, tem havido uma elevação no número dos que buscam a pesca como meio de vida, devido à redução no volume de terras boas para a agricultura.[10]

128 PARTE II ❖ Aplicação da Perspectiva e das Soluções de Marketing

Em primeiro lugar, reconhecemos que os líderes do país têm interesse em criar estratégias para apoiar os dois segmentos e que já estão fazendo isso. Nossa discussão hipotética, porém, é o que fazer se for preciso decidir qual segmento deve ser auxiliado primeiro ou mais. O modelo de triagem ajudaria? Como mostra a Tabela 5.4, baseada em uma pontuação hipotética, seria possível afirmar que os pescadores precisam de mais atenção de auxílio contra a pobreza no curto prazo e que os recursos deveriam ser alocados a fim de fornecer treinamento para trabalho em novos setores, maior subsídio de alimentação, atendimento de saúde e moradias temporárias. As estratégias de longo prazo poderiam buscar reverter o esgotamento dos recursos costeiros e envolver os cidadãos na capitania desses recursos. E talvez o melhor a ser feito quanto aos catadores de lixo fosse criar políticas que ajudem a legitimar suas ações engenhosas, a lhes dar um papel mais formal, não permitir o trabalho infantil e acrescentar padrões de saúde mais rigorosos ao ambiente.[11]

Uso do modelo de estágios de mudança[12]

Também chamado de *modelo transteórico,* o modelo de estágios de mudança foi desenvolvido originalmente por Prochaska e DiClemente no início dos anos 1980[13] e testado e revisado nas duas últimas décadas. Em um livro publicado em 1994, *Changing for Good*, Prochaska, Norcross e DiClemente descrevem seis estágios pelos quais as pessoas passam para mudar o comportamento.[14] Quatro desses estágios são apresentados nesta seção – os relevantes para a maioria das questões ligadas à pobreza.

Vamos continuar com o foco no problema dos sem-teto para exemplificar cada estágio. Suponhamos que o foco esteja nas famílias formadas por filhos e dois pais triadas para moradias de transição. Suponhamos também que só haja espaço para um entre 10 candidatos. Além disso, os patrocinadores estão

TABELA 5.4 Comparação hipotética de dois segmentos usando o modelo de triagem

	Segmento 1: Catadores de lixo	Segmento 2: Pescadores
Número de pobres	Níveis mais baixos	Níveis mais altos
Número dos que têm probabilidade de sair da pobreza no tempo mais curto (exigindo menos recursos)	Níveis similares	Níveis similares
Probabilidade de que esse segmento permaneça fora da pobreza	Níveis mais baixos	Níveis mais altos

Capítulo 5 ❖ Avaliação e Escolha das Prioridades no Mercado-Alvo **129**

mais interessados em admitir aqueles que irão frequentar sessões regulares de aconselhamento e se candidatar a um emprego de tempo integral um mês após se mudar para a moradia (comportamento desejado).

- *Pré-contemplação.* "As pessoas neste estágio geralmente não têm intenção de mudar seu comportamento e costumam negar o problema."[15] No caso de uma ação para influenciar um dos pais a frequentar o aconselhamento profissional e candidatar-se a um emprego, este segmento não leva isso realmente a sério. Eles já tentaram antes e têm pouca esperança de encontrar um emprego que desejem ou que lhes pague o bastante. Eles preferem continuar a receber auxílio público a trabalhar nos tipos de empregos para os quais estão qualificados e acham que o aconselhamento profissional é perda de tempo.
- *Contemplação.* "As pessoas reconhecem que têm um problema e começam a pensar seriamente em resolvê-lo."[16] Ou podem ter um desejo e pensar em como alcançá-lo. Esse segmento deseja um emprego e acha que o aconselhamento profissional é uma boa ideia para a maioria das pessoas, mas têm medo de fracassar. Como sua situação é singular, acha que o aconselhamento não será útil. Eles podem dar desculpas ao serem convidados a comparecer, bem como não se candidatar para as oportunidades de emprego porque temem ser rejeitados.
- *Preparação/Em ação.* "A maioria das pessoas no Estágio de Preparação está (agora) planejando agir... e estão fazendo os ajustes finais antes de começarem a mudar seu comportamento."[17] As pessoas nesse segmento estão interessadas em participar das sessões de aconselhamento e estão ansiosas pelo processo. Elas têm alta probabilidade de frequentar as aulas e até mesmo as marcarem em seus calendários caso consigam a unidade de moradia de transição para a qual se candidataram.
- *Manutenção.* "Durante a Manutenção, (os indivíduos) trabalham para consolidar os ganhos obtidos durante a ação e os outros estágios e se esforçam para evitar lapsos e recaídas."[18] Esse segmento já começou a se candidatar a empregos e tem algumas boas ofertas potenciais. Eles estão ansiosos pelas sessões de aconselhamento porque acham que isso lhes dará uma chance de conseguir um emprego ainda melhor – que pague mais, tenha um horário melhor e ofereça oportunidades de progresso profissional.

Muitos profissionais de marketing social consideram dois desses quatro segmentos como os mais atraentes, com base na taxa percebida de retorno sobre o investimento de recursos para influenciar os comportamentos: os que estão nos estágios de *Contemplação* e de *Preparação/Em ação*. Os que estão no estágio de Contemplação estão abertos aos comportamentos que temos em mente (comparecer às sessões de aconselhamento e candidatar-se a empregos) e não exigem as mesmas ações motivacionais e de "mudança de atitude" necessárias aos que estão na fase de Pré-contemplação. E certamente os que estão no estágio de Preparação/Em ação demonstraram seu interesse e serão se beneficiados pelo incentivo e apoio. Pode-se argumentar, a partir de uma perspectiva de priorização, que os que estão no estágio de Manutenção também são uma prioridade mais baixa para a alocação de recursos porque precisam de menos atenção (como telefonemas de lembrete) para assegurar que irão efetivar suas intenções de emprego.

Uso de múltiplos fatores

O professor Alan Andreasen da Universidade Georgetown cita nove fatores para avaliar segmentos entre si e depois usar os resultados para priorizar sistematicamente os segmentos de mercado.[19] Na lista a seguir, esses fatores foram adaptados para serem mais relevantes para as questões relativas à pobreza, com as perguntas habituais que podem ser feitas para estabelecer cada medida. Para exemplificar cada fator, usaremos novamente a questão dos sem-teto e apresentaremos perguntas que devem ser consideradas a fim de chegar a uma pontuação para cada segmento e critério:

1. *Tamanho do segmento. Quantas pessoas estão nesse segmento? Qual porcentagem da população elas representam?*
   Em cada segmento avaliado, quantas pessoas são sem-teto e qual porcentagem da população de sem-tetos do país elas representam?

2. *Incidência do problema. Quantas pessoas nesse segmento estão envolvidas em "comportamento relativo ao problema" ou envolvidas no "comportamento desejado"?*
   Em cada segmento, qual é o tempo médio que estão vivendo como sem-teto e com que frequência? Qual é a porcentagem dos que têm acesso a abrigos de emergência ou de transição e qual é a porcentagem de desabrigados?

3. *Gravidade do problema. Quais são os níveis de pobreza nesse segmento?*
   Quanto o grupo de sem-tetos é pobre? Qual porcentagem de cada segmento está na pobreza extrema, pobreza moderada, pobreza relativa ou pode retornar à pobreza?

4. *Desamparo. Em que medida esse segmento pode "cuidar de si mesmo" ou precisar da ajuda dos outros?*
   Como esses segmentos diferem em relação ao estado de saúde, nível de escolaridade, habilidades profissionais, nível de renda e outros recursos

pessoais, como apoio da família? Que grupo é percebido como o de maior probabilidade de obter sucesso sem ajuda?

5. *Acessibilidade. Esse é um público que pode ser facilmente identificado e contatado?*

As pessoas sem-teto nesse segmento podem ser encontradas com eficiência e é possível se comunicar com elas? Elas são homogêneas o bastante para responder a estratégias e intervenções similares?

6. *Prontidão para mudança. Quanto essas pessoas estão "prontas, dispostas e capazes" a responder?*

Quais são as porcentagens estimadas de pessoas nos estágios de Pré-contemplação, Contemplação, Preparação/Em ação e Manutenção? Ou quais grupos são percebidos como tendo menos pessoas no estágio de Pré-contemplação?

7. *Custos cumulativos para contatar e servir o segmento. Como os custos estimados para contatar e influenciar esse segmento se comparam aos custos para atingir os outros segmentos?*

Os serviços que atualmente contatam esses segmentos poderiam ser usados, ou para servir esse segmento seria preciso mais capacidade e/ou novos serviços?

8. *Responsividade ao mix de marketing. Qual é a probabilidade de esse mercado ser responsivo às estratégias de marketing social (produto, preço, posição e promoção)?*

Esse segmento aceitará serviços como treinamento profissional, administração da raiva, tratamento para dependência de álcool e outras drogas e aconselhamento de saúde mental? Eles responderão de modo positivo a incentivos como refeições gratuitas? Eles podem ter acesso a esses serviços ou existem barreiras cognitivas, de idioma, de transporte ou outras que dificultem sua influência?

9. *Capacidades organizacionais. Qual é a experiência de nossa equipe ou a disponibilidade de recursos externos para auxiliar no desenvolvimento e na implementação de atividades para esse mercado?*

Que recursos serão necessários para servir esse segmento? Será preciso buscar outros indivíduos e parceiros para servir o mercado adequadamente? Qual é a probabilidade de esses recursos serem obtidos?

Reconhecemos que a disponibilidade de dados para responder essas questões para todos os segmentos com precisão é, sem dúvida, utópica, e que a pesquisa e o desenvolvimento dessas estimativas é um exercício difícil. Considere, porém, as recompensas que podem ser obtidas, como relatado no estudo de caso do quadro a seguir.

132 PARTE II ❖ Aplicação da Perspectiva e das Soluções de Marketing

Whatcom County Coalition for the Homeless: Avaliação e priorização dos segmentos de mercado

Greg Winter

Estratégias fundamentais

Depois da aprovação do Homeless Housing and Assistance Act no estado de Washington em 2005, a Whatcom County Coalition for the Homeless reexaminou suas estratégias e concluiu que seu trabalho era fragmentado – voltado para *gerenciar*, mas não para *acabar* com a questão dos sem-teto.

Conforme exigência da revisão de 2008 do Whatcom County 10-Year Plan to End Homelessness, o projeto propõe uma mudança no foco das estratégias de respostas de emergência para prevenção e moradias de longo prazo. Essa abordagem de mudança de sistemas, que afeta todas as subpopulações de sem-teto, aumenta a eficiência da infraestrutura de moradias para os sem-teto, composta por moradias de baixa renda, moradias de transição e abrigos de emergência. Ao mesmo tempo, ela economiza recursos ao desviar alguns indivíduos das instalações institucionais de alto custo.

Descrições dos segmentos

O modo antigo de gerenciar a população sem-teto muitas vezes atendia famílias de sem-teto com base em características demográficas de interesse dos prestadores de serviços sem fins lucrativos (sobreviventes de violência doméstica, famílias com filhos pequenos, jovens). O desejo da comunidade de servir *todas* as subpopulações com o novo sistema era um desafio para os planejadores do programa encarregados de projetar os custos do serviço. Seria fácil usar as mesmas categorias demográficas antigas – assim era feita a avaliação de necessidades – mas esse método tinha dois defeitos. Em primeiro lugar, enfatizava o mesmo tipo de "subpopulações favorecidas" que a coalizão desejava evitar no futuro. E, em segundo lugar, ignorava a grande variação nas barreiras à estabilidade de moradia que existe dentro desses subgrupos.

Uma abordagem mais prática e útil para segmentar o mercado de serviços seria categorizar os sem-teto por seu nível de barreiras de moradia. Isso tinha a vantagem de dividir o mercado com base nos custos relativos das intervenções, o que facilita o planejamento dos serviços e a previsão exata de custos. O Whatcom County's Homeless Services Center usa o seguinte esquema de segmentação para criar e prestar serviços:

- O segmento *Em Risco* está em risco iminente de tornar-se sem teto (despejo), mas ainda não é sem-teto. Os membros desse segmento geralmente passaram por um revés, como uma doença que os impede de trabalhar,

Capítulo 5 ❖ Avaliação e Escolha das Prioridades no Mercado-Alvo **133**

separação da família ou outra perda de renda que os impediu de pagar o aluguel. A intervenção com um auxílio financeiro pontual muitas vezes basta para evitar um período de vida como sem-teto.

- O segmento *Sem-teto com esperança* é sem-teto atualmente, com barreiras baixas ou moderadas à moradia. Por exemplo, eles têm habilidades profissionais, mas passaram por um longo período de desemprego. Eles podem estar morando com outra família ou vivendo em um abrigo de emergência ou em uma moradia de transição. Uma intervenção secundária consiste em auxílio aluguel de curto prazo e um pouco de gerenciamento de caso para ajudar essas famílias a manter sua nova moradia permanente.
- O segmento *Sem-teto crônico* tem barreiras intensas à moradia. A maioria é portadora de uma ou mais condições incapacitantes, como doença mental grave e dependência química. Eles estão desabrigados ou vivem em um abrigo de emergência. A intervenção terciária para esse segmento inclui subsídio de aluguel a longo prazo, envolvimento com serviços mais gerais (como o Medicaid) e gerenciamento intensivo de caso. Considerando o elevado uso que esse segmento faz de serviços públicos caros (prisões, pronto-socorros de hospitais), os altos custos de intervenção podem ser mais do que compensados pela economia de custos públicos devido à menor dependência desses serviços públicos mais caros.

Na Tabela 5.5, esses segmentos são analisados com os nove fatores de Andreasen. Usou-se uma escala de 1 a 5, em que 5 indica que esse segmento é muito atraente como um alvo para essa característica.

Os elementos de avaliação individuais destacam as vantagens, as desvantagens e os desafios associados a servir cada segmento. Fortes razões para servir o segmento *Em risco* incluem alta prontidão para mudança, baixo custo para servir, resposta alta às intervenções e capacidade organizacional existente para fornecer as intervenções apropriadas. As famílias *Sem-teto com esperança* constituem o maior segmento do mercado e são fáceis de contatar. Os indivíduos *Sem-teto crônicos* são extremamente pobres e relativamente desamparados. O alto custo cumulativo de servir esse segmento, porém, é compensado pela redução dos custos públicos em serviços alternativos como resposta a crises, encarceramento e atendimento em pronto-socorro.

Esses últimos fatores associados ao segmento *Sem-teto crônico* levou os planejadores do programa a alocar uma parcela desproporcional dos recursos disponíveis para servir esse grupo. Esse segmento inclui apenas 9% das famílias atendidas anualmente; porém, a comunidade investirá 51% dos recursos disponíveis para lhes proporcionar moradia estável e serviços de apoio, como mostra a Tabela 5.6.

134 PARTE II ❖ Aplicação da Perspectiva e das Soluções de Marketing

TABELA 5.5 Whatcom County, estado de Washington: uma avaliação dos segmentos de mercado de sem-teto para priorização

	Em risco	Sem-teto com esperança	Sem-teto crônicos
	300	1.200	150
Tamanho do segmento 5 = maior 1 = menor	3	5	3
Incidência do problema 5 = baixa taxa de sem-tetos 1 = alta taxa de sem-tetos	1	3	5
Gravidade do problema 5 = pobreza extrema 1 = em risco de pobreza	2	3	5
Desamparo 5 = precisa mais de nossa ajuda 1 = precisa menos de nossa ajuda	2	3	5
Acessibilidade 5 = alta probabilidade de podermos contatá-los 1 = baixa probabilidade de podermos contatá-los	4	5	3
Prontidão para mudar 5 = alta porcentagem de prontidão 1 = baixa porcentagem de prontidão	5	4	3
Custos cumulativos para acessar e servir 5 = baixos custos cumulativos 1 = altos custos cumulativos	3	2	5
Responsividade a intervenções potenciais 5 = alta probabilidade 1 = baixa probabilidade	5	4	3
Capacidades organizacionais 5 = pode ser servido com os recursos existentes 1 = requer recursos adicionais	5	3	3
Pontuação média	3,3	3,6	3,9

TABELA 5.6 Whatcom County, estado de Washington: Serviços para os sem-teto. Alocação de recursos com base na análise de priorização de segmentos de mercado

Segmento de mercado de sem-teto	Famílias servidas por ano	Custo anual por família servida (subsídio de aluguel e gerenciamento de caso)	Custo anual total	Porcentagem do custo anual
Em risco	300	US$600	US$180.000	18%
Sem-teto com esperança	150	US$2.000	US$300.000	30%
Sem-teto crônicos	45	US$11.300	US$508.500	51%
Total	495	US$13.900	US$988.500	100%

Uso do mapeamento da pobreza

O Banco Mundial descreve o *mapeamento da pobreza* como "a representação espacial e a análise de indicadores de bem-estar humano e pobreza dentro de uma região".[20] Os indicadores de macromercado (como níveis médios de pobreza em uma área geográfica) muitas vezes ocultam diferenças importantes que distinguem micromercados (como bairros). O mapeamento da pobreza analisa os indicadores sociais e econômicos disponíveis para uma área geográfica para localizar os pobres, fazer um perfil de suas condições e identificar os determinantes relativos à pobreza naquela área. Os resultados são muitas vezes apresentados em uma série de mapas, acumulados de um ano para o outro. A série temporal mostra como a situação de pobreza de uma determinada localidade está melhorando ou piorando, ou como um grupo de pobres em uma localidade está saindo da pobreza ou como um outro pode estar passando para uma situação mais grave. Uma vez que os níveis de pobreza de uma área geográfica (país, região, cidade ou aldeia) foram mapeados, é possível apontar mais rapidamente as áreas prioritárias para intervenção e desenvolvimento. E essa ferramenta torna-se ainda mais poderosa quando essas estatísticas da pobreza são combinadas com dados de outras avaliações locais, ligadas ao acesso aos serviços, e à disponibilidade e às condições dos recursos naturais, transporte e redes de comunicação.

Como são feitos os mapas da pobreza?

As informações de avaliação vêm de diversas fontes, incluindo dados de censo e de pesquisas domésticas que são usados para fornecer indicadores de renda

136 PARTE II ❖ Aplicação da Perspectiva e das Soluções de Marketing

(como renda *per capita*) e bem-estar (como expectativa de vida, mortalidade infantil ou alfabetização). Outra fonte crucial de informações são os dados administrativos ou comunitários. Por exemplo, as informações sobre a rede de transportes em uma aldeia e sobre sua qualidade são usadas para estimar a distância ou o tempo de viagem necessários para obter bens e serviços essenciais como escolas, centros de saúde, água potável e mercados. Outras fontes importantes de dados, principalmente para determinar as intervenções apropriadas, incluem informações sobre fatores ambientais como chuvas e condições agrícolas, que são empregadas para desenvolver sistemas de monitoramento e avaliar a adequação dos suprimentos de alimentos. Algumas vezes esses diversos indicadores são combinados com outros sistemas de informação para fornecer um índice de pobreza ou de desenvolvimento humano (como o Índice de Desenvolvimento Humano, um composto de expectativa de vida, alfabetização e renda).[21] Os Sistemas de Informações Geográficas (GISs) são utilizados para criar os mapas e permitir a análise simultânea de informações de fontes diversificadas, desde que tenham coordenadas de localização geográfica comuns.[22]

Para que são usados os mapas de pobreza?

Esses mapas são poderosas ferramentas visuais para apresentar informações complexas em um formato que as tornam de fácil entendimento, principalmente para um público não especializado. Eles ajudam a compreender os determinantes da pobreza, pois exibem simultaneamente resultados (nível de renda, incidência de doenças, matrícula escolar) e determinantes (localização de escolas, condições dos recursos naturais, disponibilidade de serviços governamentais).

O seguinte relato de caso da Indonésia demonstra como essa informação fragmentada foi útil para identificar áreas críticas e fatores que orientaram a alocação de verbas, o planejamento do programa e a definição de alvos.

Mapas de pobreza da Indonésia: efeitos e lições[23]

Destaques do Capítulo 9 da publicação do Banco Mundial de 2007

"Mais do que uma bela imagem: uso de mapas de pobreza para planejar políticas e intervenções melhores"

Autores do capítulo: Yusuf Ahmad e Chor-Ching Goh

A Indonésia é um grande país com mais de 230 milhões de pessoas, o quarto mais populoso do mundo (2007). Embora tenha obtido sucesso na redução da pobreza entre 1960 e 1990, estima-se que 37 milhões de pessoas ainda viviam em pobreza extrema em 1990, sobrevivendo com menos de US$1 por dia. No início de 2000, o governo expressou muito interesse na abordagem de mapeamento da pobreza desenvolvida por uma equipe de pesquisa do Banco Mundial, combinando as informações existentes de uma pesquisa em domicílios com um censo populacional para estimar e comparar o bem-estar econômico de pequenas áreas no país.[24]

O exercício de mapeamento baseou-se em três fontes de dados: uma pesquisa socioeconômica de domicílios, o censo populacional de 2000 e o censo de aldeias de 1999. Foi a primeira vez que todos esses conjuntos de dados foram combinados.

Efeitos

Desde sua distribuição, em dezembro de 2004, esses mapas da pobreza nacional têm sido usados em diversas aplicações por órgãos do governo, doadores e organizações não governamentais. Eles ajudaram o *Ministério das Finanças* a determinar onde transferências de recursos incondicionais deviam ser fornecidas aos pobres como resultado do corte de subsídios de combustível; o *Ministério da Educação* a escolher áreas beneficiadas por seus programas especiais, incluindo os programas Skills-for-a-Living, Mainstream Gender in Education e Prevention of Women Trafficking; o *Ministério de Bem-estar Social* e as *Nações Unidas* a verificarem as informações em suas bases de dados; o *Programa de Alimentação Mundial* a escolher as áreas que seriam beneficiadas usando mapas de nutrição; e o *Banco Mundial* a desenvolver conselhos de políticas para o governo indonésio.

Além desses efeitos específicos, os autores desse capítulo indicaram que muitas autoridades informaram que os mapas da pobreza destacaram a questão da pobreza e incentivaram o governo a se focar na sua redução.

Lições aprendidas

Os autores citaram quatro lições aprendidas com a experiência da Indonésia:

- Consulta e disseminação efetivas são necessárias para dispersar o ceticismo, promover o diálogo e incentivar o uso.
- Ao alcançar a meta de construir a capacidade local, evite a criação de mapas paralelos e potencialmente concorrentes.
- Garanta a coesão interna do órgão que produz os mapas.
- Chame a atenção dos usuários em potencial para a ampla gama de aplicações dos mapas da pobreza e enfatize que eles são complementares a outras ferramentas de informações contra a pobreza (e não os substituem).[25]

Resumo: que modelo deve ser escolhido?

Este capítulo apresentou cinco modelos para avaliar segmentos, começando por um que utiliza apenas um grande fator e progredindo para aqueles que têm natureza multifatorial:

- Uso de níveis de pobreza
- Uso de um modelo de triagem
- Uso do modelo de estágios de mudança
- Uso de múltiplos fatores
- Uso do mapeamento da pobreza

Recomendamos o uso de um modelo de Múltiplos Fatores, similar aos Nove fatores de Andreasen: tamanho, incidência do problema, gravidade do problema, desamparo, acessibilidade, prontidão para mudança, custos cumulativos, responsividade e capacidades organizacionais. Embora esses nove fatores sejam aplicáveis na maioria das situações, certamente é possível omitir ou adicionar fatores que sejam mais relevantes para sua situação específica (que correspondam à prioridade de concessão de verbas). Depois disso, recomendamos que os segmentos prioritários sejam "mapeados".

O modelo de Múltiplos Fatores requer dados adicionais, que em muitos casos são difíceis de obter, e uma análise mais rigorosa, que costuma exigir mais tempo e recursos para ser concluída. Porém, esse modelo tem muitos benefícios: você e as outras pessoas consideraram uma lista abrangente de critérios de decisão e podem apresentar argumentos fortes para os segmentos prioritários, pois suas decisões baseiam-se em dados objetivos. Essa quantificação também auxilia a alocação de recursos que, muitas vezes, é a questão mais controversa, principalmente para órgãos públicos.

Depois disso, recomendamos que você use o modelo de Mapeamento da pobreza para localizar e monitorar os segmentos prioritários. Esse modelo facilita a comunicação de estratégias para os responsáveis pela tomada de decisão e para colegas, pois dá uma compreensão rápida de onde serão concentradas as ações em uma área geográfica. Também há a possibilidade de sobrepor simultaneamente fatores ambientais e outros determinantes da pobreza no mapa, o que dá inspiração para as estratégias que talvez você tenha de empregar (como melhorar o acesso aos serviços de saúde). Por fim, você pode acompanhar e relatar (literalmente, mostrar) o progresso, mais uma vez de uma forma visual forte, aos patrocinadores, colegas e responsáveis pela tomada de decisão.

Notas

[1] L. Eiseley. Texto adaptado de *The Star Thrower* (1978, Times Books, Random House). Capa dura: ISBN 0-8129-0746-9.

[2] Fundação Bill & Melinda Gates. Sala de imprensa. 7 de fevereiro de 2008. "National Conference on Ending Family Homelessness." Seattle, Washington. Comentário preparado por William H. Gates, Sr.

[3] State of Washington Department of Community Trade and Economic Development. Homeless Management Information Systems. Acessado em 9 de maio de 2008 em http://www.cted.wa.gov/site/890/default.aspx.

[4] Ibid.

[5] Ibid.

[6] "Evaluation of the Sound Families Initiative: Final Findings Summary: A Closer Look at Families' Lives During and After Supportive Transitional Housing." dezembro de 2007. Preparada para a Fundação Bill & Melinda Gates pelo Northwest Institute for Children and Families da School of Social Work da Universidade de Washington. p. 4.

[7] "Evaluation of the Sound Families Initiative: Final Findings Summary: A Closer Look at Families' Lives During and After Supportive Transitional Housing", p. 5.

[8] "Living on Earth: Garbage Mountain". 19 de janeiro de 2007. Acessado em 18 de maio de 2008 em http://www.loe.org/shows/segments.htm?programID=07-P13-00003&segmentID=6.

[9] Agence France-Presse (AFP), The Terra Daily. "Manila's Garbage Dump Offers Lifeline For Poor". Acessado em 18 de maio de 2008 em http://www.terradaily.com/reports/Manilas_Garbage_Dump_Offers_Lifeline_For_Poor.html.

[10] OVER SEAS, An Online Magazine for Sustainable Seas, junho de 1999, Vol. 2, No. 6. Acessado em 16 de maio de 2008 em http://www.oneocean.org/overseas/jun99/dar.html.

[11] "Living on Earth: Garbage Mountain".

[12] P. Kotler and N. Lee, *Social Marketing: Influencing Behaviors for Good* (Thousand Oaks, Califórnia: Sage Publications, 2008), p. 128–129.

[13] J. Prochaska e C. DiClemente (1983). "Stages and Processes of Self-Change of Smoking: Toward an Integrative Model of Change". *Journal of Consulting and Clinical Psychology*, 51, 390–395.

[14] J. Prochaska, J. Norcross e C. DiClemente, *Changing for Good* (Nova York: Avon Books, 1994), p. 40–56.

[15] Ibid, p. 40–41.

[16] Ibid.

[17] Ibid, p. 41–43.

[18] Ibid, p. 44.

[19] A.R. Andreasen, *Marketing Social Change: Changing Behavior to Promote Health, Social Development, and the Environment* (São Francisco: Jossey-Bass, 1995), p. 177–179.

[20] Análise da pobreza feita pelo Banco Mundial. "What Can Poverty Maps Be Used For?" Acessado em 19 de maio de 2008 em http://web.worldbank.org/WBSITE/EXTERNAL/

TOPICS/EXTPOVERTY/EXTPA/0,,contentMDK:20239110~menuPK:462100~pagePK:148956~piPK:216618~theSitePK:430367,00.html.

[21] Banco Mundial. "More Than a Pretty Picture: Using Poverty Maps to Design Better Policies and Interventions." Acessado em 20 de maio de 2008 em http://web.worldbank.org/WBSITE/EXTERNAL/TOPICS/EXTPOVERTY/EXTPA/0,,contentMDK:21517522~isCURL:Y~menuPK:462078~pagePK:148956~piPK:216618~theSitePK:430367,00.html e "Poverty Mapping. What Are Poverty Maps?" Acessado em 20 de maio de 2008 em http://www.povertymap.net/whatare.cfm.

[22] Análise da pobreza feita pelo Banco Mundial. "What Can Poverty Maps Be Used For?" Acessado em 19 de maio de 2008 em http://web.worldbank.org/WBSITE/EXTERNAL/TOPICS/EXTPOVERTY/EXTPA/0,,contentMDK:20239110~menuPK:462100~pagePK:148956~piPK:216618~theSitePK:430367,00.html.

[23] Análise da pobreza feita pelo Banco Mundial. "Indonesia's Poverty Maps: Impacts and Lessons." agosto de 2007. Yusuf Ahmad e Chor-Ching Goh. Capítulo 9, p. 177–187. Acessado em 19 de maio de 2008 em http://siteresources.worldbank.org/INTPGI/Resources/342674-1092157888460/493860-1192739384563/10412-09_p177-187.pdf.

[24] Chris Elbers, Jean Lanjouw e Peter Lanjouw (2003). "Micro-Level Estimation of Poverty and Inequality." *Econometrica* 71 (1): 355–64.

[25] Análise da pobreza feita pelo Banco Mundial. "Indonesia's Poverty Maps: Impacts and Lessons." Capítulo 9, p. 184–186.

6

Como Decidir sobre as Mudanças Comportamentais Desejadas

"Como a escravidão e o apartheid, a pobreza não é natural. Ela é feita pelo homem e pode ser superada e erradicada pelos atos dos seres humanos. E superar a pobreza não é um gesto de caridade. É um ato de justiça. É a proteção de um direito humano fundamental – o direito à dignidade e a uma vida decente. Enquanto a pobreza persistir, a verdadeira liberdade não existirá."

—Nelson Mandela[1]

Suponha por um momento que seu público-alvo para uma ação de redução da pobreza está diante de você em uma sala; você os escolheu cuidadosamente. Dentre todos os grupos que você poderia ter convidado, este parece o mais pronto para a ação, representa um grupo que você é capaz de atingir, e que pode influenciar os outros. Seu trabalho de pesquisa e avaliação também indica que eles estão adequados aos conhecimentos, recursos e canais de distribuição de sua organização.

A questão agora – e o grupo também está ansioso para saber a resposta – é: o que você quer que eles façam? No marketing social, esses são os comportamentos desejados em que você irá focar – as ações que, depois de realizadas, terão um efeito positivo sobre seu público-alvo e sobre a questão da pobreza que você está abordando.

Neste capítulo, nossa questão da pobreza será focada no planejamento familiar. Começaremos com dois relatos de caso da Population Services International (PSI), um do Paquistão e outro da Romênia. Cada um representa o poder de "escolher a dedo" os comportamentos desejados para seu público-alvo, selecionados com base na avaliação mais rigorosa possível na busca de públicos-alvo prioritários.

142 PARTE II ❖ Aplicação da Perspectiva e das Soluções de Marketing

Planejamento familiar:
Uma solução para a redução da pobreza
Estudos de caso da Population Services International (PSI)

"Gulbibi (moradora do Paquistão) casou com 16 anos. Aos 26 anos, já estivera grávida cinco vezes, sofrera um aborto, e dera a luz a quatro filhos. Gulbibi é analfabeta, como seu marido e todos os parentes e ancestrais deles. Eles migraram para a cidade há dois anos em busca de oportunidades e de melhores condições de vida, mas só têm dinheiro para morar em uma favela."[2]

Segundo o UNFPA (Fundo de Planejamento Familiar das Nações Unidas), assim como Gulbibi pelo menos 200 milhões de mulheres do mundo desejam utilizar métodos de planejamento familiar seguros e eficientes. Mas elas não têm acesso a informações e a serviços, ou não têm o apoio dos maridos e das comunidades.[3] Fornecer esses serviços de planejamento familiar é uma importante forma de combater a pobreza. Quando os casais podem escolher o número de filhos, o momento do nascimento e a diferença de idade entre eles, os pais conseguem alimentar adequadamente sua família, educá-la, reduzir os custos de serviços de saúde e manter bons empregos.

Embora o uso de anticoncepcionais pelas mulheres casadas de todo o mundo tenha aumentado de 10% nos anos 1960 para 60% em 2003, o uso dos anticoncepcionais modernos não aumentou na década passada, e as taxas de fertilidade chegam a sete partos por mulher em alguns países.[4] E, segundo a ONU, o ritmo atual deverá nos levar de uma população mundial de 6,6 bilhões para 9 bilhões ou mais em 2050. Quase todo esse aumento ocorrerá nos países menos desenvolvidos, cuja população deve somar 7,8 bilhões em 2050, um aumento de 47%. Por outro lado, prevê-se que a população dos países mais desenvolvidos permanecerá em torno de 1,2 bilhão.[5]

Aumentar o acesso a opções modernas e naturais de planejamento familiar é o objetivo de todos os programas de planejamento familiar da PSI. Começando com o projeto de marketing social de preservativos no Quênia, em 1973, os programas de planejamento familiar da PSI se expandiram até incluir uma gama de anticoncepcionais orais e injetáveis, DIUs, anticoncepcionais de emergência, vasectomias e métodos naturais de planejamento familiar, como o Método Rítmico com o uso de CycleBeads*. Em 2007, os programas da PSI garantiram proteção contra a gravidez a 12,2 milhões de casais, evitando cerca de 2,6 milhões de gestações indesejadas e 13.400 mortes maternas.[6]

As seções a seguir relatam duas histórias de sucesso da PSI – uma no Paquistão e outra na Romênia.

---

*N. de T.: Um anel de contas coloridas que tem o objetivo de ajudar a mulher a monitorar seus dias férteis e não férteis.

PSI Paquistão: Treinamento Green Star, médicas e outros[7]

A história de Gulbibi, que contamos anteriormente, teve um final feliz. Ela conseguiu convencer o marido de que eles não tinham como sustentar mais filhos naquele momento. Ele concordou que ela fosse a uma clínica de saúde próxima, que tinha uma estrela verde na placa, algo que ela ouvira dizer que significava oferta de serviços de planejamento familiar de qualidade (ver Figura 6.1). Ela voltou para casa com um método eficaz para espaçar as gestações e contou a outras sobre isso – uma influência social importante e de credibilidade, porque muitos casais no Paquistão têm poucas informações sobre o planejamento familiar.

Em 1991, a PSI criou uma ONG sem fins lucrativos, a Social Marketing Pakistan. Daí nasceu a Rede Green Star, com a missão de melhorar a quali-

FIGURA 6.1 Paquistão: a rede de clínicas Green Star oferece orientações para o planejamento familiar.

144 PARTE II ❖ Aplicação da Perspectiva e das Soluções de Marketing

dade de vida dos paquistaneses ao aumentar o acesso e o uso de produtos, serviços e informações de saúde, especialmente nos grupos de população menos favorecidos do ponto de vista socioeconômico. As escolhas de anticoncepcionais e o acesso a informações e serviços eram limitados; 76% das mulheres eram analfabetas e com pouco índice de utilização de anticoncepcionais e menos de 17% dos casais usavam um método moderno na época (início dos anos 1990). A rede concentra-se em clínicas e farmácias já existentes, expandindo os serviços mais oferecidos e aumentando o número de clientes. Desde o início, o programa de marketing social Green Star incluía cinco componentes:

- *Treinamento médico.* A rede Green Star tem quatro tipos de prestadores de serviços, e cada um recebe um treinamento único e específico. Green Star n° 1 é formado por *médicas* que participam de um curso intensivo de 40 horas sobre todos os métodos anticoncepcionais. Green Star n° 2 concentra uma sessão de um dia de treinamento com *médicos* para motivarem seus pacientes a usar anticoncepcionais, a conversar com a esposa sobre anticoncepção, a assumir a responsabilidade pelo planejamento familiar e a apoiar a esposa na sua opção. Isso é adequado ao ambiente cultural conservador em que os homens normalmente discutem o planejamento familiar apenas com outros homens. Green Star n° 3 engloba os *farmacêuticos* em um treinamento de meio período, aumentando sua habilidade para falar com conhecimento sobre os métodos anticoncepcionais que vendem. Green Star n° 4 concentra-se em *mulheres agentes de saúde* que fazem visitas domiciliares ou operam clínicas pequenas nos bairros mais pobres. Elas recebem um dia de treinamento sobre saúde reprodutiva, aconselhamento e técnicas anticoncepcionais não clínicas.

- *Suprimento confiável.* Os subsídios dos doadores do programa possibilitam o fornecimento de pílulas anticoncepcionais, anticoncepcionais injetáveis, DIUs e preservativos de qualidade internacional a preços acessíveis aos clientes de baixa renda.

- *Educação pública.* A demanda pelos produtos e serviços de saúde reprodutiva Green Star é criada por meio da comunicação em massa do planejamento familiar e dos serviços de saúde reprodutiva com o logotipo Green Star. O logotipo, promovido como símbolo de produtos e serviços de planejamento familiar acessíveis e de alta qualidade, é colocado nas placas de clínicas e farmácias certificadas e também aparece na embalagem dos quatro produtos anticoncepcionais. Os membros da equipe do programa também contatam as comunidades diretamente, organizando reuniões do bairro no qual falam sobre uma ampla gama de questões de saúde reprodutiva.

- *Suporte técnico e controle de qualidade.* Os instrutores da Green Star fazem visitas regulares às clínicas Green Star para monitorar a qualidade

Capítulo 6 ❖ Como Decidir sobre as Mudanças Comportamentais Desejadas **145**

dos serviços e a disponibilidade dos produtos. Uma equipe de detalhamento médico também visita os médicos e farmacêuticos Green Star.

- *Avaliação do programa.* O programa realizou uma série de avaliações que examinam a melhora na qualidade do atendimento, o aumento na prestação dos serviços e os efeitos do programa.

A Rede Green Star alcançou resultados concretos em três medidas muito importantes: aumento nas vendas de anticoncepcionais, aumento no número dos clientes e maior qualidade dos serviços de planejamento familiar. Uma avaliação inicial indicava que entre as médicas Green Star, mais de 90% das clínicas tinham anticoncepcionais orais, injetáveis e DIUs disponíveis. As médicas discutiram três ou mais métodos de planejamento familiar com mais de 85% das pesquisadoras da PSI que se passaram por pacientes, e mais de 75% das médicas discutiram como usar o método anticoncepcional escolhido.

Em 2008, a Green Star Social Marketing Program (o nome atual da ONG) fornecia 27% de todos os anticoncepcionais modernos em uso no Paquistão, o que a transformou na maior fonte privada. E a política do governo requer que a Green Star Social Marketing e a rede Green Star continuem a crescer.[8]

PSI Romênia: informando as operárias romenas

A iniciativa "Among Us Women"(AUW) está ajudando o governo romeno a educar as mulheres em idade reprodutiva ao fornecer informações sobre planejamento familiar voluntário e saúde reprodutiva. O programa tem como alvo as operárias em um esforço para influenciá-las a tomar decisões bem-informadas sobre suas escolhas para anticoncepção. (Como será indicado adiante neste capítulo, os comportamentos desejados, como o exemplificado aqui, podem ser comportamentos ligados à prevenção e voltados para os que se encontram na pobreza ou comportamentos de saída da pobreza.)

Desde sua criação em 2002, a campanha utiliza uma pesquisa realizada em 1999 que identificou que uma das maiores barreiras à aceitação e ao uso regular de anticoncepcionais modernos era a informação incorreta. Um dos mitos mais comuns, por exemplo, era de que a pílula anticoncepcional seria responsável pelo surgimento de pelos no rosto e de câncer. Para lidar com essas percepções erradas e desmistificar as questões de saúde reprodutiva, foi lançada a campanha AUW, patrocinada pela USAID (U.S. Agency for International Development) por meio da John Snow Inc. (JSI) em 2006. A campanha promove reuniões mediadas por uma agente de saúde, em locais com alta concentração de operárias, incluindo fábricas têxteis e de sapatos, padarias, escolas técnicas e outras fábricas localizadas em áreas urbanas por toda a Romênia. No final das sessões, as conselheiras em saúde reprodutiva fazem indicações a médicos e a clínicas. As participantes recebem o "Guia da saúde da mulher", com informações detalhadas sobre métodos anticoncepcionais e outras questões de saúde reprodutiva, e que oferece preservativos e prêmios para que respondam a questões (ver Figura 6.2).

Os facilitadores da AUW fazem em média 20 *workshops* por mês, com presença média de 17 mulheres em cada um deles. Esse se mostrou um meio eficiente em termos de custos para contatar mulheres em idade reprodutiva, pois, com a AUW, os custos do programa são de US$3,90 por mulher atendida. A metodologia de contatar grupos de mulheres no local de trabalho permitiu que a PSI alcançassem mais de 180 mil mulheres em 80 fábricas com sessões interativas. As pesquisas têm demonstrado que essas sessões aumentam o conhecimento sobre as escolhas em termos de saúde reprodutiva e uso de anticoncepcionais modernos.

Para medir o impacto atual no uso de anticoncepcional, em 2004 a JSI e a PSI realizaram uma pesquisa quantitativa em Bucareste para determinar se o programa AUW era eficaz no aumento do conhecimento de anticoncepcionais modernos das operárias e na mudança de seus comportamentos relativos a planejamento familiar. O estudo ouviu 226 mulheres de duas fábricas que preencheram um questionário antes da sessão e um novo questionário quatro meses depois. Um grupo de controle de 258 mulheres de uma terceira fábrica preencheu um questionário idêntico que foi usado para comparação com o grupo de intervenção. JSI concluiu que "os resultados desse estudo su-

FIGURA 6.2 Operárias ouvem uma agente de saúde da PSI/Romênia em uma sessão "Among Us Women".

Capítulo 6 ❖ Como Decidir sobre as Mudanças Comportamentais Desejadas **147**

gerem que as sessões da AUW nas fábricas têm obtido sucesso em mudar o conhecimento das mulheres e seu comportamento em relação aos métodos anticoncepcionais modernos, com o uso relatado de anticoncepcionais entre as mulheres que participaram das sessões passando de 60% a 70%".[9]

QUAIS SÃO OS COMPORTAMENTOS DESEJADOS?

Os comportamentos desejados são aqueles que queremos convencer o público-alvo a *aceitar, rejeitar, modificar* ou *abandonar* (ver Tabela 6.1). Os comportamentos a aceitar são aqueles que o público-alvo atualmente não está seguindo, mas que você deseja que ele comece a seguir. Os comportamentos a rejeitar são aqueles que o público-alvo não está manifestando atualmente, e que você quer que continue assim. Uma modificação em um comportamento é aplicável quando seu público-alvo está envolvido no comportamento desejado, mas não no nível ideal. Abandonar refere-se aos comportamentos (indesejáveis) atuais que você deseja que seu público-alvo pare de apresentar.

Na Tabela 6.1, observe como os comportamentos parecem ser singulares, específicos e mensuráveis. Além disso, o comportamento, ao ser apresentado, tem o potencial de contribuir para a questão relativa à pobreza. Você provavelmente pode imaginar muitos outros comportamentos que também contribuiriam para a questão ligada à pobreza. Os motivos para chamar a atenção a essas três características do comportamento são fortes:

- *Singularidade.* Mesmo que existam diversos comportamentos que você queira obter de seu público-alvo, você terá mais sucesso quando focar em um deles ou, pelo menos, apresentar um por vez. Talvez seja o máximo

TABELA 6.1 Tipos de comportamentos desejados

Tipo de comportamento	Questão de pobreza	Comportamento desejado
Aceitar	Sem-teto	Frequentar *workshops* semanais de treinamento para o trabalho.
Rejeitar	Saúde	Não começar a fumar.
Modificar	HIV/AIDS	Usar preservativos com a namorada e não apenas com as prostitutas.
Abandonar	Analfabetismo	Eliminar as desigualdades de sexo, permitindo que as meninas frequentem a escola.

148 PARTE II ❖ Aplicação da Perspectiva e das Soluções de Marketing

que seu público-alvo pode ou deseja absorver, como no exemplo dos sem-
-teto na Tabela 6.1, em que você deseja que o público-alvo participe de
workshops de treinamento para o trabalho. Depois do treinamento, você
pode ir em frente e influenciá-los a se candidatar a empregos.

- *Específico.* O comportamento deve ser específico, como no exemplo na
  Tabela 6.1, em que o comportamento desejado é "usar preservativos com
  a namorada e não apenas com as prostitutas". Poderia ser apenas "usar
  preservativos", mas, neste caso, os planejadores da campanha sabem que o
  público-alvo está usando preservativo com as prostitutas, com regularidade, e não com a namorada fixa.
- *Mensurável.* O comportamento deve ser tal que o público-alvo saiba que
  nele incorreu e que passa ser mensurável por você. Os públicos-alvo e os
  avaliadores, por exemplo, podem medir e relatar o número de pessoas, em
  uma dada região ou país, que não estão fumando e então comparar isso com
  os números dos anos anteriores. No entanto, eles não podem medir, monitorar e relatar o número de pessoas que estão "protegendo o coração".

Os comportamentos desejados, às vezes denominados como "chamados à
ação", variam conforme o público-alvo (ver Tabela 6.2). Eles podem ser bem

TABELA 6.2 Comportamentos desejados variam conforme o público-alvo

Público alvo	Comportamento desejado potencial
Pais de meninas pré-adolescentes	Conversar com a filha sobre adiar o começo da vida sexual.
Jovens solteiras	Usar preservativo em todas as relações sexuais.
Mulheres casadas no Paquistão	Consultar-se em uma clínica de saúde com o logo Green Star.
Mulheres casadas nos Estados Unidos	Conversar com o médico sobre o uso de anticon-cepcionais.
Parceiros do setor privado	Imprimir mensagens de planejamento familiar no rótulo de seus produtos.
Patrocinadores	Fornecer verbas para produtos de planejamento familiar em países em desenvolvimento.
Agentes de saúde	Perguntar sobre os mitos a respeito da anticoncep-ção e esclarecê-los.
Médicos	Informar as opções disponíveis para anticoncepção.
Farmacêuticos	Explicar as vantagens e desvantagens das opções de anticoncepção.
Responsáveis pelas políticas públicas	Alocar verbas para serviços de planejamento fami-liar para famílias de baixa renda.

Capítulo 6 ❖ Como Decidir sobre as Mudanças Comportamentais Desejadas **149**

exemplificados com o foco em planejamento familiar de nosso capítulo, identificando o (próximo) passo que se deseja que um público dê. Deve ser observado que esses comportamentos desejados não são slogans de campanha nem redação final para as mensagens. Eles são simplesmente os comportamentos desejados que suas estratégias pretendem influenciar.

E, pensando novamente sobre nossa intenção de afastar as pessoas da pobreza, os comportamentos desejados também variam conforme o estágio da pobreza:

- *Comportamentos de permanência na pobreza.* Esses comportamentos são os que mais provavelmente contribuíram para a situação de pobreza e, se não forem abandonados, vão "manter as pessoas ali". Os comportamentos que merecem um trabalho de erradicação são aqueles relativos à violência doméstica, uso de álcool e de outras drogas, mau uso do crédito, gravidez indesejada e práticas de cultivo não produtivas.
- *Comportamentos de saída da pobreza.* Esses comportamentos geralmente são novos para o público-alvo e você deseja que ele os adote. Para fazendeiros na África, os comportamentos desejados podem ser o uso de novos fertilizantes e sistemas de irrigação para melhorar a produtividade da colheita. Para os pescadores pobres nas Filipinas, mencionados no Capítulo 5, "Avaliação e escolha das prioridades do mercado-alvo", pode ser candidatar-se aos empregos criados recentemente pelo governo para começar a restaurar os *habitats* que foram degradados por assoreamento e poluição. Para os que moram nos Estados Unidos, mas não falam inglês, o comportamento provavelmente estaria ligado a frequentar aulas do idioma.
- *Comportamentos de prevenção da pobreza.* Os comportamentos ligados à modificação e à manutenção são os mais relevantes aqui, incentivando os que tiveram o diagnóstico de tuberculose a completar o regime de medicação, os jovens no ensino médio a concluírem os estudos, os envolvidos em comportamentos sexuais de risco a fazer um exame de HIV/AIDS a cada três ou seis meses, as famílias jovens a gastarem de acordo com o que ganham e os obesos a aumentar sua atividade física e diminuir o consumo de alimentos calóricos e com alta taxa de gordura.

TEORIAS DE MUDANÇA DE COMPORTAMENTO

Ao selecionar os comportamentos para o foco do esforço de uma campanha ou programa, vários modelos e teorias podem ajudar na tomada de decisão,

150 PARTE II ❖ Aplicação da Perspectiva e das Soluções de Marketing

permitindo avaliar o comportamento e o que será necessário para alcançar a adoção. Os modelos e teorias descritos neste capítulo incluem os seguintes:

- Modelo de estágios de mudança ou transteórico
- Teoria do comportamento planejado e ação racional
- Modelo de crenças em saúde
- Teoria das normas sociais
- Difusão de inovações
- Contexto ecológico

Na conclusão desta seção, reuniremos temas desta lista. Isso pode servir como um guia de referência ao escolher comportamentos com mais possibilidade de sucesso junto a seu público-alvo.

Modelo de estágios de mudança ou transteórico

O modelo de *estágios de mudança*, também chamado de *modelo transteórico*, apresentado em detalhes no Capítulo 5, foi desenvolvido originalmente por Prochaska e DiClemente no início dos anos 1980 e identifica seis estágios pelos quais as pessoas passam no processo de mudança de comportamento. Uma versão condensada do modelo, descrita anteriormente, inclui quatro desses estágios. Desta vez, usaremos uma ação de planejamento familiar em Honduras para ilustrar o modelo. O comportamento desejado é que os casais avessos aos anticoncepcionais tradicionais usem o Método Rítmico. O Método Rítmico foi desenvolvido por pesquisadores do Institute for Reprodutive Health da Escola de Medicina da Universidade de Georgetown. Ele ajuda os casais a reconhecer quando estão mais férteis, evitando o sexo sem proteção nesse período. Muitas mulheres que usam o Método Rítmico recorrem às chamadas CycleBeads para monitorar os dias do ciclo menstrual.[10] Os casais podem ser agrupados em um dentre quatro estágios:

- *Pré-contemplação* é o estágio em que as pessoas têm pouca ou nenhuma intenção de mudar seu comportamento ou nem acham que seu comportamento atual seja um problema. Com relação ao Método Rítmico, esses casais não estão nem um pouco preocupados com a possibilidade de ter outro filho. Na verdade, eles querem outro filho.
- *Contemplação* é o estágio em que as pessoas estão pensando em mudar, mas têm preocupações ou dúvidas e, portanto, ainda não agiram. Esses casais ouviram falar do método rítmico e gostaram da ideia, mas acham complicado e têm dúvidas se conseguirão segui-lo. Eles também se preocupam com a reação do líder de sua igreja.

Capítulo 6 ❖ Como Decidir sobre as Mudanças Comportamentais Desejadas **151**

- *Preparação/Em ação* é o estágio em que as pessoas decidiram que têm um problema ou veem um benefício potencial em uma mudança de comportamento e estão planejando agir. Elas podem até ter dado alguns passos iniciais na direção desejada. Com relação ao método rítmico, as mulheres marcaram consultas em uma clínica de saúde local para saber mais sobre esse método.
- *Manutenção* é o estágio em que as pessoas apresentam o comportamento desejado no nível desejado, e a única preocupação comum é evitar recaídas. Esses casais estão usando o método rítmico há vários meses e estão satisfeitos com os resultados. De vez em quando, eles dizem que é difícil se abster pelo tempo necessário.

Depois de estimar o tamanho desses grupos, os planejadores do programa podem realizar uma pesquisa com os que estão na fase de contemplação para saber mais sobre as percepções, barreiras e sobre o que os motivaria a dar o próximo passo.

Essa teoria é mais útil em campanhas em que haja uma parte expressiva do mercado ou contemplando o comportamento desejado (ou, pelo menos, aberta a ele) ou já decidida a se envolver nesse comportamento e esteja se preparando para fazê-lo. Por outro lado, se a grande maioria dos que não manifestam o comportamento estiverem no estágio de pré-contemplação (não conhecem ou não se interessam pelo comportamento), esse modelo terá menor probabilidade de fornecer *insights* que inspirem estratégias.

Teoria do comportamento planejado e ação racional

A teoria do comportamento planejado, desenvolvida em 1980 por Ajzen e Fishbein, é uma extensão da Teoria da ação racional, desenvolvida em 1975. Ela sugere que o melhor previsor do comportamento de uma pessoa é sua *intenção* de realizar o comportamento. Essa intenção é determinada por três coisas: a atitude da pessoa em relação ao comportamento, normas subjetivas e controle comportamental percebido. Como mostra a Figura 6.3, essa atitude em relação ao comportamento é influenciada pelas crenças comportamentais, que se referem à atitude favorável (ou não) da pessoa para com o comportamento. O segundo previsor, as normas subjetivas, refere-se à pressão social percebida para manifestar o comportamento, determinada pela aprovação (ou desaprovação) de um dado comportamento pelas "pessoas importantes" para o público-alvo. E o terceiro antecedente da intenção, o grau de controle comportamental percebido, refere-se à facilidade (ou dificuldade) percebida para apresentar o comportamento.[11]

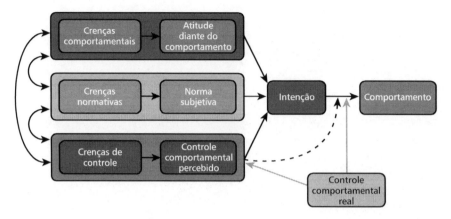

FIGURA 6.3 Teoria do comportamento planejado.
Fonte: Ajzen, I. http://people.umass.edu/aizen/

Dito de modo simples, um público-alvo tem maior probabilidade de adotar um comportamento quando tem uma atitude positiva em relação a ele, percebe que "pessoas importantes" o aprovariam e acredita que terá sucesso em sua realização.

Exemplo ilustrativo: Lançado na Índia em 1995, o projeto Small Family by Choice foi elaborado pela Family Planning Association of India (FPAI) e financiado pela International Planned Parenthood Foundation. O projeto cobria três distritos em Madhya e um em Raisen, com uma população de quase 4 milhões de pessoas em 3.900 aldeias. O foco do projeto era influenciar a aceitação do planejamento familiar, e, em especial, aumentar o uso dos anticoncepcionais. Conforme a teoria do comportamento planejado, o projeto claramente visou às crenças em relação ao planejamento familiar, criou novas normas quanto ao local do nascimento dos bebês e aumentou o controle percebido, melhorando o acesso aos serviços de saúde e a sua qualidade. O projeto foi lançado em uma reunião de 500 mulheres em Bhopal, na qual elas foram incentivadas a adiar o casamento até os 18 anos e a pensar em planejar o nascimento de seus bebês em um hospital ou centro de saúde em vez de dar à luz em casa. (Na época, 80% dos partos na região ocorriam em casa.) Elas também foram incentivadas a exigir do governo um melhor atendimento de saúde. Uma avaliação feita em 2004 mostrou que as taxas de uso de anticon-

Capítulo 6 ❖ Como Decidir sobre as Mudanças Comportamentais Desejadas **153**

cepcionais aumentaram de 36% no início do projeto para 61% dez anos depois. Isso teve um enorme efeito catalisador e influenciou o governo estadual a criar salas de parto comunitárias.[12]

Essa teoria será mais útil para guiar sua escolha de comportamentos quando, como esse exemplo demonstra, os seguintes pontos forem verdadeiros:

- Você tem pesquisas ou *insights* sobre seu público-alvo que indicam que ele tem atitude ou sentimentos positivos diante do comportamento desejado.
- Eles acreditam ter os recursos e as habilidades para realizar o comportamento.
- As pessoas importantes na vida deles também se mostram positivas diante do comportamento.

Você vai criar estratégias que aproveitam esses fatores influentes. Por outro lado, um comportamento pelo qual seu público-alvo não se interessa ou acha que não têm os recursos e as habilidades para realizar terá poucas chances de sucesso. Isso é especialmente verdadeiro quando as redes sociais também tiverem uma atitude negativa.

Modelo de crenças em saúde

O modelo de crenças em saúde, descrito na Tabela 6.3, é um modelo de ênfase psicológica que tenta explicar e prever os comportamentos de saúde. Desenvolvido por psicólogos sociais do U.S. Public Health Service nos anos 1950, o modelo postula que várias condições afetarão a probabilidade de que um público-alvo adote um comportamento. A partir de então, o modelo de crenças em saúde evoluiu, com variáveis importantes sendo identificadas por Rosenstock, Strecher e Becker no início dos anos 1990. Alguns citam duas limitações do modelo. Em primeiro lugar, ele se relaciona principalmente aos fatores cognitivos que predispõem uma pessoa a um comportamento saudável e não leva em consideração outras barreiras ambientais ou econômicas que podem influenciar a adoção do comportamento. Em segundo lugar, ele não incorpora especificamente a influência das normais sociais e dos pares sobre as decisões das pessoas em relação a seus comportamentos de saúde.[13]

Como mostra a Tabela 6.3, essa teoria "exige" o desenvolvimento de uma descrição detalhada do que seu público-alvo está provavelmente pensando e sentindo sobre o comportamento que você tem em mente. Ao investigar a sua posição em cada um desses fatores, você pode saber o que o espera e também do que precisa para conseguir influenciá-los. Por outro lado, como já mencio-

154 Parte II ❖ Aplicação da Perspectiva e das Soluções de Marketing

TABELA 6.3 Modelo de crenças em saúde

Conceito	Definição	Aplicação no planejamento familiar
Suscetibilidade percebida	Quais são as chances de que eu esteja em risco?	Quais são as chances de eu engravidar?
Gravidade percebida	Mesmo que eu esteja em risco, quanto estou preocupada com o problema de saúde potencial?	Quanto estou preocupada com a possibilidade de ter um (outro) bebê?
Benefícios percebidos	Qual a eficácia que acredito que o comportamento desejado teria na redução da ameaça da doença?	Os anticoncepcionais funcionam?
Barreiras percebidas	Eu acredito que essa ação pode ter consequências negativas?	O anticoncepcional causa câncer? Meu marido vai ficar bravo?
Dicas para ação	Noto algum sintoma físico? Vejo algo em meu ambiente que me incentiva a agir?	Minha aldeia tem alguma clínica de saúde com o logo Green Star que indique que os serviços de planejamento familiar são oferecidos ali?
Autoeficácia	Qual minha confiança de que poderei me comportar do modo desejado?	Serei capaz de seguir as instruções com exatidão?

nado, ela não leva em conta fatores externos que também são cruciais para a adoção do comportamento – como recursos, acesso e a influência de pessoas importantes.

Teoria das normas sociais

A abordagem das normas sociais, sugerida primeiramente por H. Wesley Perkins e Alan Berkowitz em 1986, afirma que nosso comportamento é muito influenciado por percepções incorretas sobre como outros membros de nossos grupos sociais pensam e agem. Por exemplo, os calouros da universidade muitas vezes superestimam até que ponto os estudantes universitários a beber e fumar. A teoria das normas sociais prevê que essa estimativa exagerada do comportamento-problema aumenta a probabilidade de que esses estudantes se envolvam nesses comportamentos arriscados. Do mesmo modo, subestimar os comportamentos saudáveis desestimula as pessoas a se envolver com eles. Assim, um foco em corrigir as percepções equivocadas quanto às normas

Capítulo 6 ❖ Como Decidir sobre as Mudanças Comportamentais Desejadas **155**

sociais provavelmente resultará em uma diminuição do comportamento-problema ou no aumento dos comportamentos saudáveis. Segundo Berkowitz e Perkins, "essas influências de pares baseiam-se mais no que pensamos que os outros acreditam e fazem (a *norma percebida*) do que em suas crenças e atos reais (a *norma real*). Essa diferença entre o 'percebido' e o 'real' é chamada de *percepção equivocada* e seu efeito sobre o comportamento fornece a base para a abordagem das normas sociais. Nossa hipótese é que apresentar a informação correta sobre as normas do grupo de pares, de um modo crível, irá reduzir a pressão percebida e aumentar a probabilidade de que os indivíduos expressem as atitudes e crenças pré-existentes e que promovem a saúde".[14]

Exemplo ilustrativo: Em 2004, a Planned Parenthood of New York City lançou uma campanha comunitária visando a pais de adolescentes entre 11 e 17 anos, com a intenção de ajudar os jovens a evitar comportamentos sexuais de risco, inclusive sexo precoce. Os grupos focais com os pais na comunidade-alvo foram realizados para identificar práticas específicas dos pais a fim de ajudar a proteger seus filhos dos comportamentos sexuais de risco. Essas informações serviram para planejar uma pesquisa entre os pais, realizada com uma amostra aleatória, a fim de determinar as normas reais e percebidas para cada uma das práticas identificadas. Como mostra a Tabela 6.4, a pesquisa identificou falsas percepções amplas e generalizadas em relação às normas de criação de filhos. Por exemplo, os entrevistados achavam que apenas um terço dos pais havia falado com seus filhos sobre DSTs, quando na verdade a grande maioria (80%) disse já ter feito isso. Assim, isso forneceu informações para o desenvolvimento de campanhas de marketing de

TABELA 6.4 Pesquisa com pais para determinar as normas reais *versus* as normas percebidas

"Qual porcentagem de pais você acha que sempre..."	Percebida	Real
Conhece os melhores amigos de seus filhos adolescentes	20%	65%
Não permite que os filhos adolescentes participem de festas em casas em que não haverá algum dos pais presente	25%	78%
Conversa com os filhos sobre os perigos das doenças sexualmente transmissíveis	33%	80%
Conversa com os filhos sobre o que pode acontecer se ela engravidar/se ele engravidar uma garota	30%	70%
Elogia os filhos quando eles fazem boas escolhas	37%	87%
Diz aos filhos o quanto se importam com eles	37%	90%

156 PARTE II ❖ Aplicação da Perspectiva e das Soluções de Marketing

normas sociais promovendo práticas positivas de criação de filhos. No cerne da campanha estavam as mensagens que pretendiam mostrar aos pais que não se envolviam nessas conversas com seus filhos que essas práticas eram "certas". Na verdade, elas são "a norma".[15]

Claramente essa teoria é mais aplicável quando seu mercado-alvo é uma "minoria" – quando a maioria dos outros nessa população de foco está envolvida no comportamento desejado. Então, isso leva naturalmente a uma estratégia que corrige as percepções equivocadas da norma e utiliza sua popularidade. Por outro lado, quando um comportamento que você está considerando ainda não for "popular", essa teoria não trará inspiração significativa para o desenvolvimento da estratégia de sua campanha.

Modelo de difusão de inovações

Em seu abrangente livro *Diffusion of Innovations, 5ª Edição* (2003), Everett Rogers define a difusão como o processo pelo qual (1) uma inovação (2) é comunicada por meio de determinados canais (3) no decorrer do tempo (4) entre os membros de um sistema social. A pesquisa de difusão de inovações sugere que diferentes tipos de pessoas aceitam uma inovação em diferentes momentos. Foram identificados cinco grupos:

- Os *inovadores* são motivados por uma necessidade de novidades e uma necessidade de serem diferentes.
- Os *adotantes iniciais* são atraídos pelo valor intrínseco do produto.
- A *maioria inicial* percebe a difusão de um produto e decide seguir a moda, devido a sua necessidade de se integrar e imitar.
- A *maioria tardia* entra na corrente depois de perceber que a "maioria" está fazendo o mesmo.
- Os *retardatários* finalmente seguem os demais conforme o produto alcança popularidade e ampla aceitação.

Como ilustrado pela curva normal mostrada na Figura 6.4, a adoção começa com o (geralmente) pequeno grupo de inovadores, é seguida pelos adotantes iniciais e depois pelo grupo maior da maioria inicial, posteriormente pela maioria tardia e, finalmente, com o tempo, pelos retardatários. A curva de adoção torna-se uma curva em S quando a adoção cumulativa no decorrer do tempo é mapeada.[16]

Exemplo ilustrativo: Honduras, o segundo maior país na América Central, tem diminuído de modo constante e significativo sua taxa

Capítulo 6 ❖ Como Decidir sobre as Mudanças Comportamentais Desejadas   **157**

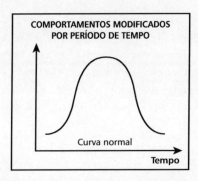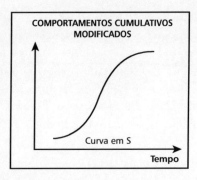

FIGURA 6.4   Curvas de adoção de difusão de inovações.
Reimpresso com a permissão de The Free Press, uma divisão de Simon & Schuster, Inc.
Copyright © Todos os direitos reservados

total de fertilidade em anos recentes, de uma média de 5,6 filhos por mulher em 1987 para 3,3 em 2005. Honduras também obteve ganhos impressionantes em sua taxa de prevalência de anticoncepcionais que aumentou de 41% em 1987 para 65% em 2005, criando uma curva em S, como mostra a Figura 6.5. Esses ganhos históricos resultaram de intervenções bem-sucedidas que incluíram maior acesso a DIUs, informações inovadoras, estratégias promocionais e educacionais, treinamento em critérios de elegibilidade de anticoncepcionais e aconselhamento adequado. Segundo a USAID, a vontade política contribuiu para essa adoção, reconhecendo o compromisso do governo de Honduras no cumprimento de uma série de tratados e convenções internacionais.[17]

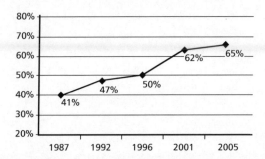

FIGURA 6.5   Taxa de prevalência de anticoncepcionais (todos os métodos).
Fonte: USAID Demographic and Health Surveys

158 Parte II ❖ Aplicação da Perspectiva e das Soluções de Marketing

Esse modelo, como o modelo de estágios de mudança, é útil quando uma parcela significativa da população-alvo encontra-se em grupos que podem ser influenciados – os adotantes iniciais e a maioria inicial, neste modelo. Por outro lado, se os segmentos maiores ou dominantes forem a maioria tardia e os retardatários, seu sucesso em obter a adoção desse comportamento será menor a curto prazo. Portanto, o uso desse modelo para guiar o desenvolvimento de estratégias será menos inspirador.

Modelo ecológico

Uma crítica de muitas teorias e modelos de mudança de comportamento é que eles enfatizam o processo de mudança de comportamento individual e dão pouca atenção às influências ambientais socioculturais e físicas sobre o comportamento – uma perspectiva ecológica. Essa abordagem coloca a importância e o papel de ambientes de sustentação no mesmo nível do desenvolvimento das habilidades pessoais.[18] Embora existam diversas versões de modelos ecológicos, quase todos têm pelo menos quatro níveis principais de influência comportamental em comum: *fatores individuais* (demográficos, de personalidade, genéticos, habilidades, crenças religiosas), *fatores de relacionamento* (amigos, parentes, colegas), *fatores comunitários* (escolas, locais de trabalho, organizações de serviços de saúde, mídia) e *fatores sociais* (normais culturais, leis, governo). Esses modelos argumentam que as intervenções mais poderosas são aquelas que influenciam simultaneamente esses níveis múltiplos, esperando levar a mudanças comportamentais mais amplas e duradouras. O ponto crucial é avaliar cada um desses níveis de influência e determinar o que é necessário para obter a maior influência sobre os comportamentos desejados.

> **Exemplo ilustrativo:** No artigo "Ending Africa's Poverty Trap", Jeffrey Sachs e seus coautores descrevem uma teoria sobre a armadilha da pobreza na África e apontam, em parte, condições estruturais e históricas que a provocaram (fatores comunitários e sociais do modelo ecológico). Essas condições incluem "custos de transporte muito elevados, mercado pequeno, baixa produtividade agrícola, alto nível de doenças, condições geopolíticas adversas e difusão lenta de tecnologia estrangeira". Depois, eles argumentam que seria necessário "um grande impulso nos investimentos públicos para produzir um aumento rápido na produtividade subjacente na África, tanto rural quanto urbana". Eles também afirmam que os países africanos bem-governados deveriam receber aumentos substanciais em auxílios que os capacitem

Capítulo 6 ❖ Como Decidir sobre as Mudanças Comportamentais Desejadas **159**

a atingir os Objetivos do Milênio para a redução da pobreza em 2015. O ensaio descreve depois uma estratégia de investimentos focada em *intervenções*, definidas de modo amplo como a provisão de bens, serviços, e infraestrutura, "que possam trazer enormes mudanças na produtividade a baixo custo". Nós acrescentaríamos que tais intervenções deveriam apoiar comportamentos individuais desejados de redução da pobreza (como acesso a serviços de planejamento familiar).[19]

A vantagem de usar esse modelo ecológico para orientação é que ele é tão abrangente que obriga a explorar estratégias diversificadas para influenciar o comportamento desejado. O ponto negativo potencial é que talvez seja preciso implementar essas estratégias múltiplas, que muitas vezes estão além do alcance normal do profissional de marketing social (como a necessidade de novas estradas para atingir aldeias remotas).

Temas de todos os modelos[20]

Para resumir as intervenções de mudança de comportamento, Fishbein combinou temas da maioria dos modelos apresentados neste capítulo, fornecendo uma referência rápida de opções para entender o público-alvo e, depois, selecionar os comportamentos mais adequados para o foco do programa. Falando de modo geral, parece que os comportamentos com maior chance de serem adotados são aqueles que cumprem os seguintes critérios:

- O público-alvo tem uma forte *intenção positiva* (ou compromisso) de manifestar o comportamento (como colocar um DIU).
- Existem *poucas ou inexistem restrições ambientais* que impossibilitem o comportamento (por exemplo, estão disponíveis serviços de planejamento familiar acessíveis).
- O público-alvo tem as *habilidades* necessárias para realizar o comportamento (como negociar com o marido o uso de anticoncepcionais).
- O público-alvo acredita que as *vantagens* (benefícios, resultados positivos previstos) de apresentar o comportamento *superam as desvantagens* (custos, resultados negativos previstos).
- O público-alvo acredita que existe mais *pressão social (normativa)* para manifestar o comportamento do que para não fazê-lo (como aumentar o intervalo entre os filhos).
- O público-alvo percebe que o comportamento é mais coerente do que incoerente com sua *autoimagem* ou que seu desempenho não viola padrões pessoais (como as crenças religiosas).

160 PARTE II ❖ Aplicação da Perspectiva e das Soluções de Marketing

- A *reação emocional* do público-alvo diante do comportamento é mais positiva do que negativa (como no uso de preservativo).
- A pessoa percebe que ela tem a *capacidade* de apresentar o comportamento em diversas circunstâncias (como no uso do Método Rítmico de anticoncepção ligado aos ciclos menstruais).

UM MODELO ANALÍTICO PARA ESCOLHER COMPORTAMENTOS

Conforme você desenvolve e considera os comportamentos potenciais a serem influenciados, os cinco critérios a seguir irão auxiliá-lo a escolher os que têm o maior potencial para mudança significativa, ou pelo menos a priorizar aqueles que estão em sua "short list":

- *Impacto.* Supondo que os públicos-alvo adotem o comportamento, qual impacto potencial isso teria sobre a questão da redução da pobreza em que seu plano se concentra (como a redução de gestações indesejadas)? Como ele se compara a outros comportamentos potenciais que estão sendo considerados para a alocação de recursos? Para determinar esse impacto, nós nos apoiamos muitas vezes no conhecimento de cientistas, sociólogos, epidemiologistas e outros especialistas técnicos em relação à eficácia que esse comportamento específico terá (como a abstinência como um meio de reduzir a gravidez na adolescência).
- *Demanda.* O quanto o público-alvo está pronto e disposto a manifestar esse comportamento? Existem barreiras internas ou externas, percebidas ou reais? Os públicos-alvo parecem ansiosos por agir? Eles têm as capacidades e os recursos necessários para manifestar o comportamento (como o dinheiro para comprar anticoncepcionais de emergência)?
- *Suprimento.* Este critério considera até que ponto outros programas ou organizações já estão trabalhando para influenciar o público-alvo a adotar esse comportamento. Se o mercado estiver "saturado" com outros que já estão fazendo "tudo o que pode ser feito" para influenciar esse comportamento, talvez seu apoio a outro comportamento seja mais benéfico para a questão da pobreza.
- *Apoio.* Que nível de apoio existe em seu público-chave para esse comportamento? Se não existir no momento, será difícil de obter? Isso inclui patrocinadores em potencial, responsáveis pela definição de políticas, administradores, meios de comunicação e outros que possam influenciar seu

Capítulo 6 ❖ Como Decidir sobre as Mudanças Comportamentais Desejadas **161**

sucesso. Esse critério é diferente da demanda, que é a previsão de quanto o seu público-alvo irá apoiar o comportamento.

- *Características organizacionais.* Você tem o conhecimento e os recursos para influenciar esse comportamento? Ele é compatível com a missão de sua organização e coerente com os valores e a marca da organização? Você já tentou algo similar no passado e, portanto, tem uma experiência em que se basear?

Como mostra a Tabela 6.5, cada comportamento potencial que está sendo considerado é avaliado quanto a cinco fatores e, depois, os pontos resultantes são comparados. Esse exemplo hipotético específico usa uma escala bastante subjetiva, com Alto, Médio e Baixo e uma pontuação correspondente de 3, 2 ou 1, respectivamente. Conforme indicado, as ações para influenciar os comporta-

TABELA 6.5 Avaliação hipotética de distritos escolares em relação aos comportamentos potenciais de prevenção à gravidez na adolescência para apoio às escolas de ensino médio

	Abstinência	Preservativos	Anticoncep-cionais	Anticoncep-cionais de emergência
Impacto (evitar gravidez)	Alto	Médio	Alto	Médio
Demanda (interesse dos adolescentes)	Baixa	Alta	Média	Baixa
Suprimento (Se outros programas ou organizações já estão apoiando o comportamento)	Médio	Baixo	Alto	Alto
Apoio (Dos pais, administradores escolares, autoridades eleitas, líderes comunitários)	Alto	Médio	Baixo	Baixo
Características organizacionais (Capacidade das escolas de ensino médio de disseminar ou fornecer)	Alta	Média	Baixa	Baixa
Pontuação geral	**12 pontos**	**10 pontos**	**10 pontos**	**8 pontos**

162 PARTE II ❖ Aplicação da Perspectiva e das Soluções de Marketing

mentos de abstinência parecem mais favoráveis para esse distrito escolar e o uso dos anticoncepcionais de emergência é a medida menos favorável.

Quando estão disponíveis dados mais quantificáveis, é possível usar uma escala mais objetiva como um índice ou uma escala mais diferenciada. Para acrescentar ainda mais rigor, pondere um ou mais dos critérios. Em relação ao programa de ensino médio para prevenir a gravidez na adolescência, por exemplo, seria mais realista avaliar a demanda do público-alvo potencial como duas vezes mais importante do que o apoio de outras pessoas. Na Tabela 6.5, isso aumentaria o apelo do comportamento do uso de preservativos e diminuiria significativamente a viabilidade da estratégia de abstinência.

Por fim, estamos mais interessados em escolher comportamentos que tenham um *efeito positivo* sobre a questão da pobreza, que nosso público-alvo esteja (*mais*) *pronto para adotar*, que não estejam *sendo promovidos atualmente* por outras organizações, que nosso público principal *apoie* e que sejam *apropriados* para nossa organização. Considere o efeito positivo que o "Rei do preservativo", da Tailândia, apresentado em detalhes no Capítulo 4, "Segmentação do mercado da pobreza", teve ao influenciar comportamentos específicos relativos ao planejamento familiar, como descrito no quadro a seguir.

A fundação Gates homenageia o "Rei do preservativo"

Em 29 de maio de 2007, a fundação Bill & Melinda Gates anunciou que a Population and Community Development Association (PDA) da Tailândia tinha recebido o Prêmio Gates para Saúde Global de 2007, em reconhecimento a seu trabalho pioneiro em planejamento familiar e prevenção de HIV/AIDS. Esse é o maior prêmio mundial para a saúde internacional. Ele visa a homenagear os esforços extraordinários para melhorar a saúde nos países em desenvolvimento. O prêmio homenageou Mechai Viravaidya, fundador e presidente da PDA, organização que ajudou milhões de tailandeses a serem mais saudáveis, demonstrando que a prevenção ao HIV e o planejamento familiar efetivos são possíveis mesmo nas comunidades mais pobres.

Em 1974, a família tailandesa média tinha sete filhos. Cada criança que nascia empobrecia a família. Viravaidya viu que os nascimentos em demasia mantinham a Tailândia presa à pobreza e a saída estava em convencer as mães a usar a pílula; para isso, ele desenvolveu soluções inovadoras de marketing social:

- Ele deu outro nome à pílula anticoncepcional e a divulgou como "a pílula do bem-estar familiar".

Capítulo 6 ❖ Como Decidir sobre as Mudanças Comportamentais Desejadas **163**

- A pílula tinha de ser prescrita por um médico, mas a Tailândia tinha poucos médicos por cem mil habitantes. Então, Viravaidya convenceu a comunidade médica de que as enfermeiras também deviam ter permissão para explicar e prescrever a pílula.

- Ele usou o princípio budista de que a vida é sofrimento e disse que a pílula evitaria muito sofrimento.

Toda sua estratégia voltava-se para popularizar o controle da natalidade. O sexo faz parte de toda a vida criativa e a sociedade tem de reconhecer isso. Então, Viravaidya reconheceu o preservativo como outra solução poderosa. Mas os preservativos não eram mencionados publicamente na Tailândia e ele decidiu trazê-los para a esfera pública e discuti-los por toda a parte. Ele se voltou para métodos de "entretenimento educacional". Para popularizar os preservativos, ele fez o seguinte:

- Criou concursos de "soprar balões" com preservativos, oferecendo prêmios para crianças e adultos, e se certificou de que a imprensa tirasse fotos que ele esperava fossem publicadas na primeira página.

- Ele distribuiu preservativos a lojistas, cabeleireiras, motoristas de táxi (muitos dos quais eram mulheres) e hotéis, e recrutou 320.000 professores rurais para falar sobre preservativos e sexo.

- Os preservativos eram distribuídos ou disponibilizados nos caixas de mercados, bancos e hotéis.

- Uma campanha apresentava o Capitão Camisinha (parecido com o Superhomen) e a Miss Camisinha.

- Um programa "Cops and Rubbers"* foi divulgado.

- Um anúncio mostrava a famosa Monalisa de Leonardo da Vinci com um preservativo no braço.

- Desfiles de moda foram realizados para apresentar preservativos de várias cores.

- Um anúncio especial com três preservativos em três cores foi feito para as Olimpíadas de 2008 na China.

- Viravaidya mostrou outros usos para os preservativos, como colocá-los sobre a boca de um revolver para impedir que a areia entrasse no cano. Cada novo evento trazia mais publicidade para os preservativos.

---

*N. de T.: Em português: "polícia e preservativos". No original, cria um trocadilho intraduzível com a brincadeira infantil "polícia e ladrão" ("Cops and Robbers" em inglês).

164 PARTE II ❖ Aplicação da Perspectiva e das Soluções de Marketing

- Ele pediu a monges que abençoassem os preservativos para que os tailandeses soubessem que não haveria efeitos ruins em seu uso.

Depois, Viravaidya e a PDA passaram a uma terceira solução além das pílulas e dos preservativos: vasectomias. Ele realizou eventos para tornar públicos os efeitos positivos de uma vasectomia: a cirurgia era indolor e impedia a gravidez.

- A PDA realizou um concurso de vasectomia em que o ganhador recebeu US$1 milhão de dólares.

- A PDA patrocinou um evento de vasectomia de 4 de Julho em um salão de um hotel de luxo. O homem podia escolher a música que ouviria durante o procedimento e, depois, podia escolher o prato que comeria.

- A PDA realizou um evento de vasectomia do Dia dos Pais.

- A PDA comprou um ônibus de turismo. Os que comprovassem ter feito uma vasectomia podiam andar gratuitamente no ônibus.

A PDA, então, implementou uma quarta solução: motivar as mulheres a não engravidar. Foram oferecidos microcréditos de não gravidez (para comprar porcos, frangos e assim por diante), sendo que o número de microcréditos aumentava a cada ano que a mulher continuasse sem engravidar. O efeito de todas essas ações – a pílula, os preservativos, as vasectomias e os microcréditos de não gravidez – foi que o número médio de filhos por família na Tailândia passou de sete em 1974 para 3,3 em 2005. O crescimento populacional na Tailândia passou de 3,2% ao ano na década de 1970 para 1,2% em meados dos anos 1990 (atualmente é de 0,7%).

Resumo

Os comportamentos desejados, às vezes denominados como "chamados à ação", são aqueles que queremos convencer um público-alvo a *aceitar, rejeitar, modificar* ou *abandonar*. Os mais efetivos são aqueles que têm natureza singular e específica, o que os torna de mais fácil manifestação pelo público-alvo e de mais fácil mensuração pelo profissional de marketing.

Vários modelos e teorias podem auxiliar a tomada de decisão ao selecionar os comportamentos para o foco de uma campanha ou programa. Eles o ajudam a avaliar a receptividade do mercado ao comportamento desejado e ao que será necessário para alcançar sua adoção. Estes modelos e teorias foram descritos neste capítulo:

Capítulo 6 ❖ Como Decidir sobre as Mudanças Comportamentais Desejadas **165**

- Modelo de estágios de mudança ou transteórico
- Teoria do comportamento planejado e ação racional
- Modelo de crenças em saúde
- Teoria das normas sociais
- Difusão de inovações
- Contexto ecológico

Os comportamentos que têm a melhor chance de adoção são aqueles que o público-alvo tem uma forte *intenção positiva* de manifestar e que têm *poucas ou nenhuma restrição ambiental.* O público-alvo tem as *habilidades* necessárias para manifestar o comportamento, acredita que as vantagens superam as desvantagens e que existe mais *pressão social (normativa)* para desempenhar o comportamento do que para não manifestá-lo. Eles percebem que o comportamento é mais coerente do que incoerente com sua *autoimagem* e a *reação emocional* diante do comportamento é mais positiva do que negativa. A pessoa também percebe que tem a *capacidade* de apresentar o comportamento em diversas circunstâncias.

Por fim, estamos mais interessados em selecionar comportamentos que tenham um *efeito positivo* sobre a questão da pobreza – aqueles que o público--alvo está *(mais) pronto para adotar* e que *não está sendo atualmente promovido* por outras organizações. Além disso, o público-chave também *apoia* os comportamentos e eles são *apropriados* à organização.

Notas

[1] Nelson Mandela, falando para uma multidão em Trafalgar Square, Londres, fevereiro de 2005, em apoio à campanha Make Poverty History.

[2] PSI. The Green Star Network, junho de 2000. Acessado em 4 de junho de 2008 em http://www.psi.org.

[3] United Nations Family Planning Association (UNFPA). Acessado em 4 de junho de 2008 em http://www.unfpa.org/rh/planning.htm.

[4] Rebecca H. Allen, MD, MPH, "The Role of Family Planning in Poverty Reduction", *Obstetrics & Gynecology*, Vol. 110, No. 5, novembro de 2007, p. 999.

[5] UN News Service. "World population to reach 9.1 billion in 2050, UN projects", 24 de fevereiro de 2005.

[6] PSI. "Family Planning". Acessado em 4 de junho de 2008 em http://www.psi.org/reproductive-health/.

[7] PSI. "The Green Star Network". junho de 2000. Acessado em 4 de junho de 2008 em http://www.psi.org.

[8] Green Star Social Marketing. Acessado em 5 de junho de 2008 em http://www.greenstar.org.pk/.

166 PARTE II ❖ Aplicação da Perspectiva e das Soluções de Marketing

[9] Amy Lunch, MS. relato de pesquisa JSI. "Effects of the 'Among Us Women' Education Program in Factories in Bucharest, Romania".

[10] Institute for Reproductive Health, Georgetown University. "Honduras: Introducing the Standard Days Method into a Multi-Sector Family Planning Program", maio de 2003.

[11] I. Ajzen. *Attitudes, Personality, and Behavior*, 2a. ed. (Maidenhead, UK: Open University Press, 2005).

[12] Information & Knowledge for Optimal Health (INFO) Project, Johns Hopkins University. "Voices from the Field: Nina Puri". Acessado em 9 de junho de 2008 em http://www.info-forhealth.org/practices/voices_from_field/ninapuri.shtml; Fulfilling People's Aspirations India. "Spot Light on Special Projects". Acessado em 9 de junho de 2008 em http://fpaindia.org/sections/projects.html.

[13] Family Health International. "Behavior Change—A Summary of Four Major Theories". Acessado em 9 de junho de 2008 em http://www.fhi.org/NR/rdonlyres/egdaxczahzns2e-xbwdfetxwj5b5bu3sj5sp5k6mkfhshai4mjmclf2lalzk2b6so7ixdrvnzlqnfqa/BCCSummaryFourMajorTheoriesenhv.pdf.

[14] Higher Education Center: The Social Norms Approach: Theory, Research and Annotated Bibliography. Acessado em 9 de junho de 2008 em http://www.higheredcenter.org/social-norms/theory/introduction.html.

[15] National Social Norms Institute at the University of Virginia. "A Community-Based Social Norms Campaign to Promote Positive Parenting Practices". Oradores: William Bacon, Ph.D., e Michele Bayley, Planned Parenthood of New York City. Acessado em 9 de junho de 2008 em http://www.socialnorms.org/Resources/NC2004.php.

[16] Reimpresso com a permissão de The Free Press, uma divisão de Simon & Schuster, Inc., de *Diffusion of Innovation, quinta edição* de Everett M. Rogers. Copyright © 1995, 2003 de Everett M. Rogers. Copyright © 1962, 1971, 1983 de The Free Press. Todos os direitos reservados.

[17] USAID/HONDURAS. State of the Practice Brief. "Moving Contraceptive Security Forward with Political Commitment and Financial Capital". outubro de 2006. Acessado em 9 de junho de 2008 em http://www.usaid.gov/.

[18] Behavior Change Theories and Models. Atualizado em 2007 por Jim Grizzell, MBA, MA, Certified Health Education Specialist. Acessado em 9 de junho de 2008 em http://www.csupomona.edu/~jvgrizzell/best_practices/bctheory.html#Ecological%20Approaches.

[19] Jeffrey Sachs, John W. McArthur, Guido Schmidt-Traub, Margaret Kruk, Chandrika Bahadur, Michael Faye e Gordon McDord, "Ending Africa's Poverty Trap". Sumário executivo de 10 de maio de 2004. Acessado em 10 de junho de 2008 em http://www.unmillenniumproject.org/documents/BPEAEndingAfricasPoverty-TrapFINAL.pdf. Artigo original publicado em Brookings Papers on Economic Activity, Volume 35, 2004, p. 117–240, Brookings Institution.

[20] P. Kotler e N. Lee. *Social Marketing: Influencing Behaviors for Good,* 3ª edição (Thousand Oaks, CA: Sage Publications, 2008), p. 170–171. M. Fishbein, resumindo Bandura (1986, 1989, 1999) em *Developing Effective Behavior Change Intervention* (p. 3). Como resumido por Communication Initiative, Summary of Change Theories and Models. Slide 5.

7

Compreender as Barreiras, os Benefícios e a Competição pela Mudança

"Acredito verdadeiramente que a compaixão é a base da sobrevivência humana."

—Sua Santidade, o 14° Dalai Lama

Retorne à sala com seu público-alvo, ainda que apenas em pensamento. Você acabou de dizer quais comportamentos gostaria que ele adotasse – como participar em *workshops* semanais de treinamento profissional, deixar que as meninas frequentem a escola, ir a uma clínica de planejamento familiar ou usar um mosquiteiro na cama à noite. A sala está em silêncio. Os rostos mostram expressões diferentes. Alguns parecem intrigados. Outros estão com a testa franzida. Poucos estão sorrindo. Como seria bom se eles lhe dissessem o que pensam. Quais são as perguntas dos que parecem intrigados? Quais são as preocupações dos que franziram a testa? O que pensam os que estão sorrindo?

As respostas deles seriam classificadas nas categorias a que os profissionais de marketing e os cientistas comportamentais se referem como *barreiras*, *benefícios* e *competidores* percebidos. As barreiras são os motivos pelos quais o público-alvo não quer, talvez não queira ou nem pensa que pode adotar o comportamento. Essas barreiras podem ser reais ou apenas percebidas. Os benefícios são o que eles veem que receberão ao adotar o comportamento ou o que você pode lhes prometer que aumentaria sua probabilidade de motivação. Os competidores são os comportamentos relacionados (ou as organizações que os promovem) em que seu público-alvo está envolvido atualmente, ou prefere fazer, em vez daqueles que você tem em mente.

Dedicar tempo e usar recursos para entender essas perspectivas do público é uma *abordagem compassiva de marketing*, que permite que você veja

168 PARTE II ❖ Aplicação da Perspectiva e das Soluções de Marketing

como é sua solicitação do "outro lado do balcão". Só então é possível conhecer quais barreiras devem ser removidas ou quais custos devem ser reduzidos, quais benefícios precisam ser destacados ou quais características adicionadas à oferta e saber com quem e com o que está competindo e o que deve ser feito para superá-los ou envolvê-los.

Nosso relato de caso inicial apresenta a questão da pobreza que está em destaque neste capítulo: a produtividade agrícola. Nas seções subsequentes, descreveremos em detalhes as técnicas para identificar as barreiras, os benefícios e os competidores de um público determinado.

Produtividade agrícola: O caso promissor em Malawi

"Uma crise de alimentos sufoca o planeta. Os preços do arroz, trigo e de outros gêneros essenciais disparou, provocando tumultos pela escassez em dezenas de países e levando os governos e responsáveis pela definição de políticas a repensar suas ideias sobre os mercados de *commodities*, biocombustíveis e produção agrícola no mundo em desenvolvimento... Nesse palheiro sombrio brilha a agulha de Malawi, onde um programa de subsídios de fertilizantes conduzido pelo governo produziu duas colheitas abundantes de milho, enchendo estômagos e armários nessa área antigamente empobrecida do sul da África."[1]

—David Lepeska, correspondente de Devex
15 de maio de 2008

Uma das principais características dos pobres é que eles têm forte presença no meio rural. Como a agricultura é o fornecedor predominante de emprego para os pobres rurais, a produtividade agrícola provavelmente terá um impacto significativo sobre a pobreza. Malawi tem uma das densidades populacionais mais altas na África, com 85% da população cultivando pequenos lotes de terra.[2] A degradação do solo é grande. Com o crescimento da população do país, os fazendeiros empobrecidos não podiam deixar sua terra sem cultivo para descansar, nem podiam arcar com os custos para fertilizá-la. Como resultado, seus lotes esgotados rendiam cada vez menos alimentos e os fazendeiros ficavam cada vez mais pobres. Depois de uma colheita desastrosa de milho em 2005, quase um terço (5 milhões) dos 13 milhões de habitantes de Malawi precisaram de ajuda alimentícia de emergência.[3] Quase todos concordavam que fazer com que os fazendeiros usassem fertilizantes

Capítulo 7 ❖ Compreender as Barreiras, os Benefícios e a Competição pela... **169**

e sementes de alto rendimento era essencial para aumentar a produtividade das fazendas, e houve pressões sobre o governo de Malawi para que oferecesse subsídios. Mas havia grandes barreiras para isso.

Os grandes doadores, como o Banco Mundial e outros de cuja ajuda Malawi dependia, tinham graves preocupações sobre os subsídios universais. Em vez disso, eles enfatizavam a importância de visar apenas àqueles que não pudessem pagar pelos fertilizantes e incentivavam o uso de critérios baseados em pesquisas para escolher os fertilizantes, dependendo das condições do solo e do regime de chuvas. Eles sentiam que eram necessárias estratégias que apoiassem e sustentassem investimentos privados mais amplos e que tais estratégias deviam prever opções de saída no futuro. E a USAID (United States Agency for International Development) queria se concentrar no setor privado para fornecer fertilizantes e sementes, considerando os subsídios como uma ameaça a essa ação.

Como a situação de suprimento de alimentos era grave, o governo de Malawi, apesar disso, reafirmou e aprofundou os subsídios em 2005. Os fertilizantes foram distribuídos por meio de um programa de distribuição com base em cupons para mais de 1,3 milhão de famílias de fazendeiros. Em 2006, aproximadamente 1,5 milhão de fazendeiros receberam cupons para fertilizantes e 2 milhões receberam cupons para sementes de milho gratuitas. Mais de 50% do orçamento do Ministério de Agricultura e Segurança de Alimentos foram alocados para pagar esses custos. E, depois, para lidar com as preocupações dos doadores, o governo do Malawi e o Banco Mundial patrocinaram um *workshop* sobre fertilizantes, reunindo todos os principais interessados para discutir as práticas recomendadas sobre fertilizantes e para abordar a desconfiança entre o governo e os fornecedores de fertilizantes do setor privado. Como resultado, o governo concordou em envolver o setor privado para desenvolver sua estratégia de subsídios para 2006-2007. Em última instância, 28% dos fertilizantes subsidiados foram vendidos por meio de revendas do setor privado. E para revitalizar a distribuição de fertilizantes em Malawi, a USAID começou a desenvolver uma rede de pequenos e médios revendedores de fertilizantes[4] (ver a Figura 7.1).

Em 2007, o governo aumentou o apoio público para o programa, dando às pessoas voz mais ativa na determinação de quem deveria receber os cupons de subsídio. Em Chembe, por exemplo, os moradores se reuniram uma manhã em 2007 para decidir quem precisava mais de cupons de fertilizantes no plantio da safra seguinte. Eles tinham o bastante para apenas 19 das 53 famílias da aldeia. Por fim, com a liderança do chefe da aldeia, eles chegaram a um acordo e deram prioridade às famílias que criavam crianças que ficaram órfãs devido à AIDS e às que cuidavam de idosos.[5]

Em 2006 e 2007, os fazendeiros produziram safras recordes.[6] A desnutrição infantil caiu impressionantes 80%, e o país exportou 280.000 toneladas

FIGURA 7.1 Em Mchinji, Malawi, fertilizantes agora estão acessíveis graças ao programa da USAID – sacos pequenos e preços melhores – e são vendidos localmente.

Fonte: Staff/International Center for Soil Fertility and Agricultural Development

de milho, vendendo mais milho para o Programa Alimentar Mundial das Nações Unidas do que qualquer outro país no sul da África.[7] A colheita também ajudou os pobres ao abaixar os preços dos alimentos e ao aumentar o salário dos trabalhadores agrícolas. E como David Lepeska relatou, os bons tempos devem continuar. "Apesar da crise econômica global, o Fundo Monetário Internacional está prevendo quase 8% de crescimento para Malawi em 2008, em comparação com 3,7% globalmente."[8]

Em vez de enviar alimentos para os diversos países que precisam de ajuda, o mesmo dinheiro poderia ser usado para fazer com que os pobres cultivem seus próprios alimentos. Malawi é um exemplo de um país que seguiu esse caminho e dobrou sua produção de alimentos em três anos.

BARREIRAS

Começamos por aprofundar nossa compreensão da perspectiva do público-alvo, explorando a natureza das barreiras, os modos de identificá-las e sua utilidade. As seções seguintes no capítulo irão explorar tópicos similares para os benefícios percebidos e a competição.

Tipos de barreiras

As barreiras podem estar ligadas a diversos fatores, inclusive *internos*, como conhecimento pessoal, crenças, habilidades e capacidades relacionadas ao comportamento. Pode haver também *fatores externos,* inclusive as restrições criadas pela infraestrutura, tecnologia e economia existentes e as influências naturais ou culturais. Elas podem ser reais ("Fertilizantes e sementes de alto rendimento irão me custar mais") ou percebidas ("Acho que as substâncias químicas dos fertilizantes podem ser perigosas"). Qualquer que seja o caso, elas sempre são vistas segundo a perspectiva do mercado-alvo e muitas vezes é preciso abordá-las.

A Tabela 7.1 apresenta algumas categorias comuns de barreiras, usando o foco na produtividade agrícola como exemplo. Tenha em mente que nem todos os membros do público-alvo terão todas, ou até mesmo a maioria, dessas barreiras. Além disso, nem todas as barreiras são "iguais"; algumas são muito mais importantes para seu público-alvo do que outras.

TABELA 7.1 Exemplos de barreiras potenciais para que pequenos fazendeiros da África usem fertilizantes químicos e sementes de alto rendimento

Tipo de barreira	Exemplo
Duvidar dos benefícios potenciais ou não valorizá-los	Eles não vão ajudar muito minhas colheitas.
Falta de compreensão ou desconhecimento do que se trata	Qual é a diferença entre esses fertilizantes e sementes e os que eu uso agora?
Autoeficácia – preocupação de não ser capaz de exibir o comportamento ou de não ter o *know-how*	Fertilizantes são complicados e têm de ser usados do jeito certo ou você queima a colheita.
Tempo, esforço e energia demais	Mudar para sementes diferentes significa que eu vou ter de fazer todo tipo de mudança, por exemplo, no modo em que as armazeno e semeio.
Desconforto físico	Esses fertilizantes fedem.

(Continua)

172 PARTE II ❖ Aplicação da Perspectiva e das Soluções de Marketing

TABELA 7.1 (Continuação)

Tipo de barreira	Exemplo
Preocupação com "efeitos colaterais" potenciais ou com consequências inesperadas	Os fertilizantes baseiam-se em substâncias químicas. Isso pode prejudicar meus animais de criação.
Menos prazer ou orgulho	Sinto-me melhor sabendo que melhorei minha colheita sem ajuda do governo ou de doadores.
Custa demais	Não tenho dinheiro extra para novas sementes ou fertilizantes.
Falta de acesso ou não está disponível para mim	Não posso obtê-los em nossa aldeia.
Não é uma norma ou os outros não fazem assim	Não é assim que cultivamos a terra em nossa aldeia.
Preocupação com o que os outros estão fazendo ou irão pensar	E se eu conseguir um cupom, mas meu vizinho não? Isso não seria justo.

Identificar e priorizar as barreiras

A identificação das barreiras do público deve começar pela exploração da pesquisa existente, realizando uma revisão da literatura e/ou examinando registros e dados internos. Sua busca também pode incluir novos esforços de pesquisa qualitativa e quantitativa, em especial quando as informações existentes não se aplicam aos comportamentos específicos que você tem em mente ou aos mercados a que você visa.

Dados ou pesquisa existentes

Essa é, obviamente, a opção menos dispendiosa e mais rápida para obter informações, se estiver disponível. Mecanismos de busca, como o Google, podem levar rapidamente a artigos de periódicos, histórias veiculadas na mídia, press releases, apresentações em conferências ou até mesmo a um vídeo do YouTube que seja pertinente. Por exemplo, uma busca simples por "barreiras para que fazendeiros usem fertilizantes na África" gerou 628.000 artigos potencialmente relevantes em uma fração de segundo. Perguntas a grupos de emails também podem ser produtivas. A Social Marketing Listserv, por exemplo, gerenciada pelo Social Marketing Institute, tem mais de 1.700 membros em mais de 39 países e é um fórum ativo para perguntas sobre os estudos existentes.[9] Por fim, os registros internos e os bancos de dados de uma organização podem fornecer comentários informativos, ou mesmo casos, que lhe darão uma visão das preocupações e/ou objeções do público-alvo aos comportamentos propostos.

Capítulo 7 ❖ Compreender as Barreiras, os Benefícios e a Competição pela... **173**

Pesquisa qualitativa

A pesquisa qualitativa geralmente se refere a estudos em que o tamanho da amostra é, em geral, pequeno e que não são projetáveis com segurança para uma população mais ampla. Como o foco da pesquisa das barreiras muitas vezes resume-se em identificá-las e entendê-las, essa pode ser uma técnica eficiente e eficaz. Os grupos de discussão, entrevistas pessoais, pesquisas de observação e estudos etnográficos são ferramentas comuns usadas para esses propósitos. As questões típicas feitas ao público-alvo incluem: "Quais são alguns dos motivos de você não ter feito isso no passado?", "O que poderia impedir que você fizesse isso no futuro?" e "Que outras preocupações você tem quando pensa em fazer isso?".[10]

Pesquisa quantitativa

Em algumas situações, é importante não só identificar as barreiras, mas também dimensioná-las e priorizá-las, a fim de obter um foco para o planejamento estratégico. Nesses casos, pode ser necessário realizar estudos quantitativos, com amostras maiores, procedimentos rigorosos de amostragem e ambientes controlados e organizados. Os instrumentos comuns incluem pesquisas por telefone, pesquisas online e questionários autoadministrados.[11] Muitas vezes uma lista de barreiras potenciais foi identificada usando-se a pesquisa qualitativa ou a já existente e, depois, uma pesquisa quantitativa pode relacionar (ou apresentar) cada barreira, permitindo que o respondente avalie cada uma em uma escala conforme sua importância.

Usando a percepção das barreiras

Essa lista de barreiras será uma inspiração para as estratégias que você vai incluir no plano de marketing. Como veremos no próximo capítulo, os profissionais de marketing têm quatro instrumentos tradicionais que podem ser usados para criar, comunicar e fornecer valor ao público-alvo – em retribuição ao comportamento desejado. Conceitualmente, o processo é simples. As barreiras são examinadas, uma a uma, e explora-se qual ou quais dos instrumentos de marketing (produto, preço, posição, promoção) pode potencialmente remover ou enfraquecer essa barreira.

Por exemplo, uma das barreiras apresentadas na Tabela 7.1 para que os fazendeiros usassem fertilizantes e sementes de alto rendimento era a preocupação com o acesso. Parecia essencial levar os fertilizantes e as sementes até o fazendeiro ou, ao menos, até a aldeia próxima (uma estratégia de "posição"). Os fazendeiros também viam o custo como uma barreira significativa, o que sugeria que os subsídios (uma estratégia de "preço") também seriam cruciais para a situação.

174 PARTE II ❖ Aplicação da Perspectiva e das Soluções de Marketing

BENEFÍCIOS

Os benefícios, ao contrário das barreiras, são os motivos pelos quais o público-alvo quer, ou pode querer, adotar o comportamento. Os benefícios respondem a pergunta: "O que eu ganho com isso?". Esse princípio de marketing enfatiza o fato de que os consumidores estão sempre avaliando os benefícios potenciais quando pensam em "comprar". E, como mencionado anteriormente ao descrever a Teoria das trocas, eles não comprarão a menos que vejam o valor como igual ou maior do que os custos que pagarão.

Tipos de benefícios

Os benefícios típicos que os profissionais de marketing usam são os seguintes:

- Saúde
- Segurança
- Conforto e prazer físicos
- Diversão
- *Status* econômico
- Emprego
- Relacionamentos

- Autoestima e reconhecimento
- Crescimento e desenvolvimento
- Autorrealização
- Proteção ambiental
- Contribuição para os outros e para a comunidade

Alguns são mais relevantes do que outros para os comportamentos relacionados com a pobreza (como os fatores econômicos e o emprego *versus* a diversão e a autorrealização). O importante é que o público-alvo (os compradores) pode ter um benefício muito diferente em mente e que os atraia mais do que aquilo que nós (os vendedores) fazemos. Bill Smith da Academy for Educational Development muitas vezes cita o exemplo dos benefícios buscados com a atividade física, exemplificando o fato de que os benefícios nem sempre são tão óbvios. "O mundo todo usa a saúde como um benefício. (Mas) a saúde, quando pensamos nela como saúde pública, não é tão importante para os consumidores – nem mesmo os consumidores de nível elevado – como eles afirmam ser. As pessoas se importam é com a boa aparência (barrigas e nádegas firmes). Saúde é, muitas vezes, um sinônimo para sexy, jovem e atraente. É por isso que a publicidade das academias de ginástica aumenta antes dos trajes de banho do verão. O nível de doenças não aumenta com o calor, mas a exposição pessoal sim."[12]

No exemplo dos subsídios para fertilizantes descrito no relato de caso no início do capítulo, os principais benefícios incluíam colheitas e renda maiores e, potencialmente, menos trabalho.

Para exemplificar ainda mais os tipos de benefícios, voltaremos a atenção para a Índia e para outra questão de produtividade agrícola – o suprimento de água para irrigar as colheitas. Uma estratégia adotada foi construir as chamadas barragens a fio d'água – pequenas barreiras construídas transversalmente à direção do fluxo da água em rios e riachos rasos para captar água (ver Figuras 7.2 e 7.3). Essas pequenas barragens retêm o excesso de água que flui durante as monções em uma pequena área de coleta atrás da estrutura da parede da represa. Depois, a água é utilizada para irrigação e para os animais de criação, durante a estação seca. São muitos os benefícios para os pobres rurais e os pequenos fazendeiros: *maior nível de emprego com mais dias de trabalho, aumento da renda por meio de salários diários maiores, segurança contra a fome, e menor necessidade de migrar para outra aldeia.*[13] (Mais adiante neste capítulo, veremos como esses benefícios se comparam em relação às estratégias alternativas, e consideraremos a competição para as barragens a fio d'água.)

FIGURA 7.2 Barragem a fio d'água: trabalho em andamento.
Fonte: Vishal Himalaya Foundation

FIGURA 7.3 Barragem a fio d'água: trabalho concluído.
Fonte: Vishal Himalaya Foundation

Identificar e priorizar os benefícios

As técnicas para identificar os benefícios são similares às usadas para descobrir as barreiras: revisar os dados e as pesquisas existentes, realizar pesquisas qualitativas e estudos quantitativos. Várias perguntas ajudam a revelar os verdadeiros benefícios para o público: quais são alguns dos motivos pelos quais você pensaria em fazer isso?; o que alguém poderia lhe dizer, lhe dar ou lhe mostrar que pudesse aumentar sua inclinação a fazer isso?.

Uma técnica que ajuda a priorizar os benefícios é uma análise comparativa dos que aderem ao comportamento e dos que não aderem. Essa abordagem pode ser usada tanto em estudos quantitativos quanto em qualitativos e envolve comparar os benefícios percebidos (e variáveis adicionais) pelos que manifestam o comportamento desejado com os percebidos pelos que não o manifestam. Por meio dessa comparação, é possível perceber quais fatores são importantes para garantir e promover o comportamento desejado. As questões típicas para essa pesquisa incluem: "Em sua opinião, quais são as vantagens de fazer isso?" e "O que facilitaria isso para você?". A Tabela 7.2 apresenta um exemplo hipotético dos resultados de uma pesquisa, usando o caso da barragem a fio d'água.

Capítulo 7 ❖ Compreender as Barreiras, os Benefícios e a Competição pela... **177**

TABELA 7.2 Análise comparativa hipotética entre os que aderem e os que não aderem ao projeto da barragem a fio d'água

	Respostas dos líderes de aldeias que aceitaram os projetos de barragem a fio d'água	Respostas de líderes de aldeias inseguros em relação aos projetos de barragem a fio d'água
	Quais são as principais vantagens de sua barragem a fio d'água, na sua opinião?	Quais seriam as principais vantagens de ter uma barragem a fio d'água, na sua opinião?
Menor necessidade de migração para outra aldeia	80%	30%
Mais alimentos para os aldeões	70%	30%
Os trabalhadores ganham mais por dia	40%	25%
Mais pessoas estão empregadas em maior número de dias durante todo o ano	30%	20%

Usando a percepção dos benefícios

Conhecer os benefícios percebidos pelo público, em especial sua priorização, proporciona uma direção estratégica para desenvolver o plano de marketing, especialmente para o componente da comunicação. Com base nas respostas do exemplo hipotético apresentado na Tabela 7.2, os que promovem as barragens a fio d'água desejarão enfatizar o potencial das barragens para diminuir a necessidade de migração para outras aldeias. Eles também irão comunicar que as aldeias onde as barragens foram instaladas passaram a ter mais suprimento de alimentos para os moradores. Afinal, é isso que os "clientes atuais" estão dizendo que vivenciaram e mais valorizam na oferta.

Por fim, ao explorar os benefícios que, se agregados, aumentarão o interesse na oferta você terá inspiração para elementos adicionais no *mix* de marketing, incluindo melhorias nos produtos (barragens a fio d'água com áreas de captação maiores), preço (mais voluntários ajudando a instalar as barragens) e posição (os materiais para a barragem serão entregues na aldeia).

CONCORRÊNCIA

Algumas pessoas surpreendem-se com o fato de os profissionais de marketing social dedicarem esforços para identificar, entender e desenvolver estratégias que posicionem os comportamentos desejados mais favoravelmente do que os concorrentes. "Qual concorrência?", eles perguntam. Outros reconhecem que, sem esse exercício, seria difícil persuadir os jovens a terminar os estudos, as prostitutas a usar preservativos com os clientes, os responsáveis pelas políticas a custaer as barragens a fio d'água, os pais a ler todos os dias para seus filhos, um ex-combatente sem-teto a participar de um treinamento em habilidades profissionais, mães a alimentar os bebês exclusivamente ao seio nos primeiros seis meses, moradores de aldeias a comprar e instalar novas latrinas, mulheres a adiar uma nova gravidez e trabalhadores em indústrias alimentícias a lavar as mãos cuidadosamente depois de ir ao banheiro. Sem esse exercício e sem o posicionamento competitivo bem-informado, um público-alvo tenderá a fazer "o que sempre foi feito" ou a começar a fazer algo que "todos estão fazendo", mas não a fazer o que você tem em mente.

Tipos de concorrentes

Existem três tipos principais de concorrentes em marketing social:

- Comportamentos que o público-alvo preferiria fazer ou começar a fazer em vez daquele que está sendo promovido
- Comportamentos que eles (e outros) têm feito "desde sempre" e que eles teriam de deixar de lado
- Organizações e pessoas influentes que estão enviando mensagens que promovem um comportamento alternativo ou que se opõem ao comportamento desejado

O trabalho é mais difícil quando as três situações de competição estão presentes – quando o público-alvo vê mais benefícios ou custos menores no comportamento concorrente, quando o comportamento alternativo tem sido feito "desde sempre" por eles e pelos outros, e quando as organizações e outras pessoas influentes apoiam esse comportamento alternativo.

A Tabela 7.3 exemplifica a natureza e a diversidade dos concorrentes. Uma ampla diversidade de comportamentos foi incluída, representando a gama de soluções potenciais para as principais questões ligadas à pobreza. Um rápido exame da coluna da direita proporciona um senso de como a competição pode ser difícil.

Capítulo 7 ❖ Compreender as Barreiras, os Benefícios e a Competição pela... **179**

TABELA 7.3 A concorrência para os comportamentos desejados

Comportamento desejado	Concorrência: comportamentos, organizações ou outras pessoas influentes
Terminar o ensino médio.	Jogo videogame à noite em vez de fazer a tarefa de casa.
Usar preservativo, mesmo com o namorado.	As outras namoradas do meu namorado não pedem que ele use preservativos.
Custear barragens a fio d'água.	Grandes represas e sistemas de canais são mais atualizados.
Ler para seu filho todos os dias.	Vemos TV juntos todas as noites.
Participar de treinamentos profissionais.	Eu prefiro dormir.
Apenas amamentar os bebês até os seis meses.	Esta aldeia tem um tabu que proíbe sexo enquanto a mãe está amamentando.
Comprar e instalar sanitários funcionais.	Já existem fossas sanitárias; elas são gratuitas e funcionam bem.
Adiar o nascimento de outro filho.	Ter outro filho logo é importante para ajudar na fazenda.
Lavar as mãos antes de voltar ao trabalho.	Limpar as mãos no avental tem funcionado bem há 30 anos.
Usar sementes de alto rendimento.	Já comprei sementes para a lavoura deste ano.

Identificar e priorizar os concorrentes

A pesquisa qualitativa muitas vezes é suficiente para, ao menos, identificar os concorrentes e os benefícios e custos percebidos. Você pode fazer algumas perguntas a seu público-alvo:

- O que você faz ou prefere fazer em vez do comportamento desejado?
- O que você gosta na ideia de fazer isto?
- Que preocupações você tem em relação a fazer isto?
- Quem mais o incentiva a fazer isso (comportamento alternativo)?

Tenha em mente que esse processo pode revelar vários concorrentes, não apenas um. Além disso, você não está procurando as barreiras à adoção do comportamento, embora possa haver superposição ou semelhanças entre as "listas" de concorrentes e de barreiras. A competição é distinta, pois representa comportamentos alternativos ou aqueles que os apoiam.

Usando a percepção da competição

O importante, do ponto de vista do marketing, é mudar a proporção entre benefícios e custos, no que diz respeito à concorrência. Por exemplo, para con-

180 Parte II ❖ Aplicação da Perspectiva e das Soluções de Marketing

vencer os fazendeiros a usar as novas sementes de alto rendimento em vez das tradicionais seria preciso incluir quatro opções táticas:

- *Aumentar os benefícios do comportamento desejado* (como dividir com um fazendeiro das cercanias o aumento no milho na última colheita por usar a nova semente)
- *Diminuir os custos do comportamento desejado* (como levar as novas sementes para a aldeia em vez de o fazendeiro ter de viajar para buscá-las)
- *Diminuir os benefícios dos comportamentos concorrentes* (como pedir aos líderes tribais da aldeia que expliquem por que a semente antiga não é mais a melhor para o fazendeiro)
- *Aumentar os custos do comportamento concorrente* (como só disponibilizar as sementes tradicionais em locais que obriguem o fazendeiro a viajar)

A Tabela 7.4 mostra uma estrutura para organizar e analisar o comportamento desejado (a coluna do meio) em relação ao comportamento concorrente (a última coluna). Como isso é útil? Como você usaria isso se tivesse de argumentar junto a possíveis patrocinadores para que alocassem recursos para barragens a fio d'água em vez de grandes represas, sistemas de canais e outras tecnologias modernas? Seu argumento pode ser reforçado ao recorrer a essa lista e enfatizar cada um dos benefícios da barragem a fio d'água e os custos correspondentes das grandes represas alternativas, os esforços de

TABELA 7.4 Benefícios potenciais e barreiras relativos a opções de irrigação na Índia rural

	Comportamento desejado: barragens a fio d'água	Comportamento concorrente: represas grandes, sistemas de canais e outras tecnologias modernas
Benefícios	Custos mais baixos Menos perturbação ao meio ambiente Menos perturbação social Menos manutenção	Mais verbas potenciais disponíveis Mais apoio das lideranças O modo "moderno"
Barreiras/Custos	São necessários mais locais Há menos verbas disponíveis	É necessário mais manutenção Atrasos nas construções Aumento dos casos de malária Deslocamento das populações locais Vida curta de muitos reservatórios

Capítulo 7 ❖ Compreender as Barreiras, os Benefícios e a Competição pela... **181**

pesquisa e a checagem de fatos seriam importantes para atestar as fontes e estabelecer a credibilidade.

No próximo capítulo, nos concentraremos em como essas informações moldam sua estratégia de marketing – seu produto, preço, posição e elementos promocionais.

Resumo

Esse capítulo enfatizou como uma compreensão mais profunda das barreiras, dos benefícios e da competição (relativa ao comportamento desejado) de seus públicos-alvo irão inspirar seu pensamento e planejamento estratégicos.

As *barreiras* são os motivos pelos quais o público-alvo não quer, talvez não queira ou acha que não pode adotar o comportamento. Elas podem ser reais ou percebidas, e se basear em fatores internos e/ou externos. Para identificá--las, comece explorando a pesquisa existente, revisando publicações e artigos de periódicos, e/ou examinando registros e dados internos. Você também pode realizar pesquisas qualitativas mais diretamente ligadas a seu público-alvo específico e pesquisas quantitativas quando for importante priorizar as barreiras a fim de obter foco para o planejamento estratégico.

Os *benefícios,* ao contrário das barreiras, são os motivos pelos quais o público-alvo quer, ou talvez queira, adotar o comportamento. Relacionados ao fator "O que eu ganho com isso?", os benefícios típicos incluem os ligados à saúde, segurança, conforto e prazer físicos, diversão, economia, emprego, relacionamentos, autoestima, crescimento e desenvolvimento, autorrealização, proteção ambiental e contribuição para os outros e para a comunidade. As técnicas para identificar os benefícios são similares às usadas para descobrir as barreiras.

Concorrência em marketing social inclui:

- Comportamentos que o público-alvo preferiria fazer em vez daquele que você tem em mente
- Comportamentos que eles (e outros) têm feito "desde sempre"
- Organizações e pessoas influentes que estão enviando mensagens que promovem um comportamento alternativo ou que se opõem ao comportamento desejado

Quatro opções para "vencer a concorrência" incluem:

- Aumentar os benefícios do comportamento desejado
- Diminuir os custos do comportamento desejado

PARTE II ❖ Aplicação da Perspectiva e das Soluções de Marketing

- Diminuir os benefícios dos comportamentos concorrentes
- Aumentar os custos dos comportamentos concorrentes

Terminamos o capítulo com um último exemplo do Camboja, que ilustra essas três distinções e demonstra sua aplicação na estratégia.

Farm Field Schools no Camboja: uma história de sucesso das Nações Unidas[14]

Histórico

No Camboja, a pobreza e a incerteza quanto à comida estão interligadas. Quase todos os cambojanos produzem para subsistência e dependem de sua própria capacidade para suprir as necessidades alimentares. Cerca de metade são mulheres. Segundo o Banco Mundial, em 2004, 91% dos pobres do país viviam nas áreas rurais, sendo a agricultura a ocupação principal para 72% dos chefes de família. O rendimento das colheitas no Camboja está entre os níveis mais baixos das regiões leste, sudeste e sul da Ásia, e o arroz domina a produção em todas as regiões.[15] A redução da pobreza no Camboja está ligada principalmente a ajudar a aumentar a produtividade agrícola e a renda familiar.

Barreiras à produtividade agrícola

Tanto fatores internos quanto externos têm desafiado os fazendeiros. Muitos deles não têm as habilidades, a escolaridade e a confiança em sua capacidade de lidar com a mudança. Também existem problemas de infraestrutura como instalações de irrigação deficientes e baixa fertilidade do solo. Existem também problemas ambientais naturais, inclusive inundações sazonais e problemas com controle de pragas. A tendência natural dos fazendeiros tem sido manter suas crenças arraigadas nas técnicas tradicionais.

Benefícios da produtividade agrícola

O desejo de aumentar a produtividade da lavoura e dos animais de criação é intenso. Isso é visto como um modo de aumentar o suprimento de alimentos, nível de renda e tempo para se dedicar à diversificação da terra.

Concorrência

Crenças e práticas antigas e tradicionais competem com as novas tecnologias, como a queima da palha em vez da prática recomendada de incorporá-la ao solo e o plantio de variedades de lavoura com períodos de maturidade longos em vez de curtos.

Capítulo 7 ❖ Compreender as Barreiras, os Benefícios e a Competição pela... 183

Estratégias

Em 2004, foi lançado o programa Farmer Field School, que usa uma abordagem com base na comunidade que começa com a identificação das necessidades dos fazendeiros pobres em uma região específica e, depois, desenvolve um currículo-alvo de aprendizagem. Os fazendeiros aprendem na prática, por meio de observações detalhadas no campo, analisando-as e apresentando seus resultados e conclusões a 25 ou 30 fazendeiros "colegas de classe". O assunto refere-se à agronomia, criação de animais, hidrocultura em pequena escala e irrigação. Por exemplo, Cheong Chuon, um fazendeiro que criava frangos e rãs, aprendeu que podia tratar melhor as galinhas e gastar menos ao oferecer minhocas e alimentar seus girinos usando um cupinzeiro. Ele também foi auxiliado a pedir um microempréstimo que usou para comprar mais galinhas e construir um galinheiro. Ele conseguiu pagar o empréstimo com o aumento da produtividade.

Resultados

Cerca de 5 mil fazendeiros de seis províncias se beneficiaram com as escolas de agricultura. Esse modelo padrão de escola, com sua ênfase em aprendizagem vivencial e centrada no aluno, inicialmente usado com os sistemas de arroz, está agora sendo adotado para melhorar outras lavouras de alimentos.

Notas

[1] David Lepeska, "The Promising Case of Malawi and the Future of Farm Output in Africa", 15 de maio de 2008. Acessado em 21 de julho de 2008 em *devex Do Good. Do It Well* em http://www.devex.com/articles/the-promising-case-of-malawi-and-the-future-of-farm-output-in-africa.

[2] USAID. "Making Fertilizer Accessible to Malawian Farmers". Acessado em 21 de julho de 2008 do site da USAID em http://www.usaid.gov/stories/malawi/fp_malawi_fertilizer.html.

[3] Celia W. Dugger, "Ending Famine, Simply by Ignoring the Experts", 2 de dezembro de 2007. Acessado em 21 de julho de 2008 do site do *New York Times* em http://www.nytimes.com/2007/12/02/world/africa/02malawi.html?_r=1&ex=1197349200&en=6536a7a7f09d8f44&ei=5070&emc=eta1&oref=slogin.

[4] The World Bank. "Malawi, fertilizer subsidies and the World Bank". Acessado em 21 de julho de 2008 em http://web.worldbank.org/WBSITE/EXTERNAL/COUNTRIES/AFRICAEXT/MALAWI.

[5] Dugger, op. cit.

[6] Dugger, op. cit.

[7] Lepeska, op. cit.

184 PARTE II ❖ Aplicação da Perspectiva e das Soluções de Marketing

[8] Lepeska, op. cit.

[9] Informações sobre a Social Marketing Listserv podem ser obtidas em http://www.social-marketing.org/.

[10] Philip Kotler e Nancy R. Lee, *Social Marketing: Influencing Behaviors for Good* (Thousand Oaks, CA: Sage, 2008), pp. 81–82.

[11] Ibid.

[12] Kotler, Lee, op. cit. pp. 162–163.

[13] "Check-Dams and Irrigation". Acessado em 23 de julho de 2008 de Development Alternatives: Sustainable Livelihoods em http://www.dainet.org/livelihoods/checkdams2.htm.

[14] Organização das Nações Unidas para Agricultura e Alimentação. "Special Programme for Food Security: Cambodia Success Story". Acessado em 28 de julho de 2008 em http://www.fao.org/spfs/about-spfs/success-spfs/cambodia/en/.

[15] Banco Mundial. "Cambodia: Halving Poverty by 2015?" Acessado em 28 de julho de 2008 em http://web.worldbank.org/WBSITE/EXTERNAL/COUNTRIES/EASTASIA-PACIFICEXT/CAMBODIAEXTN/0,,contentMDK:20815621~pagePK:141137~piPK:141127~theSitePK:293856,00.html.

8

Desenvolvimento do Posicionamento Desejado e do *Mix* de Marketing Estratégico

"Acredito que o gênio do marketing moderno não está nos 4Ps, nem na pesquisa de público, nem mesmo no intercâmbio, mas sim no paradigma de gestão que estuda, escolhe, equilibra e molda os 4Ps para atingir a mudança comportamental. Nós continuamos a limitar 'o mix de marketing' aos 4Ps. E eu argumentaria que é o 'mix' o que mais importa. Isso é exatamente o que todas as campanhas deixam de lado – elas nunca perguntam sobre os outros 3Ps e é por isso que tantas fracassam."

—Bill Smith
Vice-presidente executivo
Academy for Educational Development[1]

Neste ponto do processo de planejamento, você já respondeu perguntas importantes. Quais são os segmentos de mercado prioritários para essa ação? Quais comportamentos você deseja influenciar? Como seu mercado-alvo sente-se em relação ao que você tem em mente?

É hora de abrir sua caixa de ferramentas de marketing. Você encontrará os quatro Ps tradicionais nela: produto, preço, distribuição e comunicação. Nossa experiência é que você precisará de todos eles para criar e fornecer o valor que seu mercado-alvo espera em troca de um novo comportamento. Nossa observação é similar à de Bill Smith. Isso não acontece com muita frequência, principalmente porque muitos, se não quase todos, profissionais pensam no marketing como comunicação, sem reconhecer que, em vez disso, ele é um processo que geralmente termina com uma comunicação.

186 PARTE II ❖ Aplicação da Perspectiva e das Soluções de Marketing

No entanto, mesmo antes de tomar decisões sobre seu *mix* de marketing, recomendamos que você realize mais um exercício: a determinação de um posicionamento desejado para sua oferta. Um posicionamento desejado é como você deseja que seu público-alvo veja sua oferta, especialmente em comparação com as ofertas dos concorrentes (comportamentos alternativos na maioria dos ambientes de marketing social). Como descrito neste capítulo, uma declaração simples de posicionamento torna-se um ponto de referência poderoso e esclarecedor quando você escolhe uma estratégia de *mix* de marketing. A função do produto, preço, distribuição e comunicação é auxiliar você a alcançar o posicionamento que deseja na mente dos clientes.

Nosso relato de caso inicial destaca essa prática de posicionamento, bem como a questão de pobreza que este capítulo abordará: a malária.

Prevenção sustentável da malária: História de sucesso da NetMark na África

Aproximadamente 40% da população do mundo vive em áreas de risco de malária, uma doença transmitida por mosquitos que tem impacto devastador sobre a saúde e a economia. Todos os anos, entre 350 e 500 milhões de pessoas ficam gravemente doentes com malária e mais de 1 milhão morrem, sendo que a maioria vive nos países mais pobres do mundo.[2] Na África, ela é a principal causa de morte de grávidas e de crianças com menos de 5 anos. Essa doença é responsável por 40% dos gastos com saúde pública na África, 30 a 40% das internações hospitalares e até 50% das consultas ambulatoriais nas áreas com índice elevado de transmissão de malária.[3] Economicamente, a malária é um fardo para a África, com uma perda estimada de US$12 bilhões a cada ano, diminuindo o crescimento econômico do continente em 1,3%. Como resultado, o PIB dos países africanos é 32% mais baixo do que seria na ausência da malária.[4]

A Organização Mundial de Saúde recomenda mosquiteiros tratados com inseticida como o melhor modo de as famílias se protegerem da malária. Comprovadamente, tais mosquiteiros reduzem o risco de infecção em até 45% e o risco de morte em 30%.[5] Em 2000, a United States Agency for International Development (USAID) iniciou um programa de cinco anos chamado "NetMark" para aumentar a demanda pelos mosquiteiros tratados com inseticida, seu uso adequado, disponibilidade e preço acessível. Em 2002, com o estímulo dos resultados positivos, as verbas do NetMark foram ampliadas.

Este relato de caso descreve a aplicação rigorosa dos princípios de marketing social realizada pelo programa, inclusive o uso dos 4Ps no *mix* de marketing.

Histórico, propósito e foco do programa

Administrado pela Academy for Educational Development (AED), uma organização sem fins lucrativos para o desenvolvimento humano e social, a NetMark estabeleceu parcerias públicas e privadas, incluindo algumas com fabricantes comerciais de mosquiteiros e de inseticidas e seus distribuidores africanos. Um foco especial foi dado ao trabalho com os que corriam mais riscos (mulheres grávidas e crianças; ver Figura 8.1) e à criação de um programa sustentável que pudesse permanecer muito depois de o patrocínio terminar. Com essa finalidade, a AED criou uma abordagem inovadora e baseada no mercado chamada Full Market Impact^{TM}. Sua base era a premissa de que, conforme a demanda cresce em um mercado competitivo, os consumidores são beneficiados com mais qualidade, preços mais baixos e maior disponibilidade.

FIGURA 8.1 Sessão educacional da NetMark para mulheres grávidas.

Pesquisa de consumidor

As estratégias foram inspiradas e dirigidas por:

- Extensa pesquisa de consumidor relativa ao conhecimento e às crenças sobre os mosquitos e a malária
- Crenças e atitudes sobre o uso de mosquiteiros tratados e não tratados
- Níveis de acesso e capacidade de compra de mosquiteiros, especialmente por parte dos grupos mais vulneráveis
- Preferências do consumidor em relação ao tamanho, ao formato e à cor do mosquiteiro

As barreiras ao uso incluíam o alto custo percebido dos mosquiteiros, a falta de variedade em tamanho e formato dos mosquiteiros, preocupação com segurança, medo dos efeitos negativos potenciais sobre a saúde provocados pelos mosquiteiros tratados e acesso limitado. Na Nigéria, por exemplo, a grande maioria (92%) dos respondentes disse que o local mais próximo em que podiam comprar um mosquiteiro era um mercado ao ar livre e que o tempo médio para chegar lá era de cerca de uma hora de ônibus.[6] Em termos dos benefícios percebidos dos mosquiteiros tratados com inseticidas, foi expresso um forte valor pelo potencial dos mosquiteiros para matar os mosquitos e não apenas afastá-los.

Posicionamento

Com base nessas barreiras e benefícios percebidos, poderia ser formulada a seguinte declaração de posicionamento para o programa: "Queremos que os mosquiteiros tratados com inseticida sejam vistos como o melhor modo de proteger a família contra a malária. Ao contrário dos mosquiteiros sem tratamento, eles realmente matam os mosquitos."

Produto

As estratégias de produto focaram-se em garantir um suprimento adequado de mosquiteiros tratados e um produto de qualidade. A disponibilidade do material foi aumentada ao coordenar os suprimentos comerciais e institucionais e ao fornecer suporte técnico e financeiro para expandir a capacidade de fabricação e a qualidade do produto. Um "selo de qualidade" (visto na Figura 8.2) foi criado para mostrar aos consumidores que os produtos que tinham o selo seguiam padrões internacionais, como o uso dos inseticidas recomendados pela OMS. Os parceiros aplicaram o selo ao design de suas embalagens, o que serviu para ligar sua marca à campanha de marketing genérica. E novas tecnologias foram introduzidas para desenvolver mosquiteiros com duração mais longa e que não exigissem novo tratamento para continuarem eficazes.

FIGURA 8.2 O selo de garantia de qualidade do programa.

Preço

A NetMark trabalhou para abaixar o preço dos mosquiteiros e torná-los disponíveis para os que não podiam pagar. Em vários países, a NetMark conseguiu reduzir os impostos e tarifas tendo em vista o bem público. Essa foi uma mensagem mais forte e convincente para os responsáveis pela formulação de políticas do que para as empresas. Ao envolver o setor comercial na promoção e venda de mosquiteiros aos que podiam pagar (ver Figura 8.3), os recursos limitados disponibilizados pelo setor público foram usados para oferecer mosquiteiros mais baratos ou gratuitos para aqueles que verdadeiramente não podiam pagar.

Distribuição

A princípio, a NetMark escolheu parceiros de distribuição que vendiam outras marcas de mercadorias internacionais bem-conhecidas. Mas a NetMark descobriu que os mosquiteiros não eram uma prioridade para essas grandes empresas, especialmente devido ao tamanho e ao volume das telas. Então, a NetMark expandiu a distribuição, incluindo pequenas empresas que se focavam apenas em mosquiteiros e por isso eram desenvolvedores de mercado mais leais e empenhados. Os doadores internacionais foram incentivados a incluir essas pequenas empresas em suas alocações de verbas. Canais de distribuição adicionais foram criados ao trabalhar com organizações de base para distribuição em nível comunitário (ver Figura 8.4) e ao criar canais móveis, como equipes de vendas que percorriam o país em motocicletas.

FIGURA 8.3 Placa comercial promovendo a venda dos mosquiteiros tratados com inseticida.

Comunicação

A campanha de comunicação da Netmark buscou criar demanda para os mosquiteiros, informando o público sobre os perigos da malária e os benefícios de dormir sob mosquiteiros tratados. Duas importantes agências de publicidade ajudaram a criar uma campanha publicitária e de comunicação com componentes regionais e específicos para o país. O slogan inicial foi "Os mosquitos MATAM. MATE os mosquitos". Em campanhas subsequentes, o selo foi ligado à mensagem "Mosquiteiros tratados com inseticidas são o novo modo de viver na África". A campanha incluiu meios de comunicação de massa (imprensa, rádio e televisão) e promoções especiais como murais, teatro ao ar livre e shows itinerantes (ver Figura 8.5).

Resultados

O projeto NetMark mostrou que as empresas africanas e internacionais estão dispostas a investir na produção, no marketing e na distribuição de mosqui-

Capítulo 8 ❖ Desenvolvimento do Posicionamento Desejado e do *Mix* ... **191**

FIGURA 8.4 Vendas rurais da NetMark em uma clínica de saúde.

FIGURA 8.5 A campanha NetMark vai para as ruas.

192 PARTE II ❖ Aplicação da Perspectiva e das Soluções de Marketing

---

teiros tratados quando o trabalho é feito em parceria com o setor público. Um relatório de 2005 citou as seguintes realizações entre 2000 e 2005:[7]

- Parceiros do setor privado investiram mais de US$18 milhões no desenvolvimento do mercado comercial para os mosquiteiros tratados na África.

- Os mosquiteiros tratados com inseticida estão protegendo quase 15 milhões de pessoas a mais contra a malária.

- Mais de 100 milhões de pessoas foram informadas sobre a malária, a importância dos mosquiteiros tratados com inseticida e de como usá-los de modo eficaz.

- Mais de 350.000 mulheres grávidas e crianças abaixo de 5 anos receberam cupons de descontos, dos quais 243.000 foram resgatados.

- Os mosquiteiros tratados agora custam de 30 a 75% menos do que os não tratados custavam em 2000 graças à concorrência estimulada pela NetMark.

- Antes da NetMark, poucos mosquiteiros eram tratados com inseticidas, o que duplica sua eficácia na prevenção da malária. Agora, 65% dos mosquiteiros em países em que a NetMark está presente são tratados com inseticida.

- O número de distribuidores aumentou de dois em 1999 para 29 em 2005.

POSICIONAMENTO

Posicionamento é o ato de projetar a oferta real e a percebida da organização de modo que ela se situe em um lugar distinto na mente do público-alvo – que é o lugar que você deseja que ela ocupe.[8]

Como você deve lembrar, os profissionais de marketing social esforçam-se para criar, comunicar e fornecer valor a um mercado-alvo em troca da manifestação de um comportamento desejado. Uma declaração de posicionamento descreve o que você deseja que seu mercado-alvo pense e sinta ao ouvir sua oferta. Ela destaca os pontos positivos da diferença em relação à concorrência (comportamentos alternativos) e é criada tendo em mente o perfil de seu mercado-alvo, incluindo características demográficas, geográficas, psicográficas e comportamentais únicas. Inspirada pelos resultados de sua pesquisa sobre as barreiras e os benefícios percebidos do comportamento, bem como da concorrência, ela é, como descrevem os executivos de publicidade Al Ries e Jack Trout, uma "batalha pela mente" de seu público. Vivemos em uma sociedade com excesso de comunicação em que "a mente média já é uma esponja que pinga e que só consegue absorver mais informações às custas do que já está lá".[9]

O posicionamento envolve implantar os benefícios únicos e a diferenciação da marca na mente dos clientes. "Assim, Tide está posicionado como um detergente potente e para todo o serviço; Ivory Snow está posicionado como um detergente suave para roupas infantis e roupas finas. No mercado automobilístico, o Toyota Tercel e o Subaru estão posicionados como econômicos, a Mercedes e o Cadillac como luxuosos e o Porsche e a BMW como de ótimo desempenho. O Volvo se posiciona enfaticamente como seguro. Os consumidores estão sobrecarregados com informações sobre produtos e serviços. Eles não podem reavaliar os produtos a cada vez que tomam uma decisão de compra. Para simplificar o processo de compra, os consumidores organizam os produtos em categorias – eles "posicionam" os produtos, serviços e empresas em sua mente."[10]

Um modo bastante direto de criar uma declaração de posicionamento é completar esta sentença ou outra semelhante:

> Queremos que (O MERCADO-ALVO) veja (O COMPORTAMEN-TO DESEJADO) como (DESCRIÇÃO) e como mais importante e benéfico do que (COMPORTAMENTOS CONCORRENTES).[11]

Tenha em mente que essa declaração é "apenas para uso interno". Ela não é uma mensagem para seu mercado-alvo, mas irá guiar a criação dessas mensagens. Ela deve ser compartilhada com outros que trabalham em parceria para desenvolver sua estratégia de *mix* de marketing, ajudando a unificar e a fortalecer a tomada de decisão. Pense em como a concordância com as declarações a seguir guiaria as equipes para trabalharem em direção a uma abordagem unificada. Observe como os diferentes mercados-alvo exigem declarações de posicionamento diferentes mesmo que para um programa como o da NetMark:

- "Queremos que as *mães* vejam os mosquiteiros tratados com inseticida como o melhor modo de proteger sua família da malária e uma melhor escolha do que os mosquiteiros sem tratamento, porque os mosquiteiros tratados matam os mosquitos."
- "Queremos que os *fabricantes comerciais* dos mosquiteiros tratados com inseticida vejam a África como uma grande oportunidade de mercado que pode abrir uma nova e ampla base de consumidores. Também queremos que acreditem que a NetMark irá trabalhar em conjunto com eles para criar tecnologia de ponta. A NetMark também ajudará a reduzir os im-

194 PARTE II ❖ Aplicação da Perspectiva e das Soluções de Marketing

postos e taxas a fim de que os preços possam ser dominuídos para atingir a grande base da pirâmide."

• "Queremos que as *pequenas empresas* nas comunidades locais considerem o foco nas vendas e na distribuição de mosquiteiros tratados com inseticida como um empreendimento lucrativo. Também queremos que elas percebam que não serão negativamente afetadas pelos mosquiteiros subsidiados que o governo fornecerá para os que não podem pagar."

• "Queremos que os *responsáveis pela formulação de políticas* vejam a diminuição de impostos e taxas para os parceiros comerciais de mosquiteiros tratados com inseticida como sendo interesse do bem público e que saibam que os fabricantes locais não podem suprir a necessidade e a demanda esperada por esses mosquiteiros. Também queremos que os responsáveis pela formulação de políticas criem subsídios para esses mosquiteiros para os necessitados que não podem pagar."

Como já mencionado, a inspiração para essa frase descritiva virá a partir da lista de barreiras e benefícios identificados em sua pesquisa. Idealmente, essa pesquisa incluiria uma priorização de barreiras e benefícios, proporcionando um senso claro de quais fatores seriam mais importantes a destacar. Tenha em mente que você está buscando o "valor mais alto" – os principais benefícios a serem ganhos ou custos que serão evitados ao adotar o comportamento desejado.[12]

O *MIX* DE MARKETING ESTRATÉGICO (OS QUATRO Ps)

Esta seção descreve mais detalhadamente os quatro elementos tradicionais do *mix* de marketing, esboçando as decisões associadas a cada elemento. Uma história bem-sucedida de combate à malária será usada nessa descrição. A sequência dos quatro Ps é importante: o produto é determinado em primeiro lugar e é seguido pelo preço, pois eles influenciam as decisões sobre distribuição. E até que todas essas três estratégias sejam conhecidas, você não saberá a oferta que sua comunicação irá promover.

O primeiro P: Produto

Um produto é algo que pode ser oferecido a um mercado para satisfazer um desejo ou necessidade. Não se trata, como pensam muitas pessoas, apenas de uma oferta tangível, como sabão, pneus ou hambúrgueres. Existem diversos tipos de produtos: um bem físico, um serviço, uma experiência, um evento, uma pessoa, um lugar, uma propriedade, uma organização, informação ou uma ideia.[13]

As ações de redução da pobreza incluem todo tipo de produtos, como ilustrado pelos exemplos a seguir:

- *Bem físico.* Mosquiteiros, preservativos, barragens a fio d'água, sementes de alta produtividade
- *Serviço.* Aconselhamento profissional, sessões de planejamento familiar, telefone de apoio para deixar de fumar
- *Experiência.* Ir à escola com o filho, visitar a ala de malária de um hospital
- *Evento.* Dia Mundial da Tuberculose, eventos de treinamento de evacuação
- *Pessoa.* Chefes da aldeia, um profissional de serviços de saúde para tuberculose
- *Lugar.* Lugares preferenciais para obter água potável
- *Propriedade.* Um quiosque para vender artesanato, um lugar em um depósito para armazenagem de grãos
- *Organização.* Clínicas de planejamento familiar, empresas que oferecem microempréstimos
- *Informação.* Como alimentar galinhas com minhocas e girinos com cupins
- *Ideia.* Lavar as mãos pelo tempo necessário para cantar "Parabéns a você" duas vezes

A teoria tradicional de marketing afirma que, da perspectiva do cliente, um produto é mais do que suas características, qualidade, nome e estilo. Ela identifica três níveis de produto que devem ser considerados durante o desenvolvimento do produto: *núcleo do produto, produto básico* e *produto ampliado* (ver a Figura 8.6).

O *núcleo do produto*, no centro da plataforma do produto, é o benefício que o mercado-alvo deseja e espera em troca da manifestação do comportamento. Ele responde estas perguntas: o que os clientes recebem ao manifestar o comportamento? Que benefícios eles irão receber? Que necessidades o comportamento desejado irá satisfazer? Que problemas, importantes para o público-alvo, o comportamento irá resolver? Tenha em mente que as perguntas devem ser feitas do ponto de vista do cliente e não do ponto de vista da organização que patrocina a ação. Theodore Levitt, eminente professor de marketing de Harvard, é famoso por ter dito a seus alunos: "As pessoas não

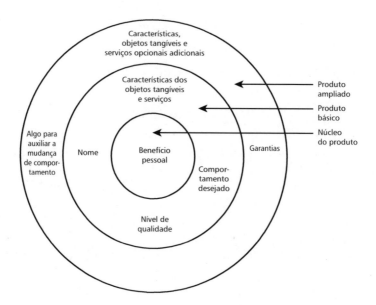

FIGURA 8.6 O círculo do produto.
Adaptada de Kotler e Armstrong, *Principles of Marketing*, 9ª edição, p. 294

querem comprar uma broca de um quarto de polegada (o produto real). Elas querem um buraco de um quarto de polegada (o núcleo do produto)!".[14]

O *produto básico* é construído ao redor do núcleo do produto. No marketing comercial, ele inclui o produto tangível ou serviço, e suas características, nome, nível de qualidade, nome de marca e embalagem que foram cuidadosamente escolhidos para fornecer o benefício central. Por exemplo, a filmadora Sony é um produto básico. Seu nome, peças, estilo, características e embalagem foram cuidadosamente combinados para fornecer o benefício central – um modo conveniente e de alta qualidade de captar momentos importantes.[15] No marketing social, o produto básico descreve as características do comportamento que você deseja influenciar. Às vezes, é um comportamento relativo ao uso do produto básico de "outra pessoa": usar preservativos, comer cinco frutas e vegetais por dia, mudar para sementes de alto rendimento ou tomar todos os medicamentos prescritos para tuberculose. E algumas vezes o produto básico é simplesmente um comportamento com características específicas: alimentar os bebês exclusivamente ao seio nos primeiros seis meses, viver por sua própria conta ou praticar uma atividade física regularmente.

O *produto ampliado* oferece objetos tangíveis, características e serviços adicionais. Por exemplo, a Sony oferece aos compradores uma garantia quanto às

Capítulo 8 ❖ Desenvolvimento do Posicionamento Desejado e do *Mix* ... **197**

peças, um site com instruções detalhadas para usar a filmadora, serviços rápidos de reparo quando necessário e um número de telefone para chamadas gratuitas caso os compradores tenham problemas ou perguntas. Você pode considerar que esses acréscimos são opcionais por parte da empresa. Às vezes, porém, isso agrega valor suficiente ao conjunto dos benefícios para mudar a balança a favor de uma marca em relação a outra. No marketing social, o produto ampliado geralmente é um objeto tangível ou serviço que ajuda a pessoa a adotar o novo comportamento. Algumas vezes, esses produtos ampliados são os produzidos e distribuídos pelo patrocinador da campanha de marketing social (como cartões de vacinação do tamanho de carteiras para registro das vacinações). Outras vezes, eles são produzidos e distribuídos por outra organização que o profissional de marketing social apenas apoia e promove (como os mosquiteiros).

Para ilustrar uma forte estratégia de produto, voltamos nossa atenção para o Sri Lanka, um país que tem uma longa história de ser assolado por epidemias de malária, que atingiram o pico de 687.599 casos confirmados em 1987.[16]No entanto, em 2003, houve apenas 10.510 casos e, em 2007, foram apenas 196 – e nenhuma morte.[17] O que aconteceu? Vamos rever sua evolução de produto:

- A *extensa desinsetização residual do interior das casas* começou no final dos anos 1950. Ela foi realizada em intervalos regulares durante todo o ano em uma base de cobertura ampla, resultando em considerável grau de resistência comunitária. Além disso, o vazamento inevitável de inseticidas residuais usados pelo programa para as mãos dos fazendeiros aumentou o medo.
- A *desinsetização seletiva* foi iniciada, então, com base em fatores relevantes de previsão de necessidade. Além disso, avaliações mais seletivas puderam determinar se o necessário era uma cobertura durante o ano inteiro, cobertura sazonal ou cobertura apenas quando se observava evidências de transmissão. A aceitação da comunidade aumentou.
- *Mosquiteiros* foram usados em áreas de alto risco de malária, reduzindo o número de aldeias nas quais a desinsetização residual interior foi necessária.
- *Clínicas móveis de combate à malária* foram acrescentadas para aumentar a detecção precoce e o pronto tratamento, reduzindo o tempo entre o aparecimento da febre e a busca do tratamento.
- *Kits de diagnóstico rápido* foram fornecidos aos profissionais da área de saúde, ajudando a identificar e a tratar pacientes de malária sem acesso a instalações laboratoriais.

Claramente, as estratégias adicionais do *mix* de marketing também contribuíram para esse sucesso (determinando o preço dos produtos, o acesso a eles e as comunicações sobre eles), bem como a vontade política e as verbas para apoiá-los.

198 PARTE II ❖ Aplicação da Perspectiva e das Soluções de Marketing

---

Passos práticos para desenvolver uma plataforma de produto

1. Determine o *núcleo do produto*. Revise sua pesquisa sobre os benefícios que seu público-alvo diz desejar ou esperar em troca da manifestação do comportamento desejado. Se forem identificados vários benefícios, realize entrevistas informais para ajudá-lo a estabelecer prioridades e, idealmente, terminar com um ou dois principais.

2. Esclareça as características específicas do *produto básico* que você irá promover, incluindo nome ou marca. Se você irá promover testes para HIV/AIDS, por exemplo, chegue a um acordo a respeito da frequência em que seu mercado-alvo deve ser testado e quanto tempo depois de ter feito sexo sem proteção. Se você estiver promovendo mosquiteiros, seja claro sobre o tipo de mosquiteiro que deve ser comprado, sobre a quantidade necessária e sobre o modo de instalação. Se você estiver promovendo o comportamento de lavar as mãos, tome decisões sobre as recomendações específicas, incluindo temperatura da água, tipo de sabonete e tempo durante o qual as mãos devem ser esfregadas.

3. Considere quais *produtos e serviços ampliados* você poderia incluir em sua oferta e que iriam ajudar seu cliente a apresentar o comportamento desejado. Lembre-se de que mesmo que esses sejam componentes opcionais, às vezes eles são exatamente o que o cliente precisa para parar de fumar (um telefone de apoio), candidatar-se a um emprego (aconselhamento) ou tomar os remédios para tuberculose (supervisão de alguém).

O segundo P: Preço

Preço é a quantia em dinheiro que o cliente paga por um produto ou serviço, ou a soma dos valores que eles "dão" pelos benefícios de ter ou usar o produto ou serviço.[18]

O pensamento estratégico relativo à determinação de preços começa com a consideração cuidadosa do que o cliente irá "pagar" para adotar o comportamento que você tem em mente. Às vezes, existem custos monetários, como os referentes a bens tangíveis e serviços (como os mosquiteiros). Mas, na maioria das vezes, os profissionais de marketing social vendem comportamentos que exigem outras coisas em troca:

Capítulo 8 ❖ Desenvolvimento do Posicionamento Desejado e do *Mix* ... **199**

- *Taxas* para um mosquiteiro tratado com inseticida
- *Tempo* para uma caminhada de uma hora até o local mais próximo onde se pode obter um mosquiteiro
- *Esforço* para instalar o mosquiteiro adequadamente sobre as camas
- *Energia* para ajudar as crianças a levantar no meio da noite
- *Custo psicológico* de sentir-se fechado em uma situação quase claustrofóbica
- *Desconforto físico*, porque é mais quente dormir embaixo de um mosquiteiro

Alguns desses custos podem ser reduzidos com o uso da ferramenta de determinação de preços. Deve-se notar, porém, que os outros três Ps também serão necessários. Uma estratégia de distribuição poderia reduzir o tempo de viagem, fornecendo os mosquiteiros mais perto de uma aldeia. Uma estratégia de produto para projetar mosquiteiros de fácil instalação deveria ser levada a sério. E a estratégia de comunicação seria necessária para fazer com que os benefícios percebidos superassem os custos de se sentir fechado e com mais calor.

A oportunidade e o objetivo da ferramenta de determinação de preços é criar taxas, quando aplicável, e considerar e possivelmente fornecer incentivos que aumentem os benefícios ou diminuam os custos. Esses incentivos podem ser de natureza monetária ou não monetária.

Os preços estabelecidos para os objetos tangíveis e serviços irão variar, dependendo dos objetivos da organização para o programa. Geralmente, eles serão enquadrados em uma dentre cinco possíveis categorias:

- *Maximizar os retornos*, com a arrecadação financeira sendo o retorno principal
- *Recuperar os custos*, em que se espera que a receita supere uma parcela ou a totalidade dos custos diretos e, talvez, também dos indiretos
- *Maximizar o número de clientes,* em que o propósito básico é apenas fazer com que as pessoas usem o serviço e/ou comprem o produto
- *Valor social*, em que a prioridade é atingir os mais necessitados ou o segmento de alto risco
- *Demarketing*, em que as estratégias de determinação de preços são usadas para desestimular as pessoas a comprar um produto ou serviço do concorrente[19]

200 PARTE II ❖ Aplicação da Perspectiva e das Soluções de Marketing

Quatro táticas de determinação de preços podem ser usadas para diminuir os custos e/ou aumentar os benefícios:

- *Incentivos monetários* recompensam os clientes por adotar o comportamento. Eles podem assumir muitas formas, como descontos, taxas baseadas na capacidade de pagamento, abatimentos, gratificações e incentivos em dinheiro.
- *Desestímulos monetários* são usados para desestimular as pessoas a manifestar um comportamento concorrente ou indesejável. Multas, aumento de impostos e verbas menores são os mais comuns.
- *Incentivos não monetários* estimulam mudanças no comportamento sem envolver dinheiro. Em sua maioria, eles oferecem alguma forma valorizada de reconhecimento, agradecimento ou experiências (como a oportunidade de conhecer uma celebridade).
- *Desestímulos não* monetários são usados para diminuir o valor real ou percebido de comportamentos alternativos concorrentes por meio de constrangimento público (como ser fichado como um agressor sexual) ou serviço comunitário obrigatório (como recolher lixo das ruas).

Voltemos à África para ilustrar os desafios da determinação de preços. A Tanzânia é considerada por muitos como o epicentro da malária devido à alta incidência da doença. Durante anos, o governo tem subsidiado a venda dos mosquiteiros para as populações mais vulneráveis a preços geralmente entre US\$1,50 e US\$3,50 cada. Os partidários da manutenção dessa taxa usam três argumentos. Primeiro, eles se preocupam com a criação de um sistema sustentável para disseminar os mosquiteiros depois que o assunto saia da primeira página dos jornais ou do primeiro lugar na lista de prioridades dos doadores. Segundo, os mosquiteiros criam empregos e geram receita para as pessoas envolvidas na cadeia de suprimento. Os mosquiteiros gratuitos enfraquecem os ecossistemas empresariais que se desenvolveram para fabricar e distribuir mosquiteiros. Finalmente, eles acreditam que as pessoas que compram mosquiteiros tendem a usá-los com maior regularidade e cuidam melhor deles (como borrifá-los com inseticida quando necessário) do que aqueles que não pagam.

Mas, mesmo com subsídios, mais de dois terços dos adultos e crianças não têm redes de proteção contra mosquitos quando dormem. Alguns porta-vozes dos pobres defendem a distribuição de mosquiteiros gratuitos para todos a fim de mitigar o problema. Outros propõem estimular os canais de distribuição privada que irão cobrar alguns dólares por mosquiteiros desde que concordem em fornecer mosquiteiros gratuitos aos que não podem pagar.

Capítulo 8 ❖ Desenvolvimento do Posicionamento Desejado e do *Mix* ... **201**

Sugerimos que esse dilema seria mais bem resolvido ao se comprometer (ou, em alguns casos, comprometer-se uma segunda vez) com uma meta de "vendas". O objetivo é uma cobertura de 100% ou de 50% e em que data? Quais metas serão sustentadas no primeiro, segundo e terceiro anos? Depois, avaliar quais canais de preço e distribuição serão responsáveis pela tarefa, revendo regularmente o progresso em relação às metas.

Passos práticos para desenvolver uma estratégia de determinação de preços

1. Identificar todos os custos que o mercado-alvo irá associar com a manifestação do comportamento. Destacar os que são de natureza monetária, porque esses serão abordados pela ferramenta de determinação de preços.

2. Se houver taxas envolvidas em produtos, primeiro chegue a um acordo quanto ao objetivo de determinação de preços de sua organização em relação a essas taxas. Será preciso recuperar os custos? Algum segmento-alvo será subsidiado? Você está interessado em estimular a demanda estabelecendo um preço baixo (para os mosquiteiros) ou em reduzir a demanda estabelecendo um preço mais alto (para produtos de fumo)?

3. Pense se você precisará incluir algum incentivo monetário ou não monetário para atingir as metas de mudança de comportamento. Para chegar a uma decisão, você pode testar informalmente algumas ideias com seu público-alvo. Se for necessário um teste mais rigoroso para tomar a decisão, realize um estudo-piloto em que um grupo receba um incentivo (alimentação gratuita no evento de imunização) e outro grupo (de controle) não receba. Depois compare os resultados para determinar se os custos adicionais são justificados a fim de atingir as metas do programa quando transferidos.

4. Você também pode pensar em desestímulos – táticas que irão desestimular o público-alvo a se envolver em comportamentos concorrentes ou indesejáveis. Como mencionado anteriormente, os desestímulos têm a forma de impostos mais altos, multas, constrangimento público ou serviço comunitário. Essa estratégia pode ser necessária quando o mercado-alvo ainda não está "pronto para comprar" e/ou não respondeu a táticas mais positivas no passado.

O terceiro P: Distribuição

Praça é o local e o momento em que o mercado-alvo será incentivado a se envolver no comportamento desejado e/ou a acessar qualquer objeto tangível ou serviço associados com a campanha.[20]

No marketing comercial, a praça é muitas vezes chamada de canal de distribuição, com opções de "comprar" além de um local físico como uma loja. A lista que segue inclui diversos canais de distribuição potenciais, com exemplos relacionados ao marketing social:

- *Localização física.* Uma clínica comunitária para teste de malária
- *Telefone.* Um número de telefone de auxílio para casos de violência doméstica
- *Fax.* Um médico passa um fax a um paciente com uma indicação de um número de telefone de apoio para parar de fumar
- *Correio.* Uma agenda de imunização em um cartão do tamanho de uma carteira
- *Unidades móveis.* Para fornecer sementes de alto rendimento e fertilizantes.
- *Drive-thrus.* Para vacinação contra gripe
- *Entrega ou atendimento em domicílio.* Para observar pacientes que tomam medicação contra tuberculose
- *Locais em que os clientes compram, jantam e se reúnem.* Exames de HIV em saunas gays
- *Quiosques e máquinas de venda.* Preservativos disponíveis em máquinas de venda em bares

Seu objetivo, com esta ferramenta de distribuição, é tornar tão conveniente e agradável quanto possível para o mercado-alvo envolver-se no comportamento desejado e acessar os produtos e serviços. Ter de caminhar por uma hora para conseguir um mosquiteiro, ou esperar duas semanas para os resultados do exame de HIV/AIDS, ou deixar que o próprio paciente se lembre de tomar a medicação contra a tuberculose, pode representar o fracasso ou o sucesso do projeto. Suas decisões também irão incluir os horários do dia e os dias da semana em que você está "aberto". Pontos importantes para o sucesso incluem definir um local que seja o mais próximo possível e horários tão amplos quanto possível, tornar o local atraente, superando barreiras psicológicas (como oferecer uma unidade móvel para um programa de troca de agulhas *versus* a necessidade de ir a uma clínica de saúde), procurar oportunidades

Capítulo 8 ❖ Desenvolvimento do Posicionamento Desejado e do *Mix* ... **203**

para estar nos locais em que seu público-alvo se reúne e trabalhar com os canais de distribuição existentes.[21]

Quando houver objetos tangíveis incluídos em sua campanha ou programa, pode ser necessário criar uma rede de intermediários para alcançar seu mercado. Kotler e Roberto identificam três "agentes" no canal de distribuição, além do *agente de mudança* (você) e do *adotante*-alvo (seu cliente): *distribuidores, atacadistas* e *revendedores*. Como se pode deduzir, os distribuidores, quando envolvidos, fornecem produtos a um atacadista ou revendedor: o atacadista se relaciona com o revendedor e este se relaciona com o cliente.[22]

Voltando à nossa discussão sobre a malária, as decisões sobre os canais de distribuição e uma rede de intermediários têm se mostrado cruciais e também controversas. Diversos sistemas de fornecimento foram utilizados nos últimos 20 anos para fornecer mosquiteiros tratados com inseticida. Em um artigo publicado pela Oxford University Press, em junho de 2007, os autores Webster, Hill, Lines e Hanson propuseram uma categorização dos sistemas de fornecimento de mosquiteiros na África (a Tabela 8.1 resume essa abordagem). Eles supõem que o canal por meio do qual os mosquiteiros são fornecidos e o custo para o usuário final são os principais fatores que afetam os resultados. Eles esperam que uma estrutura como esta possa ser usada de modo consistente para relatar resultados com base em avaliações de grande escala, que ajudarão a resolver os debates sobre os sistemas de fornecimento mais eficazes.

Passos práticos para desenvolver uma estratégia de distribuição

1. Decida onde e como o mercado terá acesso aos objetos tangíveis ou serviços. Pense nas maneiras de tornar isso conveniente, concentrando-se em estratégias que reduzam o tempo gasto em viagens ou em espera. Existem oportunidades para que seus produtos e serviços sejam oferecidos em locais em que o mercado-alvo já trabalhe, compre, visite ou para o qual viaje?

2. Existem opções de parcerias no canal de distribuição que irão influenciar e/ou ser mais convenientes? Vimos em um capítulo anterior, por exemplo, como a cidade de Nova York fez parcerias com diversas lojas de varejo para distribuir preservativos gratuitos.

3. Determine horários e dias da semana em que você estará "aberto", tendo em mente os estilos de vida e as preferências do mercado-alvo.

TABELA 8.1 Matriz de sistemas de fornecimento de mosquiteiros por categoria e custo para o usuário final, com uma lista parcial dos países africanos em que a estratégia é usada[23]

Sistema de fornecimento			Custo para o usuário final		
Setor	Canal de fornecimento	Tempo/Evento/Local	Gratuito	Parcialmente subsidiado	Não subsidiado
Setor público	Serviços de rotina	Clínicas infantis, cuidado pré-natal, programas de imunização, saúde materna e infantil	Quênia, Eritreia	Gana	
		Pacotes de intervenção: fornecimento misto	Mali	Benin, Gana, Senegal	
	Rotina ampliada	Semanas/dias de saúde infantil	Gana, Senegal		
	Campanhas	Sarampo	Gana, Nigéria, Togo, Zâmbia		
		Dias nacionais de vacinação antipólio		Gana	
Setores mistos público-privados	Serviços de rotina assistidos	Atendimento pré-natal, programas de imunização		Quênia, Malawi	
	Esquema de voucher	Serviço de rotina: varejo		Gana, Senegal, Tanzânia, Uganda	
		Campanha: varejo	Zâmbia		

Setor privado	Com base no empregador	Local de trabalho		Quênia		
	Organizações sem fins lucrativos	Lojas de fábrica		Gana, Quênia, Malawi, Tanzânia		
	Setor varejista	Formal / informal				Tanzânia e República dos Camarões, Etiópia, Quênia e outros
		Formal				Burkina Faso
		Informal				Gâmbia
Com base na comunidade (um *mix* de sistemas com meta filantrópica)	Com base na comunidade	Organizações comunitárias, ONGs, grupos femininos	Quênia, Tanzânia		Mali, Zâmbia	

O quarto P: Comunicação

As promoções são comunicações persuasivas planejadas e apresentadas para inspirar o público-alvo a agir. No marketing social, a palavra principal é ação.[24]

A criação dessas comunicações é um processo que começa com a determinação das mensagens principais, continua com a escolha dos mensageiros e dos elementos criativos e termina com a seleção dos canais de mídia. Obviamente, este passo considera as decisões anteriores em relação ao mercado-alvo, objetivo de comportamento, barreiras do público e benefícios. Esse processo é necessário para dar suporte ao posicionamento desejado para esse comportamento, sendo um instrumento para destacar suas estratégias de produto, preço e distribuição. Cada passo na criação desta estratégia de comunicações envolve decisões importantes que serão discutidas a seguir.

Decisões de mensagem: O que você deseja comunicar?

Os responsáveis pela criação de mensagens-chave específicas para sua campanha ou programa devem ser inspirados, em primeiro lugar, por uma resposta clara à pergunta: "O que você deseja que o público-alvo *faça*?". O ideal é que isso tenha sido expresso em seu objetivo de comportamento e na plataforma do produto e que você apenas precise citá-lo. Também há coisas que o público precisa *saber*, a fim de ser inspirado a agir (onde conseguir um mosquiteiro) ou habilidades que ela deve ter (como instalar o mosquiteiro). Essas mensagens baseadas em conhecimento têm natureza informativa, e transmitem os principais fatos sobre os benefícios do comportamento, o local e o horário em que um produto pode ser obtido e como realizar o comportamento. Muitas vezes, existe algo que eles precisam *acreditar* – algo que, se não for alterado, pode se transformar em uma barreira (como a preocupação de que os produtos químicos no mosquiteiro tratado sejam prejudiciais a um recém-nascido). Sua inspiração para esses pontos será a pesquisa realizada em relação às barreiras, indicando preocupações reais ou percebidas sobre a adoção do comportamento. Suas mensagens terão o objetivo de tranquilizar essas preocupações.

Por exemplo, na Zâmbia, o orçamento nacional para controle da malária passou de US$30.000 em 1985 para mais de US$40 milhões em 2007. Mensagens informam as pessoas sobre as causas e sintomas da malária e enfatizam a importância de buscar ajuda. Os escoteiros recebem medalhas de mérito pelo conhecimento sobre a malária. Algumas mensagens são planejadas para ajudar a corrigir crenças tradicionais difundidas que afirmam que a malária é transmi-

Capítulo 8 ❖ Desenvolvimento do Posicionamento Desejado e do *Mix* ... **207**

tida por bruxaria, por beber água suja, por ficar ensopado com a chuva ou por mascar cana-de-açúcar verde. Outras mensagens enfatizam o uso adequado dos mosquiteiros, corrigindo a percepção equivocada de que eles podem ou devem ser usados para pesca.[25]

Decisões sobre o mensageiro: quem irá transmitir suas mensagens ou ser percebido como um patrocinador da campanha?

Quem seu público-alvo percebe como alguém que transmite suas mensagens e o que eles pensam desse mensageiro específico pode ser crucial para a decisão do público-alvo de aderir ou não. O mais frequente é que o mensageiro seja a organização patrocinadora e os parceiros na ação, o que inclui porta-vozes, atores, endossos ou mascotes usados para transmitir ou reforçar mensagens. Afinal, especialmente nas ações de marketing social, você deseja que o público-alvo veja o mensageiro, ou mensageiros, como uma *fonte crível* para a mensagem. Três fatores principais foram identificados como sendo cruciais para a credibilidade da fonte: conhecimento percebido, confiabilidade e capacidade de ser agradável.[26]Uma fonte especializada é percebida como tendo o conhecimento e a experiência para embasar a mensagem. Uma fonte de confiança é percebida como objetiva e honesta. Uma fonte que tenha capacidade de ser agradável é atraente, e tem qualidades como humor, sinceridade e naturalidade.[27]

Por exemplo, na Tanzânia, os gerentes do Projeto Bagamoyo Bednet descobriram que pôsteres e reuniões tinham um efeito limitado para persuadir a população, predominantemente muçulmana, a usar mosquiteiros. Era necessária uma abordagem diferente. Quando um xeique em cada aldeia foi recrutado para ensinar durante os serviços religiosos das sextas-feiras sobre os benefícios do uso regular de mosquiteiros, o nível de uso regular subiu para 53% e, em algumas áreas, para 98%. E os curadores tradicionais que estavam sendo consultados para tratar as convulsões e a febre foram incluídos nas atividades locais do projeto.[28]

Execução da estratégia criativa: que palavras, gráficos e imagens você vai usar?

Uma estratégia criativa traduz o conteúdo das mensagens desejadas em comunicações específicas. Os componentes tradicionais incluem elementos de redação, como *slogans*, chamadas e textos diversos; de desenho, como logotipos, cores, imagens gráficas e fontes; e atores, cenários e sons quando é utilizada mídia de rádio e TV. Os fatores considerados para tomar essas decisões criativas incluem a imagem de marca da organização patrocinadora, o posicio-

208 PARTE II ❖ Aplicação da Perspectiva e das Soluções de Marketing

namento desejado da oferta e a realidade do orçamento (como a definição de imprimir os materiais em preto e branco ou em cores).

Em seu livro *Made to Stick*, os irmãos Heath apresentam seis qualidades principais a considerar ao desenvolver ideias e estratégias criativas: **S**implicidade, **I**nesperado, **C**oncretude, **C**redibilidade, **E**moção e **H**istórias. (Elas são fáceis de lembrar porque, em inglês, as iniciais quase formam a palavra sucesso).[29]

Canais de mídia: onde suas mensagens aparecerão?

Os canais de mídia, também chamados canais de comunicação, são os canais tradicionais com que você provavelmente está mais familiarizado e aos quais está exposto. Os canais de mídia também incluem opções não tradicionais e novas mídias – que podem ser mais bem-sucedidas em "pegar o público de surpresa" e estabelecer a credibilidade da fonte.

Os métodos tradicionais são os seguintes:

- *Publicidade* em rádio, televisão, outdoors, jornais, revistas
- *Serviços de anúncios públicos*, que são publicidade gratuita
- *Relações públicas* – trabalhando com a mídia para cobertura "gratuita" de eventos e questões
- *Eventos especiais*, como feiras de saúde, demonstrações e reuniões públicas
- *Materiais impressos*, como livretos, boletins, pôsteres e adesivos
- *Itens promocionais especiais* com mensagens em roupas, itens funcionais como garrafas de água e itens temporários como balões
- *Itens de sinalização e exibidores*, como pôsteres, exibidores em lojas de varejo e sinalização pública
- *Venda pessoal* seja face a face, por telefone ou por mídia eletrônica

As opções de mídias novas e não tradicionais incluem as seguintes:

- *Mídia social*, como YouTube, Facebook, Twitter, blogs e grupos de redes sociais
- *Arte pública*, como exposições e teatro de rua
- *Outras mídias eletrônicas*, como *sites* e *e-mails*
- *Mídias de entretenimento popular*, como canções, roteiros de filmes, programas de televisão e videogames

As decisões quanto aos canais sofrerão influências de seus objetivos de campanha, exposição desejada (alcance e frequência), hábitos de mídia do público alvo, maneiras de obter a abordagem integrada desejada utilizando uma diversidade de opções de mídia e, é claro, orçamento.

Para um exemplo de canal de mídia para malária, em Assam, na Índia, algumas semanas antes das pesadas chuvas da monção, foi realizada uma feira de saúde de três dias para conscientizar as tribos a utilizar os mosquiteiros. A feira teve a participação de mais de 30 médicos, enfermeiras e técnicos de laboratório com materiais para a realização de exames de sangue patrocinados pelo departamento de saúde. E trupes teatrais apareceram no interior da Zâmbia, enfatizando o uso correto de mosquiteiros por meio de produções de palco apresentadas nas aldeias grandes e pequenas.

Passos práticos para desenvolver uma estratégia de comunicação

1. Determine suas *mensagens*-chave. Elas não são os seus slogans. São frases simples que descrevem o que você deseja que o público-alvo conheça, acredite e faça.

2. Decida quais *mensageiros* irão transmitir essas mensagens. Quais nomes de organizações estarão associados com a campanha? Você pretende usar porta-vozes, endossos, atores ou mascotes?

3. Desenvolva uma *estratégia criativa*, o que inclui elementos gráficos, slogans, textos e imagens. Se o orçamento for mínimo ou apertado, experimente envolver o público-alvo em um *brainstorm* de ideias e conceitos e, depois, use profissionais para refiná-los.

4. Selecione os *canais de mídia* – onde suas mensagens aparecerão e serão transmitidas. Essa seleção será baseada nos estilos de vida e preferências de seu público-alvo. Algumas vezes, você pode determinar esses dados informalmente, perguntando: "Qual seria o melhor modo de receber informações sobre a disponibilidade desses mosquiteiros?".

Resumo

Este capítulo começou discutindo como determinar um posicionamento desejado para sua oferta. Isso foi definido como o ato de projetar a oferta real e a percebida da organização de forma que ela se situe em um lugar distinto na mente do público-alvo – que é o lugar que você deseja que ela ocupe.[30]

Depois, abrimos a caixa de ferramentas de marketing e definimos e descrevemos os quatro Ps tradicionais: produto, preço, distribuição e comunicação. Como foi enfatizado, nossa experiência é que você precisará de todos

210 PARTE II ❖ Aplicação da Perspectiva e das Soluções de Marketing

eles para criar e fornecer o valor que seu mercado-alvo espera em troca de um novo comportamento.

- Um *produto* é algo que pode ser oferecido a um mercado para satisfazer um desejo ou necessidade. Não se trata, como pensam muitas pessoas, apenas de uma oferta tangível, como sabão, pneus ou hambúrgueres. Existem diversos tipos de produtos: um bem físico, um serviço, uma experiência, um evento, uma pessoa, um lugar, uma propriedade, uma organização, informação ou uma ideia.[31]
- *Preço* é quanto o cliente paga por um produto ou serviço, ou a soma dos valores que o cliente "dá" pelos benefícios de ter ou usar o produto ou serviço.[32] A oportunidade e o objetivo da ferramenta de determinação de preços é criar taxas, quando aplicável, e considerar e fornecer incentivos que aumentem os benefícios ou diminuam os custos. Esses incentivos podem ser de natureza monetária ou não monetária.
- *Distribuição* é o local e o momento em que o mercado-alvo será incentivado a se envolver no comportamento desejado e/ou a acessar qualquer objeto tangível ou serviço associado com a campanha.[33] Seu objetivo com este instrumento é tornar tão conveniente e agradável quanto possível para o mercado-alvo se envolver no comportamento desejado e acessar os produtos e serviços.
- Comunicação trata de comunicações persuasivas planejadas e apresentadas para inspirar o público-alvo a agir. No marketing social, a palavra principal é ação.[34] A criação dessas comunicações é um processo que começa com a determinação das *mensagens* principais, continua com a escolha dos *mensageiros* e dos *elementos criativos* e termina com a seleção dos *canais de mídia*.

Notas

[1] P. Kotler and N. R. Lee, *Social Marketing: Influencing Behaviors for Good* (3rd edition) (Thousand Oaks, CA: Sage Publications, 2008), p. 3.

[2] CDC. "The Impact of Malaria, a Leading Cause of Death Worldwide". Acessado em 4 de agosto de 2008 em http://www.cdc.gov/malaria/impact/index.htm.

[3] NetMark Communications. Acessado em 4 de agosto de 2008 em http://www.netmarkafrica.org/Communications/.

[4] Ibid.

[5] Ibid.

[6] NetMark Baseline Survey on Insecticide Treated Materials in Nigeria, maio de 2001. Acessado em 4 de agosto de 2008 em http://www.netmarkafrica.org/research/index.html.

[7] AED NetMark: A Case Study in Sustainable Malaria Prevention Through Partnership with Business.

Capítulo 8 ❖ Desenvolvimento do Posicionamento Desejado e do *Mix* ... **211**

[8] Adaptado de P. Kotler e G. Armstrong, *Principles of Marketing* (9a edição) (Upper Saddle River, NJ: Prentice Hall, 2001), p. 269.

[9] A. Ries e J. Trout, *Positioning: The Battle for Your Mind* (Nova York: Warner Books, 1982), p. 3.

[10] P. Kotler e G. Armstrong, op. cit., p. 269.

[11] Adaptado de P. Kotler e N. R. Lee, op. cit., p. 187–188.

[12] Adaptado de P. Kotler e N. R. Lee, op. cit., p. 188.

[13] P. Kotler e G. Armstrong, op. cit., p. 294.

[14] Ibid.

[15] Ibid.

[16] OMS. "Malaria—Success Stories in Malaria Control from the SEA Region." Acessado em 6 de agosto de 2008 em http://www.searo.who.int/LinkFiles/Malaria_Srilanka_Mal_Story.pdf.

[17] ONU Office of the Coordination of Humanitarian Affairs. "Sri Lanka: On Track to Eliminate Malaria." Acessado em 6 de agosto de 2008 em http://www.irinnews.org/report.aspx?ReportID=77899.

[18] P. Kotler e G. Armstrong, op. cit., p. 371.

[19] P. Kotler e N. R. Lee, op. cit., p. 237.

[20] P. Kotler e N. R. Lee, op. cit., p. 247.

[21] P. Kotler e N. R. Lee, op. cit., p. 262.

[22] P. Kotler e N. R. Lee, op. cit., p. 258.

[23] Adaptado de "Delivery systems for insecticide treated and untreated mosquito nets in Africa: categorization and outcomes achieved" de Jayne Webster, 28 de junho de 2007. http://heapol.oxfordjournals.org/cgi/content/full/czm021v1.

[24] P. Kotler e N. R. Lee, op. cit., p. 268.

[25] Michael Finkel, "Raging Malaria," *National Geographic*, julho de 2007, p. 32–67.

[26] H. C. Kelman e C. I. Hovland (1953). "Reinstatement of the Communication in Delayed Measurement of Opinion Change," *Journal of Abnormal and Social Psychology*, 48, 327–335. Citado em Kotler e Keller, *Marketing Management* (12a edição), p. 546.

[27] P. Kotler e N. R. Lee, op. cit., p. 275.

[28] "Participatory communication in malaria control: why does it matter?" *Findings,* Número 4, outubro de 2005.

[29] C. Heath e D. Heath, *Made to Stick: Why Some Ideas Survive and Others Die* (Nova York: Random House, 2007).

[30] Adaptado de P. Kotler e G. Armstrong, op. cit., p. 269.

[31] P. Kotler e G. Armstrong, op. cit., p. 294.

[32] P. Kotler e G. Armstrong, op. cit., p. 371.

[33] P. Kotler e N. R. Lee, op. cit., p. 247.

[34] P. Kotler e N. R. Lee, op. cit., p. 268.

PARTE III

Garantia de uma Abordagem Integrada

9

Desenvolvimento de um Plano de Marketing Social

Visão sem ação é devaneio.
Ação sem visão é pesadelo.

—Provérbio japonês

O modelo tradicional de planejamento de marketing, apresentado neste capítulo, é um mecanismo simples e eficaz para criar um plano de ação estratégica. Esperamos que ele ajude a garantir que o desejo de ajudar as pessoas a sair da pobreza seja mais do que um devaneio. A apresentação do plano explica como as cinco ferramentas mostradas na Parte II deste livro, "Aplicação da perspectiva e das soluções de marketing", se encaixam no processo de planejamento de marketing (segmentar o mercado; escolher as prioridades do mercado-alvo; determinar os comportamentos desejados; compreender as barreiras, os benefícios e a competição; e desenvolver um *mix* de marketing estratégico).

O quadro a seguir descreve um modelo de 10 passos para criar um plano de marketing social que reflita um processo sistemático. Ele começa com um histórico do propósito do projeto e com a análise da situação e do ambiente atuais. A seguir vem a identificação dos públicos-alvo, a determinação dos comportamentos desejados e a criação de um *mix* de marketing estratégico (os quatro Ps). Por fim, vêm a avaliação, o orçamento e os planos de implementação. Você encontrará uma observação no final do resumo do capítulo a respeito da obtenção de uma cópia eletrônica de planilhas que irá guiá-lo por esse modelo de dez passos e que pode ser baixada gratuitamente.

216 PARTE III ❖ Garantia de uma Abordagem Integrada

Para exemplificar cada etapa do modelo, usamos destaques de um relato de caso apresentando as ações de marketing social no Peru para enfrentar a tuberculose (TB). Essas ações contribuíram para o sucesso do país na redução da incidência de TB em uma estimativa de 7% por ano entre 1990 e 2000, de cerca de 190 por 100 mil para 140 por 100 mil.[1] Quase 2 bilhões de pessoas em todo o mundo estão infectadas pela bactéria que causa a tuberculose, o que corresponde a quase um entre três seres humanos. Se a tuberculose for detectada no início e tratada completamente, as pessoas com a doença rapidamente se tornam não transmissoras e conseguem se curar.[2] Essa história deve inspirar os que trabalham para atingir o objetivo número 6 de desenvolvimento do milênio até 2015 a fim de reduzir a prevalência da tuberculose e os índices de mortalidade em 50% em relação aos níveis de 1990.[3] A história do Peru também confirma, como é destacado em toda a Parte III, "Garantia de uma abordagem integrada", que este tipo de sucesso raramente é possível sem que os setores público, privado e sem fins lucrativos atuem em uma abordagem integrada para "realizar o trabalho".[4]

Planejamento de marketing social: uma descrição de uma página

1.0 Histórico, propósito e foco

Quem é o patrocinador? Por que eles estão fazendo isso? Que questão social e população serão o foco do plano e por quê?

2.0 Análise da situação

2.1 SWOT: Forças e fraquezas organizacionais e oportunidades e ameaças ambientais

2.2 Revisão da literatura e exame ambiental de programas que se concentrem em ações similares: atividades e lições aprendidas

3.0 Segmentar o mercado, escolher e descrever os públicos-alvo

3.1 Demografia, geografia, comportamentos relevantes (inclusive de risco), psicografia, redes sociais, ativos da comunidade e estágio de mudança (prontidão para comprar)

3.2 Tamanho do público-alvo

Capítulo 9 ❖ Desenvolvimento de um Plano de Marketing Social **217**

4.0 Objetivos e metas do marketing

4.1 Objetivos da campanha: especificação de comportamentos e atitudes (conhecimento e crenças) alvo

4.2 Objetivos SMART: específico, mensurável, atingível, relevante e com mudanças em comportamentos e atitudes definidas em certo espaço de tempo

5.0 Fatores que influenciam a adoção do comportamento

5.1 Barreiras percebidas para o comportamento-alvo

5.2 Benefícios potenciais do comportamento-alvo

5.3 Comportamentos/forças concorrentes

5.4 Influência de pessoas importantes

6.0 Declaração de posicionamento

Como queremos que o público-alvo veja o comportamento-alvo e seus benefícios em relação aos dos comportamentos alternativos ou preferidos?

7.0 Estratégias de *mix* de marketing (uso dos quatro Ps para criar, comunicar e fornecer valor para o comportamento)

7.1 Produto: Benefícios de manifestar os comportamentos e utilizar os objetos ou serviços oferecidos para auxiliar a adoção

7.2 Preço: Custos que estarão associados à adoção do comportamento e incentivos e desincentivos monetários ou não.

7.3 Distribuição: Tornar o acesso conveniente

7.4 Comunicação: Comunicações persuasivas destacando os benefícios, as características e o preço justo do produto e a facilidade de acesso a ele

8.0 Plano de monitoramento e avaliação

9.0 Orçamento

10.0 Plano para implementação e gestão da campanha

Desenvolvido em setembro de 2008 por Philip Kotler, Nancy Lee, Alan Andreasen, Carol Bryant, Craig Lefebvre, Bob Marshall, Mike Newton-Ward, Michael Rothschild e Bill Smith.

ETAPA 1: HISTÓRICO, PROPÓSITO E FOCO

Esta primeira parte identifica o patrocinador do plano e resume os fatores que levaram a seu desenvolvimento. Por que isso está sendo feito? Ela também inclui uma declaração clara de propósito e foco para o plano. Qual questão social (problema) o plano pretende atingir? Qual população e qual solução ampla o plano irá focalizar e por quê?

Exemplo: redução da tuberculose no Peru

Em 1991, o Peru era responsável por 15% dos casos de tuberculose nas Américas, embora tivesse apenas 3% de sua população. Eram aproximadamente 190 casos de tuberculose por 100 mil adultos; a taxa de abandono da farmacoterapia era de 12,1%;[5] apenas 50% das pessoas com diagnóstico de tuberculose eram tratadas e, dessas, só metade eram curadas.[6]

Em resposta, mais recursos foram alocados para o National Tuberculosis Control Program (NTCP), reconhecendo o impacto que a doença tinha sobre os cidadãos, bem como na economia do país, pois a tuberculose afetava principalmente os grupos etários mais produtivos economicamente. O *propósito* dessa ação ampliada era diminuir a incidência de tuberculose com duas áreas de *foco*. A primeira era uma abordagem internacionalmente recomendada para programas de controle de tuberculose, na qual um profissional de saúde treinado monitora o paciente na ingestão de cada dose de medicação antituberculose. A segunda área de foco para ação concentrava-se na identificação dos pacientes que estavam infectados, mas que não estavam diagnosticados nem recebiam tratamento.

ETAPA 2: ANÁLISE DA SITUAÇÃO

Na segunda etapa, é realizada uma análise SWOT (forças e fraquezas *organizacionais* e oportunidades e ameaças *ambientais*). As forças organizacionais a serem maximizadas e as fraquezas a serem minimizadas incluem fatores como níveis de verbas, apoio gerencial, parceiros atuais, capacidades do sistema de fornecimento e reputação do patrocinador. As oportunidades ambientais a serem aproveitadas e as ameaças a serem enfrentadas incluem grandes tendências e eventos fora de seu raio de influência, associados a forças culturais, tecnológicas, demográficas, econômicas, políticas e legais.

Capítulo 9 ❖ Desenvolvimento de um Plano de Marketing Social **219**

Nesta etapa, você também vai realizar uma revisão da literatura e um exame ambiental de programas atuais e passados que se concentraram em ações similares e resumir as principais atividades e as lições aprendidas.

Continuação do exemplo: redução da tuberculose no Peru

A maior força da NTCP foi o aumento de seu orçamento anual de US$600 mil para US$5 milhões. Essas verbas renovaram a vontade política e ajudaram a lidar com as atuais fraquezas do sistema, que incluíam baixos suprimentos de medicamentos, sistemas de registros falhos e excesso de trabalho para os profissionais de saúde.[7] Em termos das forças ambientais, nutrição e saneamento tendiam a ser as principais causas de problemas de saúde crônicos.

As preocupações com saúde eram complicadas pela falta de educação básica de saúde entre a maioria da população rural, além da ausência de atendimento médico com acesso conveniente e a um preço acessível.

Outros programas de combate à tuberculose em todo o mundo estavam relatando sucesso com o programa Directly Observed Treatment—Short Course (DOTS). A experiência dos outros havia demonstrado que essa intervenção era crucial para persuadir os pacientes a tomar a medicação nos horários determinados e a completar o tratamento.

ETAPA 3: PERFIL DO PÚBLICO-ALVO

Como abordado nos capítulos 4, "Segmentação do mercado da pobreza", e 5, "Avaliação e escolha das prioridades do mercado-alvo", os públicos-alvo são selecionados ao segmentar o mercado em segmentos homogêneos, ao avaliar cada um deles e, depois, ao escolher um ou mais como ponto de foco do plano. Nesta seção do plano de marketing, você pode fornecer uma estimativa do tamanho e uma descrição detalhada do público-alvo. Você deve salientar os principais aspectos demográficos, a geografia, os comportamentos relevantes (inclusive de risco), psicografia, redes sociais, ativos da comunidade e estágio de mudança (prontidão para comprar). Uma descrição ideal é aquela que o faz acreditar que você reconheceria seu público-alvo se ele entrasse na sala.

Continuaremos a usar o caso da tuberculose como exemplo e apresentaremos apenas as estratégias desenvolvidas para o mercado de pacientes de tuberculose. Planos adicionais de marketing seriam necessários para os outros dois mercados: o intermediário e o do topo da pirâmide.

220 PARTE III ❖ Garantia de uma Abordagem Integrada

> ## Continuação do exemplo: redução da tuberculose no Peru
>
> A ação para identificar mais pessoas infectadas e, depois, fazer com que as diagnosticadas aceitem e concluam os tratamentos medicamentosos recomendados exigiu um plano para inspirar três públicos-alvo:
>
> - Na base, os grupos de alto risco eram uma prioridade, em especial os pobres que moravam em áreas urbanas conhecidas como "bolsões de tuberculose" ou "hotspots". Um exemplo era a cidade de Lima, capital do Peru, com 60% de todos os casos no país, mas apenas 29% da população.[8] A maioria tinha entre 15 e 54[9] anos e muitos eram considerados parte de "populações fechadas" porque exigiam ação especial de contato (como prisioneiros, pacientes de instituições mentais e sem-tetos que dormiam em abrigos).
>
> - Os públicos-alvo intermediários são uma influência importante sobre outros na comunidade dos mercados-alvo. Eles incluem indivíduos e grupos como parentes, vizinhos, líderes religiosos, colegas de trabalho e amigos dos que estão em risco.
>
> - Os públicos-alvo no topo da pirâmide social incluem:
>
>   - Responsáveis pela definição de políticas, considerados cruciais para a arrecadação de fundos.
>
>   - Prestadores de atendimento na área de saúde e suas equipes, essenciais para aumentar a identificação dos infectados, bem como para fazer com que os identificados participem de programas que ajudem a tratar e curar a doença.
>
>   - A mídia, a fim de criar visibilidade para os principais eventos e estimular a vontade pública e política.
>
>   - Representantes de produtos farmacêuticos, vistos como um importante canal de distribuição em potencial para comunicações, assim como para a obtenção de possíveis reduções de preço ou de remédios gratuitos.

ETAPA 4: OBJETIVOS E METAS DO MARKETING

Os objetivos do marketing especificam os comportamentos desejados e as mudanças nas atitudes (conhecimento e crenças). Os planos de marketing social sempre têm objetivos de comportamento, que especificam os comportamentos desejados que o plano pretende influenciar. Muitas vezes, você também encontra fatos e informações que o público-alvo precisa conhecer a fim de agir (objetivos de conhecimento) e coisas em que eles devem acreditar a fim de "mudar de ideia" (objetivos de crença).

Metas são expressões quantificáveis e mensuráveis dos objetivos de marketing. Recomendamos metas que sejam SMART:[10] Específicas, Mensuráveis, Atingíveis, Relevantes, Mudanças em comportamentos e atitudes definidas em certo espaço de tempo.

> ## Continuação do exemplo: redução da tuberculose no Peru
>
> A NTCP estabeleceu *objetivos e metas de marketing* corajosos e claros.
>
> Objetivos de comportamento:
>
> - Influenciar as pessoas que apresentam sintomas a obter um diagnóstico.
> - Influenciar as pessoas que foram diagnosticadas a aceitar o tratamento.
> - Influenciar as pessoas que estejam recebendo tratamento a concluí-lo.
> - Influenciar as pessoas que concluíram o tratamento com sucesso a tornarem-se porta-vozes.
>
> Objetivos de conhecimento:
>
> - Saber a quais sintomas ficar atento.
> - Saber como a doença é transmitida (e como não é transmitida).
> - Conhecer a eficácia do tratamento.
> - Saber que o tratamento é gratuito.
> - Saber que é preciso concluir todo o tratamento para ficar curado.
>
> Objetivos de crença:
>
> - Reduzir o estigma para os tuberculosos.
> - Corrigir os equívocos em relação à doença.
>
> Objetivos de marketing:
>
> - Diagnosticar 70% dos casos de tuberculose pulmonar.
> - Curar pelo menos 85% dos casos. (Na época, eles estavam curando apenas 50%, o que representava um aumento de 70%.)
> - Diminuir o abandono do tratamento. (Na época, 12,1% dos que eram tratados abandonavam o tratamento.)[11]

ETAPA 5: FATORES QUE INFLUENCIAM A ADOÇÃO DO COMPORTAMENTO

Descreva aqui os principais fatores que influenciarão a tomada de decisão de seu público, inclusive uma lista das barreiras, dos benefícios, da concorrência e da influência de outros que sejam importantes para o público-alvo. As barreiras são os motivos pelos quais o público-alvo não quer, ou talvez não queira, ou nem pensa que pode adotar o comportamento; elas podem ser reais ou percebidas. Os benefícios são o que eles veem que receberão ao adotar o comportamento ou o que você pode lhes prometer a fim de aumentar sua probabilidade de motivação. Os competidores são os comportamentos relacionados (ou as organizações que os promovem) em que seu público-alvo está envolvido atualmente, ou em que prefere estar, em vez daqueles que você tem em mente. Esse é também um bom momento para observar "outras pessoas importantes" que possam influenciar seu público-alvo – como parentes, redes sociais, o setor de entretenimento e líderes religiosos.

Continuação do exemplo: redução da tuberculose no Peru

A pesquisa realizada pelo NTCP confirmou as suspeitas de estigma, ideias equivocadas e falta de fatos sobre a doença, bem como salientou preocupações sobre o acesso ao diagnóstico, medicamentos e atendimento coordenado. As barreiras específicas incluíam:

- Não saber que uma tosse persistente era um sinal de que deveriam submeter-se a um exame
- Não saber aonde ir para ser diagnosticado
- Acreditar que não poderiam arcar com o custo do tratamento
- No caso dos pacientes que estavam sendo tratados, acreditar que estavam curados apenas porque se sentiam melhor
- Considerar a necessidade de ir a pé até uma clínica várias vezes por semana como exaustiva demais

ETAPA 6: DECLARAÇÃO DE POSICIONAMENTO

Uma declaração de posicionamento descreve o que você deseja que seu mercado-alvo pense e sinta ao ouvir sobre o comportamento desejado. Enfatize os resultados de sua pesquisa sobre as barreiras e os benefícios percebidos dos comportamentos. Como queremos que o público-alvo veja o comportamento desejado e seus benefícios em relação aos dos comportamentos alternativos ou preferidos? O posicionamento desejado irá guiar a criação de uma estratégia de *mix* de marketing, que ajude a garantir que a oferta se situe em um lugar distinto na mente do público-alvo.

> ### Continuação do exemplo: redução da tuberculose no Peru
>
> Os planejadores queriam que os portadores de sintomas de tuberculose tivessem um senso de urgência em relação ao exame e, ao mesmo tempo, tivessem esperança, porque a cura existe, bem como recursos convenientes para diagnósticos gratuitos. Os planejadores desejavam que as pessoas diagnosticadas com tuberculose considerassem a conclusão do tratamento medicamentoso no tempo determinado como o único modo de garantir sua cura.

ETAPA 7: ESTRATÉGIAS DO *MIX* DE MARKETING

O *mix* tradicional de marketing contém quatro ferramentas principais, como descrito no Capítulo 8, "Desenvolvimento de um *mix* de marketing estratégico e do posicionamento desejado". Nós as usamos para criar, comunicar e fornecer valor para o comportamento. Elas são destacadas aqui novamente e exemplificadas no relato de caso da luta contra a tuberculose no Peru.

Estratégia de produto

No marketing social, o núcleo do produto é o benefício que o mercado-alvo deseja e espera em troca da manifestação do comportamento. O núcleo do produto descreve as características do produto básico (como um teste de tuberculose). E o produto ampliado inclui qualquer objeto ou serviço adicional para ajudar na apresentação do comportamento ou no aumento da atração (como aconselhamento para os que tiverem resultados positivos).

Continuação do exemplo: redução da tuberculose no Peru

As estratégias do núcleo do produto focaram-se nos exames e no tratamento diretamente observado (DOTS). O núcleo do produto a ser testado era "tranquilidade mental" e, para concluir o regime de medicação, "ficar bem". Como mencionado anteriormente, o tratamento diretamente observado (DOTS) envolve um profissional de saúde que administra diretamente, observa e, depois, documenta a ingestão ou a injeção da medicação para tuberculose. Ações de qualidade de produto (também consideradas um componente do produto ampliado) buscavam garantir que, quando as pessoas chegavam para o teste e os pacientes vinham tomar a medicação, houvesse disponibilidade de amplos suprimentos e de auxílio. Era plenamente reconhecido que os serviços clínicos precisavam estar ativos para suprir a demanda que as comunicações deviam criar. Se os pacientes ou possíveis pacientes não conseguissem receber serviços e medicamentos de alta qualidade, como prometido, eles poderiam não retornar nem concluir o tratamento.

Em relação às parcerias com o setor de saúde, a colaboração com empresas farmacêuticas internacionais e nacionais ajudou a garantir um suprimento suficiente de remédios, e um sistema de compras centralizado aumentou a eficiência e a eficácia em termos de custo de sua distribuição. O financiamento do governo e de doadores internacionais aumentou o número de microscópios e de outros suprimentos para os laboratórios. Os serviços de combate à tuberculose foram integrados ao sistema básico de atendimento de saúde. Além disso, foram feitas atualizações em hospitais e clínicas a fim de fornecer serviços diagnósticos, aconselhamento e tratamento mais eficazes.

Estratégia de preço

O preço torna-se a soma dos custos que o mercado-alvo irá "pagar" para adotar o comportamento desejado em troca dos benefícios prometidos. Algumas vezes esses custos têm natureza monetária, como no caso dos bens e serviços tangíveis. Mas, na maior parte do tempo, os profissionais de marketing social vendem comportamentos que exigem algo diferente em troca: tempo, esforço, energia, custos psicológicos e/ou desconforto físico. A ferramenta de preço é usada para reduzir alguns desses custos, oferecendo incentivos monetários ou não monetários para recompensar comportamentos, ou desestímulos monetários ou não monetários para desestimular os comportamentos concorrentes ou indesejáveis. (Como um lembrete, as outras três ferramentas P também são necessárias para reduzir esses custos.)

Continuação do exemplo: redução da tuberculose no Peru

Várias opções estavam disponíveis para reduzir os custos monetários, como exames gratuitos, medicamentos gratuitos para os que não podiam pagar, reembolso para os custos de viagem e, para algumas pessoas, hospedagem gratuita. Uma das maiores organizações sem fins lucrativos no Peru, Socios En Salud, forneceu cestas de alimentos e outros auxílios sociais para os pacientes pobres cuja carência havia sido confirmada por entrevistas e avaliação extensas. A organização também ajudou as mulheres na comunidade a ganhar uma renda para ajudar a sustentar suas famílias por meio de uma oficina em cooperativa que participava de feiras de artesanato no Peru, vendendo peças artesanais até nos Estados Unidos, no Japão e na Suíça (ver a Figura 9.1).

FIGURA 9.1 Pequenos negócios de artesanato apoiados por microempréstimos.
Fonte: Terry Lee

Estratégia de distribuição

Pense na "distribuição" em termos de onde e quando o mercado-alvo será incentivado a se envolver no comportamento e/ou a acessar qualquer objeto ou serviço tangível associado à ação. Seu objetivo com este instrumento é tornar tão conveniente e agradável quanto possível para o cliente se envolver no comportamento desejado e acessar os produtos e serviços.

> ### Continuação do exemplo: redução da tuberculose no Peru
>
> O acesso ao diagnóstico e ao tratamento foi significativamente aumentado quando o ministério da saúde integrou os serviços contra a tuberculose ao sistema básico de atendimento de saúde. Além disso, os horários de atendimento das clínicas foram ampliados para o período noturno, os profissionais de saúde visitavam os pacientes em suas residências e o programa de tratamento diretamente observado (DOTS) foi expandido para regiões remotas do país.

Estratégia de comunicação

São comunicações persuasivas que destacam os benefícios, as características, o preço justo do produto e a facilidade de acesso a ele e que têm como objetivo inspirar o público-alvo a agir. A criação dessas comunicações é um processo que começa com a determinação das mensagens principais, continua com a escolha dos mensageiros e dos elementos criativos e conclui com a escolha dos canais de mídia.

Diversos componentes de seu plano o ajudarão a decidir quais são as *mensagens* principais, em especial os objetivos de marketing, que refletem o que você deseja que o mercado-alvo faça, conheça e acredite. As barreiras, os benefícios, a concorrência e os detalhes da oferta também irão inspirar suas escolhas. Os *mensageiros* são os que transmitem as mensagens. Os públicos decidirão o quanto eles acham que um mensageiro é merecedor de credibilidade e irão tomar essa decisão com base no conhecimento, na confiabilidade e na capacidade de agradar percebidos. Os *elementos criativos* traduzem o conteúdo das mensagens desejadas em elementos específicos das comunicações, que incluem texto, imagens, fonte, características interativas dos meios de comunicação eletrônicos, e atores, cenários e sons quando é utilizada mídia de rádio e TV. As men-

Capítulo 9 ❖ Desenvolvimento de um Plano de Marketing Social **227**

sagens são transmitidas por meio de *canais de mídia*, também chamados canais de comunicação; eles incluem canais tradicionais, como publicidade, materiais impressos e itens de sinalização, além de canais não tradicionais, como blogs, podcasts, fóruns e arte pública e ações de entretenimento.

Continuação do exemplo: redução da tuberculose no Peru

As mensagens principais para a campanha refletiam claramente os objetivos de comportamento, conhecimento e crença: "Se você tossir por mais de 15 dias, deve ir ao centro de saúde." "Todos os serviços contra a tuberculose são gratuitos." "O tratamento de uma pessoa é a prevenção para todas."

Os principais mensageiros que transmitiam as mensagens pessoalmente incluíam os profissionais de saúde, familiares e os voluntários da organização da comunidade.

Os principais canais de mídia incluíram meios de comunicação de massa (televisão, rádio, *outdoors*, mídia impressa), materiais impressos (pôsteres, cartas, folhetos informativos), eventos especiais (Dia Mundial da Tuberculose, teatro de rua), vídeos (nas salas de espera das instalações de atendimento de saúde), comunicações pessoais (profissionais de saúde), mobilização da comunidade (grupos de vigilância) e persuasão (grupos locais que visavam a persuadir famílias e líderes políticos).

ETAPA 8: PLANO DE MONITORAMENTO E AVALIAÇÃO

Você vai criar o plano de monitoramento e avaliação antes dos planos de orçamento final e de implementação. É importante estabelecer logo de início a diferença entre "monitoramento" e "avaliação". *Monitoramento* geralmente se refere a uma mensuração realizada algum tempo depois do lançamento de um novo programa ou campanha, mas antes de sua conclusão. Isso, muitas vezes, é realizado para determinar se são necessárias correções intermediárias para garantir que as metas de marketing sejam atingidas. Uma *avaliação* é uma mensuração e um relatório do que aconteceu, respondendo às seguintes perguntas: as metas foram atingidas? Quais componentes da campanha podem ser associados aos resultados? O programa cumpriu o cronograma e o orçamento? O que funcionou bem? O que não funcionou? O que deve ser feito de outra forma da próxima vez?

As respostas às cinco perguntas básicas a seguir o ajudarão a criar esse plano:

- Por que e para quem você está realizando esta mensuração?
- Quais insumos, processos, produtos, resultados e impactos serão medidos?
- Quais metodologias serão usadas para realizar essas mensurações?
- Quando as mensurações serão realizadas?
- Quanto isso custará?

Continuação do exemplo: redução da tuberculose no Peru

Os resultados relativos às metas situam-se no cerne da avaliação do programa. Foram diagnosticados 70% dos casos de tuberculose? Foram curados 85% ? A taxa de 12,1% de abandono diminuiu? (Em 1998, de fato, foram detectados cerca de 94% dos casos de tuberculose e 90% dos pacientes foram curados, evitando cerca de 70.000 casos e mortes.)[12]

ETAPA 9: ORÇAMENTO

Seu orçamento para o programa ou campanha reflete os custos para implementar o plano de marketing, incluindo os associados com a estratégia de *mix* de marketing (produto, preço, distribuição e comunicação), bem como com qualquer custo adicional previsto para monitoramento e avaliação. No método ideal de objetivo e tarefa para estabelecer um orçamento, esses custos previstos transformam-se em um orçamento preliminar, que se baseia no que é necessário para atingir as metas estabelecidas. Quando esse orçamento preliminar supera os fundos disponíveis, leve em conta as opções para obter verbas adicionais, bem como o potencial para criar fases de campanha (dividindo os custos por um tempo mais longo), revisar as estratégias e/ou reduzir as metas de mudança de comportamento. As fontes de verbas adicionais incluem concessões governamentais, organizações sem fins lucrativos e fundações, parceiros de publicidade e de meios de comunicação, coalizões e empresas.

Capítulo 9 ❖ Desenvolvimento de um Plano de Marketing Social **229**

> ### Continuação do exemplo: redução da tuberculose no Peru
>
> Como mencionado anteriormente, o governo do país aumentou o orçamento para o Programa Nacional de Controle da Tuberculose de US$600 mil para US$5 milhões. Para impulsionar ainda mais o programa, também foram criadas parcerias com empresas privadas e organizações sem fins lucrativos. Parceiros internacionais importantes incluíam a Organização Panamericana de Saúde, que forneceu suporte técnico e treinamento, e a USAID, que apoiou o desenvolvimento da estratégia de comunicação e a colaboração com empresas farmacêuticas internacionais a fim de garantir o suprimento suficiente de remédios.

ETAPA 10: PLANO PARA IMPLEMENTAÇÃO E GESTÃO DA CAMPANHA

Para algumas pessoas, este plano de implementação *é* o plano de marketing, porque ele descreve quem fará o que, quando e por qual custo, incluindo os parceiros e seus papéis. Ele funciona como um documento de trabalho resumido para compartilhar e acompanhar as ações planejadas, além de fornecer um mecanismo para garantir que todos os envolvidos façam o que se pretende, no prazo e dentro do orçamento. O mais comum é que esses planos representem no mínimo um ano de atividade e, idealmente, dois ou três anos.

Resumo

O planejamento de marketing é um processo sistemático, e o modelo de 10 etapas apresentado neste capítulo é recomendado para desenvolver um plano estratégico de marketing social. Ele começa com o esclarecimento do propósito e do foco do plano; a seguir vêm a análise da situação e do ambiente atuais, a identificação dos públicos-alvo, o estabelecimento dos objetivos e metas de marketing e a compreensão da posição de seu público-alvo. Depois, é determinado um posicionamento desejado para a oferta; um *mix* de marketing estratégico (os quatro Ps) é criado e os planos de avaliação, orçamento e implementação são desenvolvidos. Embora o processo pareça sequencial, ele é descrito de modo mais preciso como sendo de natureza itemizada, com componentes que são rascunhados e, depois, ajustados, com base nos resultados ou decisões em etapas subsequentes.

230 Parte III ❖ Garantia de uma Abordagem Integrada

OBSERVAÇÃO: Para fazer o download de uma versão eletrônica gratuita de um documento de planejamento que o conduz por essas etapas, visite www.socialmarketingservice.com e clique em Planning Worksheets.

Notas

[1] The Global Fund. "Stopping Tuberculosis in Peru." Acessado em 28 de abril de 2008 em http://www.theglobalfund.org/en/in_action/peru/tb1/; F. Llanos-Zavalaga, P. Poppe, Y. Tawfik, e C. Church-Balin, "The Role of Communication in Peru's Fight Against Tuberculosis", Health Communication Partnership, setembro de 2004, p. 13.

[2] OMS. "Worldwide Efforts to Confront Tuberculosis Are Making Progress But Too Slowly". Comunicado à imprensa em 17 de março de 2008, Genebra. Acessado em 18 de abril de 2008 em http://www.who.int/tb/en/.

[3] OMS. Tuberculosis Fact Sheet. Acessado em 18 de abril de 2008 em http://www.who.int/mediacentre/factsheets/fs104/en/print.html.

[4] Uma versão mais detalhada deste caso foi publicada em 2009, em um livro intitulado *Social Marketing for Public Health: Global Trends and Success Stories* de Cheng, Kotler e Lee. Jones and Bartlett Publishers.

[5] F. Llanos-Zavalaga, et al., op. cit., p. 13.

[6] Health a Key to Prosperity: Success Stories in Developing Countries. "Peru set to halve new TB cases every 10 years". Acessado em 11 de abril de 2008 em http://www.who.int/inf-new-tuber1.htm.

[7] F. Llanos-Zavalaga, et al., op. cit., p. 2; OMS. "Peru set to halve new TB cases every 10 years".

[8] F. Llanos-Zavalaga, et al., ibid.

[9] F. Llanos-Zavalaga, et al., ibid.

[10] Project Smart. (n.d.). Smart Goals. Acessado em 11 de agosto de 2007 em http://www.projectsmart.co.uk/smart-goals.html.

[11] F. Llanos-Zavalaga, et al., ibid, p. 7.

[12] OMS. "Peru set to halve new TB cases every 10 years".

10

O Papel do Setor Público na Redução da Pobreza

"Se estivermos dispostos a aplicar as lições cruciais que aprendemos na luta contra a pobreza – começando pela necessidade de deixar de lado a ideologia em favor da inovação e da experimentação – então acredito que possamos capitalizar o progresso que fizemos nos últimos 10 anos e diminuir a pobreza a mínimos históricos nos próximos 10 anos."

—Michael R. Bloomberg
prefeito de Nova York
Discurso na Brookings Institution, 28 de agosto de 2007

Em todos os países, a pobreza é tanto um problema nacional como local. Os recursos necessários para reduzir a pobreza estão nas mãos do setores público (órgãos do governo), sem fins lucrativos (ONGs e outras organizações civis) e privado (empresas). As instituições de cada setor têm de definir seus respectivos papéis como possíveis agentes de luta contra a pobreza. Os três setores precisam estabelecer parcerias e integrar suas ações separadas a fim de obter mais sinergia nos resultados. É no trabalho em parceria desses setores que se encontra a verdadeira chave para reduzir a pobreza.

Nos anos 1960, os países dependiam principalmente dos governos para reduzir a pobreza, mas pouco foi feito. Dos anos 1970 até meados da década de 1990, as organizações sem fins lucrativos começaram a se envolver na tarefa; no entanto, isso também não levou a uma redução significativa da pobreza. Depois, nos anos 1990 e na primeira década do século XXI, o setor privado – especialmente as corporações multinacionais – ocuparam o centro do poder no mundo econômico, financeiro e político. Algumas empresas se envolveram na redução da pobreza e obtiveram alguns resultados animadores. Mas

232 PARTE III ❖ Garantia de uma Abordagem Integrada

as contribuições dos três setores, trabalhando de forma independente, pouco reduziram a pobreza.

Neste capítulo, examinamos mais detalhadamente o papel que o governo pode desempenhar em relação ao problema da pobreza. Analisamos três governos – Estados Unidos, China e Bangladesh – e discutimos seus sucessos e desafios. Começamos com o caso que aborda a luta pela redução da pobreza em Nova York. Observe a aplicação dos princípios e das técnicas de marketing discutidos nos capítulos anteriores, principalmente dos que abordam a segmentação e a priorização das populações-alvo, e o desenvolvimento de estratégias voltadas para suas barreiras e motivadores únicos.

Nova York: Center for Economic Opportunity

Em 2006, mais de 350 mil *trabalhadores nova-iorquinos* estavam vivendo na pobreza. Mais de 25% dos *adultos jovens* (de 16 a 24 anos) viviam abaixo da linha de pobreza nacional. E mais de 185.000 *crianças pequenas* (de 0 a 5 anos) em Nova York eram pobres, o que representava uma entre três crianças.[1]

Em dezembro de 2006, o prefeito Michael Bloomberg criou o Center for Economic Opportunity (CEO), cuja missão é reduzir esses números por meio da implementação de iniciativas inovadoras e voltadas a resultados. No início daquele ano, o prefeito indicara 32 lideranças civis para a Commission for Economic Opportunity de Nova York, encarregando-os de criar estratégias para indicar modos concretos em que a prefeitura poderia agir para garantir que os nova-iorquinos pobres tivessem os recursos necessários para ajudá-los a sair da pobreza.

Em setembro, a comissão havia realizado uma pesquisa extensa e apresentado 31 recomendações. Essas recomendações inspiraram o desenvolvimento de 41 iniciativas que resultaram em políticas e em prática, coordenadas pelo centro recém-criado. A comissão acreditava que, ao recompensar a iniciativa pessoal e fomentar a esperança dos pobres, eles criariam um futuro que beneficiaria a todos os nova-iorquinos.

Programas e serviços

O processo de seleção para as 41 iniciativas foi guiado pela necessidade de estratégias que pudessem alcançar resultados rápidos e obter ganhos a longo prazo. Elas precisavam se basear em práticas recomendadas, novas ideias e/ou em expansões de programas-modelo existentes e que construíssem o capital humano e aumentassem o acesso e o uso dos serviços públicos. Esta seção descreve uma amostra das iniciativas que foram implementadas para

Capítulo 10 ❖ O Papel do Setor Público na Redução da Pobreza 233

cada uma das principais populações-alvo. Como profissionais de marketing, pensamos nessas iniciativas como ofertas de produtos que queremos que nossos públicos-alvo "comprem".

Para os trabalhadores pobres

Os 350 mil trabalhadores nova-iorquinos que viviam na pobreza em 2006 representavam aproximadamente 46% das famílias pobres da cidade. Devido à falta de habilidades profissionais e, no caso de muitos, de falar inglês, muitos trabalhadores pobres não conseguiam salários adequados e com potencial de desenvolvimento. Vários programas estão ajudando a reduzir essas barreiras:

- O programa *Earn More* está disponível aos moradores da cidade que tenham trabalhado com regularidade nos últimos seis meses em empregos de tempo integral ou parcial que paguem US$14 ou menos por hora. O programa oferece serviços gratuitos personalizados para fazer com que os trabalhadores obtenham e retenham empregos com salários mais altos, bem como a ajudá-los a progredir em suas carreiras (ver Figura 10.1). O programa fornece serviços que incluem um *coach* de desenvolvimento profissional, aulas de inglês para estrangeiros, aconselhamento e ajuda para obtenção do GED* e do certificado correspondente, aconselhamento financeiro e auxílio para cuidados das crianças. Existem até mesmo incentivos financeiros para a conclusão de um programa de treinamento profissional e para o alcance de marcos de progresso na carreira.[2]

- O *NYC Training Guide* permite que os clientes acessem as opções de treinamento profissional. Ele lista cerca de 400 prestadores de serviços de treinamento e 4.000 ofertas de treinamento vocacional, bem como as taxas de conclusão de curso e de colocação profissional dos estudantes anteriores para os cursos já certificados. Em março de 2009, o Training Guide apresentaria um sistema inovador de classificação que forneceria mais verbas de treinamento para empregos que exigissem menos instrução, mas oferecessem mais perspectivas de emprego e de aumento de salário. O guia pode ser consultado em www.nyc.gov/trainingguide.

Para adultos jovens (de 16 a 24 anos)

Muitos dos adultos jovens em Nova York que vivem abaixo da linha de pobreza nacional estão afastados da escola ou do trabalho e se deparam com um futuro incerto. O centro apoia iniciativas para reduzir os índices de gravidez

---

*N. de R. T.: GED – General Equivalency Diploma ou General Education Diploma – testes em cinco matérias que certificam os aprovados com equivalência do nível de ensino médio americano.

FIGURA 10.1 Uma moradora da cidade, no trabalho, beneficiária do programa Earn More.

na adolescência, reaproximar os jovens da escola, fornecer modelos educacionais alternativos e aumentar o número de oportunidades de estágio e de emprego para esses jovens:

- O *Young Adult Internship Program* (YAIP) oferece aos participantes a chance de desenvolver as habilidades essenciais para a mão de obra atual por meio de uma combinação de oficinas educacionais, aconselhamento e estágios pagos de curta duração. Os participantes têm de 16 a 24 anos e recebem a oportunidade de desenvolver importantes habilidades sociais e profissionais. O YAIP opera três ciclos de 14 semanas por ano e atende anualmente cerca de 1.360 adultos jovens que estão fora da escola e que não trabalham. O objetivo do programa é reconectar os jovens a uma ou mais dentre três áreas: trabalho, treinamento avançado ou educação.

- A iniciativa *Office of Multiple Pathways to Graduation* tem como alvo a parcela dos calouros do ensino médio (cerca de 48% do total) que tendem a atingir a maioridade e a se atrasar nos estudos. Esses estudantes se atrasam logo a princípio e, depois de saírem dos eixos, abandonam o sistema rapidamente. Essa iniciativa tem quatro elementos principais:

  - Learning to Work envolve os estudantes em oficinas intensivas de desenvolvimento de habilidades para empregabilidade.

  - Transfer High Schools são escolas pequenas para alunos entre 16 e 17 anos e com poucas matérias aprovadas que estudam a fim de obter um certificado de conclusão do ensino médio.

  - Os programas Access GED incluem currículos adequados para a idade e a cultura dos alunos e caminhos para treinamento e emprego depois do ensino médio.

  - Os Young Adults Borough Center são programas educacionais noturnos que operam em escolas já existentes.[3]

Para crianças pequenas (de 0 a 5 anos)

As crianças nascidas na pobreza têm mais probabilidade de terem recebido cuidados pré-natais tardios ou inadequados e enfrentam um risco mais elevado de baixo peso ao nascer e de mortalidade infantil. Esses fatores de risco estão fortemente correlacionados com a pobreza, deixando as crianças suscetíveis a inúmeros problemas que, se não forem enfrentados de imediato, terão consequências negativas no futuro. Dois programas coordenados pelo centro lidam com essas questões:

- O *Nurse-Family Partnership* busca melhorar a saúde, o bem-estar e a autossuficiência dos pais de baixa renda e de seus filhos por meio de visitas regulares em domicílio. O objetivo é inscrever 60% dos clientes na 16ª semana de gravidez e os restantes 40% até a 28ª semana. Enfermeiras certificadas fazem uma média de duas visitas por mês durante a gravidez e até o segundo aniversário da criança[4] (ver a Figura 10.2).

- A *Child Care Tax Credit*, lei assinada em 2007, auxilia famílias de baixa renda (que ganham US$30 mil por ano ou menos) com o custo de cuidados para crianças abaixo de 4 anos. Pôsteres da campanha, em espanhol e em inglês, são colocados em paradas de ônibus e em cabines telefônicas em bairros de baixa renda. A abordagem baseia-se em evidências que demonstram que os antigos beneficiários do seguro-desemprego com filhos pequenos têm 60% mais probabilidade de permanecerem empregados depois de dois anos se receberem ajuda para pagar pelos cuidados infantis.[5]

FIGURA 10.2 Uma enfermeira do NFP em visita domiciliar preenche o formulário de sua visita junto com o cliente.

Avaliação: prestação de contas dos programas

Em dezembro de 2007, aproximadamente 100.000 nova-iorquinos se beneficiavam com os programas do Centro, que tinha implementado 31 das 41 iniciativas. Como recomendado pela comissão, o Centro e os agentes parceiros identificaram os resultados desejados e as estratégias de mensuração de desempenho. Os agentes e seus atores precisam documentar resultados sólidos para manter as verbas. Os programas bem-sucedidos são então posicionados para receber verbas públicas contínuas ou maiores para atender a mais participantes.[6]

QUE PAPEL CRUCIAL OS ÓRGÃOS DO GOVERNO DESEMPENHAM NA REDUÇÃO DA POBREZA?

Os governos, quase sempre, têm um papel de liderança para fornecer serviços essenciais que não só ajudam as pessoas a saírem da pobreza, mas também impedem que, antes de mais nada, elas cheguem a essa situação. Em todos os níveis – nacional, regional e local –, os governos precisam dar conta de contribuir para funções vitais:

- *Construir uma economia robusta.* Você lerá neste capítulo a respeito do sucesso do crescimento econômico da China, que reduziu pela metade a proporção de pessoas cuja renda é de menos de US$1 por dia, de 33% em 1990 para 16% em 2000. As políticas que contribuíram para esse declínio incluíram a privatização da agricultura, a criação de novas indústrias em áreas rurais e o convite a empresas estrangeiras a estabelecerem *joint ventures* no país.
- *Proteger e fomentar a segurança e a saúde públicas.* No Capítulo 4, "Segmentação do mercado da pobreza", dissemos que, em 2005, Nova York tinha 18% dos casos de HIV/AIDS, mas apenas 3% da população do país. Certamente as ações efetivadas em 2007 para passar da distribuição de 2,5 milhões de preservativos "Get Some" por ano para 39 milhões irão ajudar a reduzir a disseminação dessa doença.
- *Fornecer infraestrutura básica.* Diversos capítulos mencionaram como os fatores associados ao transporte podem ser decisivos quando se tenta influenciar os comportamentos de prevenção e de redução da pobreza, incluindo a ingestão dos medicamentos para tuberculose; conseguir um mosquiteiro; falar com alguém sobre anticoncepcionais em uma clínica de planejamento familiar; e fornecer sementes novas e melhores aos fazendeiros nas aldeias remotas.
- *Educar as crianças e os jovens.* Certamente precisamos contar com os governos de todos os países para atingirmos os Objetivos de Desenvolvimento do Milênio apresentados no Capítulo 2, "Exame de muitas soluções atuais". Lembre-se da meta 2, alcançar ensino básico universal, garantindo que, em 2015, todas as crianças, meninos e meninas, serão capazes de concluir todo o ensino básico. A meta 3 é eliminar a disparidade de gênero em todos os níveis da educação até 2015.
- *Fornecer auxílio público aos necessitados.* Você aprende no Capítulo 8, "Desenvolvimento de um *mix* de marketing estratégico e do posicionamento desejado", sobre a história de sucesso da Netmark na prevenção da malária. Mosquiteiros gratuitos ou vendidos com descontos graças aos subsídios

governamentais para os que não podiam comprá-los foram uma parte essencial da estratégia para proteger quase 15 milhões de pessoas da malária. É impressionante que, entre as 350.000 grávidas e crianças com menos de 5 anos que receberam cupons de desconto para mosquiteiros tratados com inseticida, mais de 243.000 foram utilizados.

- *Proteger o ambiente.* Talvez os pescadores nas Filipinas, dos quais falamos no Capítulo 5, "Avaliação e escolha das prioridades do mercado-alvo", que estão entre os mais pobres em sua sociedade, estivessem em uma situação muito melhor se o governo tivesse agido mais para regular a pesca excessiva, a pesca predatória e a poluição causada pelas empresas de manufatura comercial.
- *Oferecer concessões e subsídios.* É improvável que Malawi fosse "a agulha brilhante dentro de um palheiro sombrio" sobre a qual falamos no Capítulo 7, "Compreender as barreiras, os benefícios e a competição pela mudança", sem o programa governamental de subsídios a fertilizantes que gerou colheitas recordes de milho e uma queda de 80% na desnutrição infantil. Acreditamos que o sucesso de Malawi resultou de ajudar os mais pobres a cultivar mais alimentos, e não depender dos suprimentos fornecidos por outros países.

O PAPEL DO GOVERNO AMERICANO NA REDUÇÃO DA POBREZA

Quando os fundadores dos Estados Unidos assinaram a Declaração de Independência, o documento dizia que todos os homens eram criados iguais e dotados de direitos e que, para garantir esses direitos, fora criado o governo. Assim, foram os cidadãos que criaram o governo para que este servisse a eles, isto é, ao bem comum.[7] Eles queriam que o governo fosse eficaz e eficiente no serviço ao público. Os empregados do governo eram considerados "funcionários públicos" que deveriam satisfazer os desejos do povo e seguir a vontade deste. Eles deviam ser orientados para o cliente, isto é, o cidadão. Esperava-se que os funcionários públicos colocassem o bem comum acima do interesse pessoal.[8]

O governo federal americano opera sob um modelo de verificações e equilíbrios entre três grupos: os ramos executivo, legislativo e judiciário. Cada subestrutura exerce poder e autoridade, mas é verificada pelas outras e busca equilibrar-se com elas. Cada subestrutura também funciona em vários níveis, partindo de um nível nacional até escritórios regionais, estaduais e municipais, em cidades grandes, pequenas e aldeias.

Na prática, os funcionários públicos e os cidadãos costumam agir mais por interesse pessoal do que por interesse público. Os funcionários públicos respondem a todo tipo de pressão para servir a grupos de interesses especiais. Os grupos de cidadãos e empresariais influenciam continuamente os burocratas e os funcionários do governo a fim de obter favores especiais. Como os pobres não são organizados, suas necessidades são, em grande medida, negligenciadas até que alguma pessoa importante ou o presidente defenda sua causa.

No caso do governo federal, a troca de poder ocorre, no decorrer do tempo, entre os ramos executivo, legislativo e judiciário. Um presidente forte como Franklin D. Roosevelt, Lyndon B. Johnson, ou Ronald Reagan pode influenciar para que novas ideias sejam aceitas pela opinião pública. O Congresso e a Suprema Corte, em sua maior parte, seguem essa liderança. Em outros momentos, o Congresso domina, ou aprovando novas leis ou impedindo que a nova legislação seja aprovada. Em outros momentos, a Suprema Corte assume uma posição em uma questão importante como a discriminação ou o aborto e muda o clima da época.

Em relação à questão da pobreza, o presidente Johnson tomou a posição mais firme dentre todos os presidentes recentes. Ele declarou uma "Guerra à Pobreza" em seu primeiro discurso sobre o Estado da União, em 8 de janeiro de 1964, como parte de seu programa Great Society. A taxa de pobreza nacional americana era de cerca de 19%. O congresso americano seguiu sua liderança, aprovando o Economic Opportunity Act, que criou o Office of Economic Opportunity (OEO) para administrar localmente os fundos federais nas áreas de pobreza atendidas pelo programa. Foram criadas as seguintes organizações:

- VISTA (Volunteers in Service to America) oferecendo oportunidades de emprego para pessoas conscienciosas que sentiam que poderiam contribuir na redução da pobreza. Os voluntários concentravam-se em programas de enriquecimento educacional e vocacional para as classes menos favorecidas.
- Job Corps atendia a cidadãos americanos de baixa renda entre 16 e 24 anos. Eles recebiam treinamento escolar, vocacional e de habilidades sociais a fim de conquistar bons empregos e carreiras com oportunidades de progresso e de alguma independência.
- Head Start foi criado para reduzir a pobreza ao oferecer a crianças em idade pré-escolar vindas de famílias de baixa renda maneiras de suprir as necessidades sociais, emocionais, de saúde, nutricionais e psicológicas.
- Legal Services estabeleceu 269 programas locais de serviços judiciários para garantir acesso igual à justiça, oferecendo auxílio judiciário civil aos que não podiam pagar por esse serviço.

- Community Action Programs foram criados em diferentes comunidades para oferecer diversos serviços de auxílio a pessoas de baixa renda.

A taxa de pobreza, que era de 19% quando a Guerra contra a Pobreza foi lançada em 1964, caiu para cerca de 11% na década seguinte. No entanto, a pobreza deixou de ser uma prioridade nas administrações subsequentes. Nos últimos anos, a taxa de pobreza oscilou entre 12 e 13% e a tendência atual é claramente de aumento.

O fato é que a taxa de pobreza varia consideravelmente entre as áreas rurais e urbanas, entre as diferentes regiões do país e entre os diferentes grupos etários, raciais, étnicos e de gênero. Por exemplo, 30% dos menores de idade afro-americanos estão vivendo abaixo da linha de pobreza. Em 2006, os Estados Unidos tinham a taxa de pobreza infantil mais alta (22%) dentre todos os países no mundo desenvolvido. Os Estados Unidos ocupam o 16º lugar no índice de pobreza humana, ultrapassado apenas pela Irlanda e pela Itália. Claramente, a mais rica nação do mundo não está servindo a todo o seu povo.

Cada estado e cada cidade nos Estados Unidos estabeleceu seu próprio programa de redução da pobreza. Há ampla experimentação, com diferentes abordagens e soluções díspares, como ilustrado no relato de caso sobre os esforços da prefeitura de Nova York para determinar os segmentos de pobreza prioritários. Cada comunidade nos Estados Unidos deveria pensar em fazer isso e escolher onde seus recursos de luta contra a pobreza trarão o maior bem.

O PAPEL DO GOVERNO CHINÊS

Vejamos o caso da China, cujo governo foi reconhecido pelo Banco Mundial como a instituição mais bem-sucedida em todo o mundo na luta contra a pobreza. Ao contrário dos Estados Unidos, cujo governo travou uma Guerra contra a Pobreza apenas em algumas ocasiões, o governo da China transformou a luta contra a pobreza em prioridade. Em apenas uma década, ele cortou pela metade a proporção de pessoas vivendo com menos de US$1 por dia: 33% em 1990 reduzidos para 16% em 2000.[9] Em tamanho de população, isso representa 150 milhões de pessoas que saíram da pobreza extrema.

O sucesso da China é ainda mais impressionante quando comparado com o fracasso da Rússia. Pode-se comparar a taxa de crescimento econômico anual médio da China, de mais de 10% durante a década de 1990 com a taxa de declínio anual médio da Rússia, de 5,6%.[10] No final da década de 1990, as duas curvas opostas tronaram a renda real dos chineses igual a dos russos.

Capítulo 10 ❖ O Papel do Setor Público na Redução da Pobreza **241**

O governo chinês acreditava que seu crescimento econômico recorde era o principal responsável pelo feito da redução histórica da pobreza. O Banco Mundial diz que o declínio econômico contínuo da Rússia provocou um aumento histórico da pobreza, considerado como o maior na história da pobreza mundial em épocas normais.

Ao analisar o milagre econômico da China, é interessante examinar sua segmentação das fontes de desenvolvimento econômico. Havia quatro segmentos importantes. O primeiro era o segmento *agrícola*. A reforma que o governo central introduziu nesse segmento foi o movimento de afastamento de seu "sistema coletivo ou comunal" de produção agrícola em favor do "sistema de responsabilidade individual" de produção. Essa foi, efetivamente, uma estratégia de privatização, embora apenas parcial, porque a propriedade individual da terra ainda não era permitida. O governo eliminou o imposto sobre terras agrícolas. Os ganhos econômicos do aumento da produção foram direcionados individualmente para os fazendeiros. Centenas de milhões de fazendeiros e suas famílias desfrutaram a bonança, e o novo sistema recebeu apoio imediato.

O segundo segmento importante foram as *empresas industriais*. O governo chinês optou por situar as novas indústrias mais nas áreas rurais e menos em localizações urbanas. Isso foi feito visando a desestimular a ampla migração das pessoas das áreas rurais para as urbanas e a fim de situar as indústrias mais perto de muitos dos recursos naturais, como minério de ferro, carvão e bauxita. A liderança central acreditava que essa estratégia ajudaria a "reduzir o tumulto social que inevitavelmente acompanha a industrialização."[11] Hoje, a China está mudando algumas das indústrias situadas em áreas urbanas para as áreas rurais a fim de aproveitar os custos de mão de obra mais baixos.

Milhões de novas empresas tiveram permissão para operar em aldeias e pequenas cidades rurais. Como as aldeias e vilarejos eram mercados pequenos, foi relativamente fácil estimular a concorrência. Dentro de um curto período, surgiu uma forte concorrência pelo sucesso. Responsabilidade e transparência, dois critérios de governança, também foram fáceis de obter. Nas aldeias e cidades pequenas, praticamente todos se conhecem e sabem o que está acontecendo. As pessoas sabiam se estavam sendo criados empregos e se a renda estava aumentando. Elas também ficavam sabendo das transgressões e estavam dispostas a corrigi-las.

O terceiro segmento importante foram os *negócios em joint venture*. Para isso foi necessário atrair os investidores estrangeiros. O governo chinês não demorou para convidar as empresas estrangeiras a virem para o país a fim de estabelecer *joint ventures*. Ele criou as infraestruturas financei-

242 PARTE III ❖ Garantia de uma Abordagem Integrada

ras e legais confiáveis necessárias para que os investidores estrangeiros se interessassem. A China estabeleceu uma comissão de valores mobiliários eficiente, normas bancárias, leis de incentivo a investimentos e criou outras redes de segurança.

O governo central continua a promover agressivamente o país para os investidores estrangeiros ao liberalizar e até mesmo eliminar progressivamente as restrições. Por exemplo, em dezembro de 2004, a China abriu as portas a varejistas estrangeiros sem a necessidade de estes primeiro conseguirem um parceiro de *joint venture*.[12] Consequentemente, um número recorde de empresas estrangeiras foi para o país. Entre as economias emergentes, a China rapidamente tornou-se o destino dos maiores investimentos estrangeiros diretos do mundo.[13]

Em quarto lugar, a China segmentou seu mercado da pobreza por áreas *geográficas* a fim de atacar o problema. As áreas costeiras tinham o crescimento econômico mais rápido; logo, foi ali onde ocorreu a maior redução da pobreza. No outro extremo, estavam os pobres nas regiões a noroeste. Nesse local, o problema da pobreza tinha dois aspectos: área tinha o mais alto índice de pobreza humana e de baixa renda e também incluía as províncias onde havia a maior desigualdade; assm, o modelo de redução da pobreza via crescimento econômico da China não funcionou. Isso ocasionou a migração das regiões pobres para as áreas costeiras, principalmente para os três centros urbanos mais ricos da China: Xangai, Pequim e Tianjin. A fim de desestimular essa fuga para as cidades costeiras, a China tem planos de construir pelo menos quatro novas cidades.

Além dessas quatro abordagens de segmentação, vale a pena mencionar outra estratégia. O governo central também extinguiu o sistema de seguridade social baseado no comunismo. Os dados do ministério do trabalho e seguridade social indicam que atualmente os planos de assistência médica cobrem apenas 14% da população, apenas 8% têm seguro-desemprego e 16% recebem pensões.[14] Um artigo do *Wall Street Journal* relatou que, nas cidades, um mendigo pode ganhar 10 vezes o que ganha um fazendeiro da região noroeste.[15] Claramente, a China ainda tem um longo caminho a percorrer a fim de construir redes de segurança para sua ainda numerosa população pobre.

O PAPEL DO GOVERNO DE BANGLADESH

Bangladesh, uma democracia evoluída de 133 milhões de habitantes, atingiu um recorde impressionante ao tirar sua população da extrema pobreza depois da independência em 1971 e nas duas décadas seguintes.

Perto do início do novo milênio, o governo de Bangladesh decidiu envolver-se ativamente na luta contra a pobreza[16] e solicitou o auxílio do Banco Mundial para criar um programa de redução da pobreza, que se concentraria em quatro segmentos "vulneráveis":

- Mulheres rurais pobres, principalmente as que eram vítimas de diversos tipos de opressão, inclusive estupro ou outros abusos sexuais, ataque com ácido, dote e tráfico ilegal.
- Crianças em famílias pobres, em especial crianças de rua e crianças em trabalhos de alto risco. Exemplos são meninos que trabalham como ajudantes em ônibus, carregadores, empurradores de riquixás, trabalhadores em curtumes, operários de construção, torneiros mecânicos e operários em fábricas de baterias, e meninas que trabalham como empregadas domésticas, operárias em olarias e ourivesarias e crianças que se prostituem.
- Pobres portadores de deficiências físicas.
- Minorias étnicas, indígenas e culturais e grupos religiosos pobres.

Além dos segmentos vulneráveis, o programa de redução da pobreza do governo especificou o restante do mercado da pobreza em termos espaciais. Havia sete grupos: pobres rurais, pobres urbanos, pobres do país em áreas úmidas, pobres em áreas cercadas por água, pobres em áreas montanhosas, pobres em ilhas e áreas costeiras e migrantes pobres "flutuantes" e em barcos.

Os segmentos "ocorriam naturalmente". Há uma clara vantagem prática ao segmentar o mercado da pobreza deste modo: em primeiro lugar, os segmentos são prontamente identificáveis e fisicamente acessíveis (é relativamente fácil localizá-los no mapa do país). Em segundo lugar, não é preciso muito esforço para se comunicar com eles: seus hábitos de uso de meios de comunicação são conhecidos ou não são difíceis de entender.

O programa antipobreza do governo de Bangladesh é um trabalho em andamento. Algumas vezes o país é atingido por grandes inundações e outras catástrofes, que requerem ajuda de emergência de outros países. Mas o governo está tentando ajudar tantas pessoas a sair da pobreza quantas seus parcos recursos permitem.

VISÃO GERAL DO PAPEL DO GOVERNO NA REDUÇÃO DA POBREZA

Claramente, os governos desempenham papéis diversos em diferentes países em relação ao envolvimento ativo na tentativa de reduzir a pobreza. A maioria dos governos coloca suas esperanças na construção de uma *economia em cresci-*

244 PARTE III ❖ Garantia de uma Abordagem Integrada

mento. A China é um bom exemplo de como o crescimento econômico ajuda a diminuir o número de pessoas que vivem na pobreza. Mas o crescimento econômico não beneficia igualmente todos os habitantes de um país. Os ricos tendem a ficar mais ricos, a classe média cresce um pouco e os trabalhadores pobres e os extremamente pobres obtêm menos benefícios do crescimento. O governo precisa compensar o fracasso do crescimento econômico para distribuir os benefícios do melhor modo possível, em geral utilizando impostos e regulamentos a fim de forçar o fluxo de alguns benefícios para os pobres.

Além do crescimento econômico, os países menos desenvolvidos dependem da *ajuda estrangeira, da caridade pública e privada* e do *auxílio de emergência* para ajudar seus pobres. Seus governos precisam desempenhar um papel ativo para atrair a ajuda estrangeira de órgãos internacionais, como o Banco Mundial e o Fundo Monetário Internacional (FMI), além de outros países como os Estados Unidos, a China e a Rússia.

As Nações Unidas criaram um Índice de Pobreza Humana para medir a pobreza nos países em desenvolvimento, utilizando três indicadores:

- Probabilidade ao nascer de não sobreviver mais do que 40 anos
- Taxa de analfabetismo adulto
- Média de população abaixo do peso que não tem acesso sustentável a uma fonte de água e crianças que estão abaixo do peso para a idade

Entre os países em desenvolvimento, os que têm mais pobreza segundo essas medidas incluem Chade, Zimbábue e Etiópia.

Os governos dos países desenvolvidos, em grande medida, criaram sistemas de rede de segurança e legislação de "bem-estar social" para garantir que os pobres sejam apoiados de alguma forma. Eles também têm oferecido treinamento e auxílio financeiro para aumentar as chances de os pobres saírem da pobreza. Recentemente, as Nações Unidas começaram a publicar o Índice de Pobreza Humana para os países industriais, que se concentra em quatro dimensões da privação econômica:

- A porcentagem de pessoas que provavelmente morrerão antes dos 60 anos
- A porcentagem de pessoas cuja capacidade de ler e escrever está longe de ser adequada
- A proporção da população com uma renda disponível de menos de 50% da média
- A proporção de desempregados há longo tempo (12 meses ou mais)

A Suécia tem a mais baixa incidência geral de *pobreza humana*, sendo seguida por Noruega, Holanda, Finlândia e Dinamarca, com um índice entre 6 e

Capítulo 10 ❖ O Papel do Setor Público na Redução da Pobreza   **245**

8%. Dentre os 19 primeiros países desenvolvidos, os Estados Unidos situam-se em 17º lugar, a Irlanda ocupa o 18º lugar e a Itália aparece em 19º.[17]

MARKETING SOCIAL NO SETOR PÚBLICO

Como a abordagem de marketing social difere das atuais abordagens tradicionais?

A premissa deste livro é que a abordagem de marketing social para reduzir o número de pessoas que vivem na pobreza tem faltado ao *mix* de soluções tradicionais – e isso é verdadeiro nos três setores. A Tabela 10.1 descreve as soluções típicas para o setor público e as contrasta com as soluções potenciais de marketing social. Em alguns casos, a solução de marketing social deveria ser acrescentada ao conjunto de estratégias atuais. Em outros casos, os administradores dos programas deveriam pensar em substituir a estratégia atual para criar um impacto maior.

TABELA 10.1   Acrescentando a solução de marketing social ao *mix* para órgãos do setor público

Questão ligada à pobreza	Solução tradicional	Solução de marketing social
Fome	Fornecer programas de cupons de alimentação que subsidiam alimentos para pessoas de baixa ou nenhuma renda, com benefícios distribuídos por estados individuais.	Oferecer aos destinatários de cupons de alimentação, cardápios, receitas e aulas sobre como cozinhar com frutas e vegetais do mercado agrícola local.
HIV/AIDS	Fornecer testes para HIV/AIDS em centros de saúde da comunidade, durante o horário comercial, cinco dias por semana, sendo que os clientes devem retornar duas semanas depois para buscar os resultados.	Oferecer testes rápidos e gratuitos para HIV/AIDS em saunas gays nas noites de sexta-feira e sábado, quando a equipe de saúde pública pode entregar os resultados em 30 minutos. Fornecer também aconselhamento.
Produtividade agrícola	Fornecer subsídios em dinheiro para os fazendeiros que não conseguirem produzir o suficiente para pagar as contas.	Fornecer sementes novas e aperfeiçoadas e realizar workshops sobre como aumentar a produtividade agrícola.
Tuberculose	Fornecer testes de tuberculose e tratamentos medicamentosos apenas em clínicas especializadas, muitas vezes não localizadas na cidade em que o paciente mora.	Integrar os testes de tuberculose e a entrega de medicamentos a redes de atendimento médico já existentes e localizadas em locais convenientes. Oferecer visitas domiciliares para os que não podem se locomover.

O que é preciso para adotar uma abordagem de marketing social?

Várias atitudes e compromissos são essenciais para se adotar uma abordagem de marketing social. Felizmente, a maioria depende mais de vontade do que de capacidade:

- *Disposição para priorizar os segmentos de mercado.* As pessoas que trabalham em órgãos públicos muitas vezes têm dificuldade, para focar os recursos em apenas um ou alguns segmentos de mercado. Elas se sentem responsáveis por servir igualmente a todos os cidadãos. Mas os diferentes segmentos de mercado precisam de intervenções diferentes. É necessário e possível desenvolver e disseminar com sucesso uma variedade de programas únicos.
- *Disposição para se concentrar em comportamentos únicos, simples e viáveis.* Também é difícil para os gerentes de programas escolher apenas alguns comportamentos para promover por vez. A tendência e o desejo é apresentar "todos os comportamentos úteis" que o mercado-alvo deveria adotar. O problema é que existem custos associados com a adoção desses comportamentos, e quanto mais comportamentos você vender, mais alto será o preço da adoção.
- *Disposição para dedicar tempo e recursos à pesquisa de mercado.* Muitas vezes, quando o órgão sabe quais cidadãos deseja influenciar e que comportamentos quer que eles adotem, o órgão só pensa em "começar a trabalhar". Fazer o esforço de descobrir o que esses cidadãos pensam sobre o comportamento pode parecer um luxo que não se pode pagar. Porém, nós o incentivamos a considerar os custos mais elevados de implementar um programa com alta probabilidade de fracasso ou de ter resultados decepcionantes se não oferecer o valor que o mercado deseja em troca do preço da adoção. Só os cidadãos podem lhe dizer se isso acontecerá.
- *Disposição para criar produtos, aperfeiçoar serviços e melhorar os canais de distribuição.* O marketing social é mais do que uma estratégia de comunicação. Acreditamos que se você criar um ótimo produto, estabelecer um preço adequado e deixá-lo disponível em locais convenientes, você irá gastar menor tempo e dinheiro com a comunicação. O boca a boca é gratuito e a publicidade positiva fará parte do trabalho por você.
- *Disposição para estabelecer metas quantificáveis e mensurar o desempenho.* Um dos benefícios de uma abordagem de marketing social é que você irá trabalhar para influenciar aumentos em um comportamento especificado que um é mensurável. O bom é que você deve determinar os níveis

Capítulo 10 ❖ O Papel do Setor Público na Redução da Pobreza **247**

de mudança comportamental e depois compará-los com as metas. O lado negativo, para algumas pessoas, é que isso aumenta a responsabilidade em relação ao desempenho.

Resumo

Todos os governos precisam criar um programa antipobreza, alocar verbas adequadas a ele, e revisá-lo quando novos fatores entrarem em jogo. O programa deve ser feito em parceria com organizações civis importantes e com representantes do setor empresarial. Obter um compromisso dessas três partes é uma etapa necessária e desejável para que o problema da pobreza seja abordado de modo ativo. Vimos como Nova York identificou três grupos de pobreza e criou e alinhou diferentes organizações para auxiliar esses grupos. Também examinamos os impressionantes esforços da China e de Bangladesh para ajudar a reduzir a pobreza em seus países. Concluímos comparando as soluções tradicionais de redução da pobreza no setor público e as soluções de marketing social. Descrevemos as soluções que devem ser incluídas nesse conjunto. Elas até podem substituir as soluções atuais.

Notas

[1] Center for Economic Opportunity: Strategy and Implementation Report. Michael R. Bloomberg, prefeito. dezembro de 2007. As estatísticas sobre os adultos jovens baseiam-se no censo de 2000.

[2] Center for Economic Opportunity, Earn More Program. Acessado em 15 de maio de 2008 em http://www.nyc.gov/html/ceo/html/programs/earnmore.shtml.

[3] Ibid.

[4] Ibid.

[5] Ibid.

[6] Center for Economic Opportunity: Strategy and Implementation Report. Michael R. Bloomberg, prefeito. dezembro de 2007.

[7] Ver, por exemplo, Willa Marie Bruce, "Administrative Morality", em Jay Shafritz (editor), *Defining Public Administration* (Boulder, CO: Westview Press, 2000), pp. 407–415.

[8] Essa filosofia é descrita mais detalhadamente em Philip Kotler e Nancy Lee, *Marketing in the Public Sector: A Roadmap for Improved Performance* (Upper Saddle River, NJ: Pearson, 2007).

[9] Programa de Desenvolvimento das Nações Unidas (PNUD), *Human Development Report 2003—Millennium Development Goals: A Compact Among Nations to End Human Poverty* (Nova York: Oxford University Press, 2003), p. 73.

[10] Joseph Stiglitz, *Globalization and Its Discontents* (Nova York: W.W. Norton, 2002), Capítulo 7.

248 Parte III ❖ Garantia de uma Abordagem Integrada

[11] Ibid., p. 185. Essa estratégia originou-se no trabalho de consultoria de Stiglitz e Kenneth Arrow, que foram contratados como consultores pelo governo chinês durante o período de transição do país para uma economia de mercado.

[12] The *Wall Street Journal Asia*, 14 de dezembro de 2004, p. A8.

[13] Stiglitz, op. cit. Stiglitz observou que, em 1990, "O fluxo de capital privado líquido para a China foi de US$80 bilhões. Em 1999, esse fluxo de capital para a China tinha subido para US$41 bilhões, mais de 10 vezes o montante atraído pela Rússia no mesmo ano".

[14] The *Wall Street Journal Asia*, 7 de dezembro de 2004, p. A1.

[15] Ibid.

[16] Government of the People's Republic of Bangladesh, *Poverty Reduction Strategy Paper: Status Report*. 14 de julho de 2004.Fonte: http://poverty.worldbank.org/files/Bangladesh_PRSP_Prog_Rep.pdf. Acessado em 22 de dezembro de 2004.

[17] http://en.wikipedia.org/wiki/Human_Poverty_Index.

11

O Papel do Setor sem Fins Lucrativos na Redução da Pobreza

"As organizações sem fins lucrativos são... dedicadas a 'fazer o bem'.

"Mas elas também sabem que as boas intenções não substituem a organização e a liderança, a responsabilidade, o desempenho e os resultados.

"Tudo isso requer gerenciamento, e isso, por sua vez, começa com a missão da organização."

—Peter Drucker

Agora voltamos nossa atenção para o papel desempenhado pelo setor sem fins lucrativos, composto por organizações civis e filantropos que contribuem para o interesse público e para a redução da pobreza. O debate inclui a natureza das organizações sem fins lucrativos e seu papel na redução da pobreza, e um resumo das atividades das principais organizações internacionais sem lucrativos. Concluímos com exemplos inspiradores de algumas organizações sem fins lucrativos nacionais que se dedicam a reduzir a pobreza.

O QUE SÃO ORGANIZAÇÕES SEM FINS LUCRATIVOS E POR QUE ELAS SÃO NECESSÁRIAS?

As organizações sem fins lucrativos (também chamadas de organizações civis ou organizações não governamentais [ONGs]) situam-se entre as organizações com fins lucrativos e as organizações governamentais, desempenhando as funções que os outros dois setores não oferecem ou não o fazem adequadamente. O conjunto de organizações sem fins lucrativos é, às vezes, chamado de sociedade civil. O Centre for Civil Society da Escola de Economia de Londres dá a seguinte definição:

> "A sociedade civil refere-se à arena de ação coletiva não obrigatória que se organiza ao redor de interesses, propósitos e valores compartilhados. Em teoria, suas formas institucionais são distintas das do estado, da família e do mercado... A sociedade civil habitualmente abarca uma diversidade de espaços, atores e formas institucionais, que variam em seu grau de formalidade, autonomia e poder. As sociedades civis são, com frequência, formadas por organizações como as instituições beneficentes, organizações não governamentais de desenvolvimento, grupos comunitários, organizações femininas, organizações com base religiosa, associações profissionais, sindicatos, grupos de autoajuda, movimentos sociais, associações comerciais, coalizões e grupos de defesa de direitos."[1]

Em geral, uma sociedade tem muitas questões prementes das quais nem o governo nem as organizações com fins lucrativos privadas se ocupam. O vácuo é com frequência preenchido pelas organizações sem fins lucrativos, que muitas vezes são mais eficazes na transmissão das preocupações das pessoas comuns, além de fornecer os recursos necessários. As organizações sem fins lucrativos afirmam que muitas vezes os governos dão atenção a um problema social porque as organizações civis agiram e pressionaram. Os grupos de pressão das organizações sem fins lucrativos atuam como "representantes dos pobres",[2] estimulando o governo a agir e a ser responsável e disseminando sua paixão e conhecimentos, como veremos no relato de caso a seguir.

Capítulo 11 ❖ O Papel do Setor sem Fins Lucrativos na Redução da Pobreza **251**

Resposta de emergência da comunidade e alívio de desastres na América Central: um estudo de caso da World Vision[3]

A World Vision é uma das maiores organizações cristãs internacionais de auxílio e desenvolvimento no mundo que, em 2007, teve um orçamento de US$2,6 bilhões. Seu objetivo declarado é "trabalhar para o bem-estar de todas as pessoas, em especial, as crianças". Fundada em 1950 pelo Dr. Bob Pierce, que depois criou a organização evangélica Samaritan's Purse, a World Vision começou cuidando de órfãos e outras crianças necessitadas na Coreia do Sul. Depois, ela se expandiu por toda a Ásia e, finalmente, para mais de 90 países, o que permitiu que grandes questões de desenvolvimento da comunidade e de luta pelos pobres fossem adicionadas à sua missão básica de ajudar as crianças e suas famílias a construírem um futuro sustentável. A World Vision contribui para suprir as necessidades das pessoas em cinco grandes áreas: auxílio em emergências, educação, atendimento de saúde, desenvolvimento econômico e promoção da justiça. Isso permite que as comunidades reconheçam os recursos de que dispõem e executem seus próprios projetos de desenvolvimento em atendimento de saúde, produção agrícola, projetos de água, educação, desenvolvimento de microempresas, defesa de direitos e outros programas comunitários.

O furacão Mitch, que atingiu a América Central em 1998, foi tão devastador que, em poucos dias, o desenvolvimento econômico da América Central retrocedeu em cerca de 20 anos. O Produto Interno Bruto (PIB) foi reduzido em aproximadamente 60% em países cujas economias já eram frágeis. O impacto de catástrofes naturais como essa é maior entre os pobres porque ele piora a nutrição, que já é deficiente, reduz a resistência a doenças, interfere na frequência escolar infantil, aumenta a carga de trabalho de mulheres e crianças, e prejudica a infraestrutura que, por sua vez, afeta a produtividade e o crescimento. Talvez o aspecto mais trágico do furacão tenha sido que grande parte dos prejuízos teria sido evitada se houvesse uma preparação para catástrofes.

Embora o furacão Mitch tenha sido uma grande tragédia, ele chamou a atenção para a questão da preparação. Em 2001, a USAID fundou a World Vision Central America Mitigation Initiative para melhorar a preparação para catástrofes, a redução de riscos e as iniciativas de respostas, começando por Honduras.

A premissa-chave do alívio de catástrofes é que estas não acontecem simplesmente; elas resultam de falhas de preparação e de desenvolvimento, que aumentam a vulnerabilidade a eventos naturais como os furacões. Em-

252 PARTE III ❖ Garantia de uma Abordagem Integrada

bora nada consiga impedir a ocorrência da maioria dos desastres naturais, diversas ações (comportamentos desejados, como temos nos referido neste livro) minimizam o impacto das emergências anuais:

- Implementar medidas adequadas de controle de inundações, incluindo proteção a bacias hidrográficas e reflorestamento

- Garantir o cumprimento dos códigos de edificação

- Instalar sistemas de alerta precoce

- Realizar avaliações de risco e empregar as práticas recomendadas para gerenciamento de riscos

- Treinar as comunidades em primeiros-socorros, evacuação e técnicas de resgate

Muitas comunidades estão cientes de que essas ações precisam ser realizadas para reduzir os impactos das catástrofes, mas nem sempre ou frequentemente têm os recursos humanos e financeiros necessários para implementá-las.

O programa Community Emergency Response and Disaster Mitigation (CERDM) da World Vision foi planejado para aumentar a capacidade na comunidade, treinando pessoas-chave nas áreas essenciais do gerenciamento de catástrofes. Contando com as habilidades ensinadas nesse programa, as comunidades têm mais chances de reduzir os efeitos de muitos desastres e talvez até possam evitar alguns. Isso significa que, em vez de ter destruído todo ou parte de seu capital público ou pessoal, obtido a duras penas, as comunidades podem usar o capital acumulado para construir vidas melhores para si e para seus filhos.

A World Vision International (WVI) de Honduras solicitou e recebeu fundos da USAID para implementar as atividades da Central America Mitigation Initiative (CAMI). Trabalhando com as comunidades nos programas de desenvolvimento de áreas da World Vision – governo local, estrutura de emergência nacional e recursos da WVI – o escritório nacional de Honduras conseguiu estabelecer um programa viável de preparação e auxílio em 13 programas de desenvolvimento de áreas (224 comunidades). As necessidades da região da América Latina e do Caribe, porém, são muito maiores do que está sendo realizado atualmente.

Depois do programa em Honduras, em 2003, a WVI ampliou o esquema ao Equador, à Nicarágua, à Guatemala e à Colômbia. Foram incluídas 30 comunidades no Equador, 37 na Nicarágua, 21 na Guatemala e 18 na

Colômbia. As principais atividades enfatizaram a construção de capacidades nas comunidades nas áreas de gerenciamento de riscos e planejamento. Oito grandes *workshops* foram realizados sobre os seguintes assuntos:

- Organização de comitês locais de emergência e de equipes de resposta rápida
- Conceitos básicos de gerenciamento de riscos
- Avaliação de danos e análise de necessidades
- Mapeamento de riscos e recursos (ver Figura 11.1)
- Primeiros-socorros básicos (ver Figura 11.2)
- Evacuação e resgate
- Medidas de alívio
- Sistemas de alerta precoce

Um projeto de segurança e desastres nas escolas também ajudou a criar uma cultura de preparação e auxílio entre crianças e adolescentes, meninos e meninas, que estudavam em 30 escolas: 10 no Equador, 10 na Nicarágua e 10 em Honduras.

O programa CERDM tem sido avaliado formalmente a intervalos regulares para determinar sua eficácia. Em 2007, um relatório final sobre o programa CERDM apresentou resultados encorajadores, com 291 comunidades no Equador, na Nicarágua e em Honduras que criaram equipes de resposta de emergência e processos de alívio de catástrofes que eram autossuficientes no nível básico. Os participantes afirmaram que a natureza ativa e baseada em habilidades dos workshops de treinamento lhes forneceu evidências tangíveis do que estavam aprendendo. Eles apreciaram especialmente as habilidades de natureza concreta que desenvolveram, com as estratégias de primeiros-socorros e evacuação. A natureza a nível comunitário do projeto está ajudando a garantir a sustentabilidade dos insumos, com comitês de voluntários locais treinados como parte das atividades de desenvolvimento da comunidade. Pela primeira vez em algumas áreas, as autoridades do governo local viram os grupos comunitários como parceiros legítimos na resposta a catástrofes.

No Equador, o impacto das atividades do CERDM e a construção das capacidades comunitárias têm sido tão positivos que os habitantes locais deram ao programa o nome de "Preparing Ourselves for Life".

FIGURA 11.1   Treinamento de mapeamento de riscos na Guatemala.
Fonte: World Vision

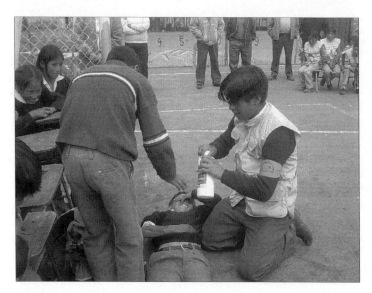

FIGURA 11.2   Treinamento de primeiros-socorros em uma escola no Equador.
Fonte: World Vision

QUE PAPEL CRUCIAL AS ORGANIZAÇÕES SEM FINS LUCRATIVOS DESEMPENHAM NA REDUÇÃO DA POBREZA?

Como definido por suas declarações de missão, as organizações sem fins lucrativos existem principalmente para fornecer programas e serviços que beneficiam especialmente a outras pessoas que não os seus acionistas. Esses programas e serviços não são oferecidos por entidades locais, estaduais ou federais ou não existem em níveis que satisfaçam as necessidades de todos os cidadãos. Muitos pensam em seu papel como uma rede de segurança, que garante a disponibilidade de programas e serviços não prioritários para os órgãos do governo ou que nem sejam adequadas a tais órgãos. Suas contribuições para o alívio e a redução da pobreza tomam muitas formas:

- *Financiamento*. As organizações sem fins lucrativos fornecem recursos de financiamento únicos como *microfinanciamento* para aumento de rebanhos; *verbas* para pesquisa médica ou para órgãos locais realizarem ações de saúde, como aquelas relativas à tuberculose e à malária; e *dinheiro* para medicamentos, vacinações ou alimentação e abrigo temporários. A vida dos portadores de HIV/AIDS na Tailândia seria muito diferente se não tivessem recebido microempréstimos para pequenos empreendimentos fornecidos pela Population and Community Development Association.

- *Recursos/suprimentos*. Essas contribuições incluem uma ampla gama de bens, como mosquiteiros, medicamentos para oncocercose, vestuário, alimentos, fertilizantes, sementes melhoradas e kits para parto em casa. Quantos casos de malária haveria a mais apenas na África se a Academy for Educational Development (AED) não tivesse obtido sucesso na formação das parcerias que resultaram em um aumento de quase 15 milhões de pessoas protegidas da malária por mosquiteiros tratados com inseticidas?

- *Serviços diretos*. Muitas das missões básicas dessas organizações são prestar serviços como aconselhamento para dependência de álcool e drogas, treinamento profissional, monitoria, abrigos temporários e refeições para sem-tetos, casas para órfãos do HIV/AIDS e serviços gratuitos de aconselhamento por telefone para questões como deixar de fumar. Países como Honduras, que sofrem com furacões frequentes ou mesmo anuais, estariam tão preparados para as tempestades potenciais do próximo ano se a World Vision não tivesse fornecido treinamento para reduzir os efeitos desses desastres inevitáveis?

- *Conhecimento especializado*. Muitas vezes, essas organizações desenvolveram sólidas áreas de conhecimento especializado em técnicas bem definidas, como preparação para emergências, produtividade agrícola e criação de animais, prevenção de doenças e intervenção, sistemas de saneamento de água e planejamento familiar. Quem teria ajudado mulheres como Gulbibi no Paquistão se a Population Services International (PSI) não tivesse desenvolvido e lançado a Green Star Network, que forneceu treinamento médico, suporte técnico para a equipe e informação para os farmacêuticos ao se comunicarem com seus clientes?

- *Voluntários.* Essas organizações são "mestres" em inspirar, recrutar, treinar e organizar os outros para contribuir com seu tempo e talento para ações como ajuda em catástrofes, construção de casas, ajuda na construção de barragens a fio d'água e resgate de vítimas de catástrofes naturais. Qual seria a incidência de poliomielite no mundo atualmente sem os rotarianos voluntários que se uniram às equipes que imunizaram mais de 2 bilhões de crianças em todo o mundo?
- *Defesa de direitos.* Com esforços coordenados, mensagens integradas e paixão considerável, as organizações sem fins lucrativos têm sido bem-sucedidas na defesa de questões ligadas à pobreza incluindo desde casas subsidiadas até sistemas melhores para monitorar as crianças em lares adotivos, e atender a estudantes com necessidades especiais. Quanto progresso teríamos feito em muitos indicadores de pobreza se a ONU não tivesse desenvolvido e declarado os Objetivos de Desenvolvimento do Milênio, trabalhando para responsabilizar os países com metas quantificáveis e mensuráveis, consideradas cruciais para a redução da pobreza?
- *Consciência pública.* Em alguns casos, as organizações sem fins lucrativos são as únicas que podem fornecer o conhecimento de marketing e reunir os recursos necessários a fim de garantir a visibilidade adequada para campanhas relativas à pobreza que precisem de atenção pública. Qual teria sido a eficácia de uma campanha publicitária para prevenção de abandono escolar no ensino médio e quanta visibilidade essa campanha teria obtido se o Ad Council não tivesse conseguido o apoio *pro bono* das grandes agências de publicidade e fortes parceiros de mídia?

QUAIS ORGANIZAÇÕES SEM FINS LUCRATIVOS IMPORTANTES ATUAM NA ÁREA DA POBREZA?

Dezenas de milhares de organizações sem fins lucrativos em todo o mundo dedicam-se a ajudar os necessitados. Nos países em desenvolvimento, a taxa de aumento no número de organizações sem fins lucrativos locais

Capítulo 11 ❖ O Papel do Setor sem Fins Lucrativos na Redução da Pobreza **257**

supera a taxa nos países do Primeiro Mundo.[4] A mudança não está apenas nos números, mas também no escopo e no caráter das atividades e dos projetos da sociedade civil. Várias organizações sem fins lucrativos começam como organizações beneficentes. Muitas delas, no mundo em desenvolvimento, estão criando programas de reforma educacional, desenvolvimento rural, saúde e nutrição, proteção ambiental, direitos humanos e combate à corrupção. As seções a seguir descrevem várias organizações sem fins lucrativos importantes.[5] Outras seções mencionaram organizações importantes, como a ONU, o Banco Mundial, a Organização Mundial de Saúde e a World Vision.

CARE

A CARE (Cooperative for Assistance and Relief Everywhere) é uma das maiores organizações humanitárias e de auxílio internacionais de todo o mundo, com uma equipe de mais de 12.000 pessoas, a maioria delas nascidas no país em que trabalham. A CARE foi fundada em 1945 para prestar ajuda aos sobreviventes europeus da Segunda Guerra Mundial por meio de pacotes CARE enviados por amigos e parentes. A CARE continua a prestar auxílio de emergência durante e depois de catástrofes, mas hoje foca-se mais em abordar as causas subjacentes da pobreza relacionadas com saúde, educação e desenvolvimento econômico. As campanhas antipobreza da CARE incluem a World Hunger Campaign, educação, HIV/AIDS, Victories Over Poverty e CARE for the Child. A CARE também é defensora das políticas de direitos humanos.

Fundação Bill & Melinda Gates

A Fundação Gates é a mais transparente do mundo. Fundada em 2000, seu tamanho foi duplicado como resultado das doações prometidas por Warren Buffett em 2006. Seu patrimônio é de US\$38,7 bilhões. Os objetivos básicos da fundação são melhorar o atendimento à saúde e reduzir a pobreza extrema globalmente e, nos Estados Unidos, expandir as oportunidades educacionais e o acesso à tecnologia de informação. A Fundação Gates opera três programas: o Global Health Program apoia a erradicação da poliomielite, fornece suporte à pesquisa de HIV/AIDS e promove e distribui vacinas para crianças; o Global Development Program apoia microempréstimos, desenvolvimento agrícola e uma revolução verde, bibliotecas globais e ajuda a vítimas de catástrofes; o United States Program apoia o acesso à internet nas bibliotecas dos Estados Unidos, pesquisa em ciências da computação, escolas *charter*[°], predominantemente faculdades negras, e programas de bolsas escolares para alunos pobres.

Population Services International (PSI)

A PSI é uma organização de marketing social sem fins lucrativos, localizada em Washington, que trabalha com o setor privado para tratar dos problemas de saúde das populações vulneráveis e de baixa renda em mais de 60 países em desenvolvimento. Ela executa programas nas áreas de malária, saúde reprodutiva, sobrevivência infantil e HIV. A PSI promove produtos, serviços e comportamentos que capacitam as pessoas vulneráveis e de baixa renda a levar uma vida mais saudável. Ela incentiva que os produtos e serviços sejam fornecidos a preços subsidiados para motivar o envolvimento do setor comercial. A PSI é a principal organização de marketing social sem fins lucrativos do mundo; fundada em 1970, passou os primeiros 15 anos promovendo o planejamento familiar. Em 1986, ela começou a promover a terapia de reidratação oral e, em 1988, a prevenção do HIV por meio de abstinência, fidelidade e preservativos. A PSI começou o trabalho com a malária e água potável nos anos 1990 e estima que seus programas evitaram 218 mil infecções por HIV, 6,7 milhões de gestações indesejadas, mais de 140.000 mortes infantis por malária e diarreia e 34 milhões de episódios de malária.

Plan International

A Plan, fundada há mais de 70 anos, é uma instituição beneficente não religiosa e não política que se concentra no desenvolvimento infantil, com uma equipe de mais de 6.000 funcionários no mundo todo e mais de 50.000 voluntários. Ela trabalha em 46 países para oferecer programas a 1,3 milhão de crianças e suas famílias e, em 2006, chegou a um superávit de mais de US$540 milhões. A Plan lida com questões de saúde, educação, abrigo e meios de sustento nas comunidades nas quais atua e tem a missão de alcançar melhorias duradouras para as crianças que vivem na pobreza nos países em desenvolvimento. A Plan incentiva as pessoas a apadrinhar crianças individualmente e a

---

[°] N. de T.: Escola charter é um tipo de escola pública independente nos Estados Unidos que não é administrada por um distrito escolar.

se corresponder com elas para criar um vínculo pessoal. Os doadores podem ver onde está indo seu dinheiro e se está sendo gasto adequadamente. As doações são usadas para financiar projetos que beneficiam toda a comunidade na qual a criança vive, como escola e serviços de atendimento à saúde em vez de serem dadas diretamente para a criança.

Médicos sem Fronteiras

A MSF é uma organização não governamental de ajuda humanitária, famosa por seu trabalho em países em desenvolvimento e em regiões arrasadas pela guerra e que enfrentam doenças endêmicas e epidemias causadas por desnutrição e/ou água imprópria para o consumo. Os funcionários da MSF trabalham para recuperar os suprimentos de alimentos e água potável, entre outras atividades, fornecendo treinamento médico e de cuidados de saúde às populações em mais de 70 países. A MSF foi criada em 1971 por médicos franceses e conta com um conselho de administração internacional situado em Genebra, Suíça. A MSF recruta anualmente cerca de 3.000 médicos, enfermeiras, parteiras e profissionais de logística para seus projetos. O orçamento anual da MSF é de aproximadamente US$400 milhões, sendo que os doadores privados são responsáveis por 80% desse valor e as doações empresariais e o governo representam o restante.

Habitat for Humanity International (HFHI)

Habitat é uma organização sem fins lucrativos, cristã, ecumênica e internacional dedicada à construção de casas "simples, decentes e de baixo custo". As casas são construídas com trabalho voluntário e são vendidas sem lucro. Millard e Linda Fuller fundaram a Habitat em 1976 e sua sede internacional localiza-se em Atlanta, Geórgia. A Habitat apoia e promove as atividades de divisões locais afiliadas e independentes, que iniciam e gerenciam a construção, o financiamento e a seleção de proprietários. Até 2004, a Habitat tinha construído 50 mil casas nos Estados Unidos e mais de 175 mil em 100 outros países, abrigando mais de 1 milhão de pessoas. As famílias que serão proprietárias das casas são escolhidas segundo sua necessidade, capacidade de pagar o financiamento e sua disposição para trabalhar em parceria com a Habitat. A Habitat for Humanity não faz discriminação de raça, religião ou etnia. Espera-se que os proprietários das casas despendam

Save the Children

Fundada em 1919, Save the Children é uma importante organização internacional que ajuda as crianças necessitadas em todo o mundo. Sua meta é melhorar a vida das crianças por meio de educação, atendimento de saúde e oportunidades econômicas, além de ajuda emergencial em casos de catástrofes naturais, guerra e conflitos. Os membros da International Save the Children Alliance patrocinam programas para levar educação de qualidade a 8 milhões de crianças que vivem em países afetados por conflitos e apoiam leis de combate ao trabalho infantil, promovendo campanhas contra o uso de crianças como soldados.

Academy for Educational Development (AED)

A AED é uma organização sem fins lucrativos que trabalha globalmente para melhorar a educação, a saúde, a sociedade civil e o desenvolvimento econômico, operando mais de 250 programas nos Estados Unidos e em outros 150 países em todo o mundo. Fundada em 1961 para fornecer auxílio técnico aos gerentes do ensino superior nos Estados Unidos, a AED posteriormente acrescentou projetos de tecnologia instrucional, reforma educacional e sociedade civil em todo o mundo. Ela promove a saúde em países em desenvolvimento por meio de comunicação ambiental, marketing social e outras disciplinas. Seus projetos na África incluem o controle da malária, educação para meninas, melhoria dos índices de alfabetização e saúde infantil e prevenção de HIV/AIDS.

Mercy Corps

Mercy Corps é uma organização voluntária privada não governamental que foi fundada em 1979 como Save the Refugees Funds para ajudar os refugiados cambojanos. Em 1982, a Mercy expandiu-se para outros países e foi renomeada Mercy Corps, adotando a missão mais ampla de encontrar soluções de longo prazo para a fome e a pobreza. Sua receita em 2006 foi de US$205 milhões, dos quais mais de 90% são alocados diretamente em programas.

ORGANIZAÇÕES SEM FINS LUCRATIVOS NACIONAIS QUE LUTAM CONTRA O PROBLEMA DA POBREZA

Diversas organizações sem fins lucrativos situadas dentro de um país têm um impacto positivo sobre a pobreza. Esta seção descreve duas organizações sem fins lucrativos – uma em Bangladesh e outra na Índia.

BRAC (Bangladesh Rural Advancement Committee) em Bangladesh

Preocupado com os graves problemas de instabilidade política e econômica após a independência do país, o governo de Bangladesh inicialmente deixou a maior parte da tarefa de aliviar a pobreza para as organizações da sociedade civil. Essa foi a origem do que se tornou uma das maiores organizações não governamentais do mundo: Bangladesh Rural Advancement Committee (BRAC).

Fundada em 1972 por Fazle Hasan Abed depois da guerra de independência de Bangladesh, a BRAC foi estabelecida como uma organização de auxílio que acolhia e assentava os refugiados que retornavam da Índia. Em nove meses, a BRAC reconstruiu 14.000 casas e várias centenas de barcos para pescadores. Centros médicos foram abertos e outros serviços essenciais foram assegurados. No final de 1972, a BRAC voltou-se para as necessidades de desenvolvimento de longo prazo. Ela se reorganizou como uma organização de desenvolvimento multifacetada que se concentra na capacitação dos pobres e sem-terra, principalmente mulheres e crianças.

Até meados da década de 1970, a BRAC concentrou-se no fomento das comunidades por meio de programas multissetoriais de desenvolvimento de aldeias, que incluíam agricultura, pesca, cooperativas, ofícios rurais, alfabetização de adultos, saúde e planejamento familiar, treinamento profissional para mulheres e construção de centros comunitários.

Em 1974, a BRAC começou um programa de microcrédito; o Banco BRAC faz inúmeros microempréstimos aos pobres e tem obtido um índice de pagamento muito elevado. A BRAC organizou Village Organizations para servir aos mais pobres – os sem-terra, pequenos fazendeiros, artesãos e mulheres em situação vulnerável. Aqueles que possuem menos de meio acre de terra e sobrevivem vendendo seu trabalho braçal foram considerados como o grupo-alvo da BRAC. A BRAC fornece crédito sem exigência de garantias usando uma metodologia de empréstimos solidários, além de

262 PARTE III ❖ Garantia de uma Abordagem Integrada

esquemas obrigatórios de poupança por meio de suas Village Organizations. Atingindo quase 4 milhões de tomadores de empréstimos, as Village Organizations oferecem diferentes níveis de empréstimos a diferentes grupos de pobreza. Por meio de uma iniciativa recente, a BRAC também atingiu aqueles que, devido à pobreza extrema, não têm acesso a microfinanciamentos. A organização define as pessoas que vivem na pobreza extrema como "ultrapobres"e criou um programa especial para eles que combina subsídios com treinamento em desenvolvimento de empresas, atendimento de saúde, fomento social e transferência de ativos, cujo objetivo final é levar os ultrapobres até o nível do programa principal de microfinanciamentos. O Banco BRAC também financia ativamente pequenas e médias empresas.

Em 1979, a BRAC entrou intensamente no campo da saúde, estabelecendo o Oral Therapy Extension Program (OTEP) em todo o país, uma campanha para combater a diarreia, que é a principal causa do alto índice de mortalidade infantil em Bangladesh. No decorrer de um período de 10 anos, 1.200 funcionários da BRAC foram de casa em casa para ensinar 12 milhões de mães como preparar um soro caseiro. Atualmente, Bangladesh tem uma das mais altas taxas de uso da reidratação oral. A campanha da BRAC reduziu a mortalidade infantil de 285 por mil para 75 por mil.

Em 1996, a BRAC lançou seu Social Development, Human Rights, and Legal Services Program. O objetivo era capacitar as mulheres com direitos legais e ajudá-las a se envolverem com organizações da comunidade.

Em 2001, Fazle Hasan Abed deu início ao programa de educação da BRAC. Em junho de 2006, a organização tinha criado 31.877 escolas de ensino fundamental e 16.025 escolas de ensino infantil, matriculando quase 3 milhões de crianças, 65% das quais eram meninas. As escolas têm um índice de abandono de menos de 5%. A BRAC fundou uma universidade, a BRAC University, com o objetivo de treinar os futuros líderes.

Hoje, os programas da BRAC enquadram-se em quatro grupos: desenvolvimento econômico, educação, saúde pública e desenvolvimento social. Bill Gates afirmou o seguinte sobre a BRAC:

> "A BRAC tem feito o que poucos conseguiram: eles tiveram sucesso em uma escala enorme, levando programas de saúde que salvaram as vidas de milhões de pessoas pobres no mundo. Eles nos lembram que mesmo os problemas de saúde com o tratamento mais difícil podem ser solucionados e nos inspiram a buscar o mesmo sucesso que tiveram em outros locais do mundo em desenvolvimento."

Capítulo 11 ❖ O Papel do Setor sem Fins Lucrativos na Redução da Pobreza **263**

Hoje, a BRAC está presente em todos os 64 distritos de Bangladesh, com mais de 7 milhões de membros de grupos de microfinanciamentos, 34 mil escolas não formais de ensino fundamental e mais de 70 mil voluntários da área de saúde. A organização consegue 76% de suas verbas por meio de suas empresas comerciais, que incluem um projeto de laticínios e alimentos e uma cadeia de lojas de varejo de trabalhos manuais. Nos últimos anos, a BRAC expandiu seu alcance de intervenções de desenvolvimento ao Afeganistão, Sri Lanka e diversos países na África. Como resultado, a BRAC é uma das maiores organizações não governamental de desenvolvimento do mundo.[6]

Além das grandes contribuições de Abed a Bangladesh por meio da BRAC, outro colaborador em Bangladesh é Muhammad Yunus. Ele recebeu o Prêmio Nobel da Paz em 2007 por seu trabalho no Banco Grameen para fornecer crédito aos pobres, permitindo que eles pudessem abrir empresas. Yunus diz que seu banco é um "negócio social" porque, embora ele vise lucros, os lucros não são maximizados a fim de que ele possa ajudar os pobres. Os microfinanciamentos hoje são uma prática mundial que tem beneficiado milhões de pessoas pobres.

Yunus recentemente promoveu outra causa social: ajudar mendigos a desistir da vida de mendicância. O Banco Grameen lançou o Struggling (Beggar) Members Program: um mendigo recebe um empréstimo de US$9, sem juros e sem garantias e ele pode escolher o cronograma de pagamento. O pagamento não pode ser feito com dinheiro recebido por mendicância. Cada mendigo recebe um crachá de identidade como prova do apoio do banco. O objetivo é melhorar a moral do mendigo. Algumas lojas locais trabalham com o Banco Grameen e permitem que os mendigos peguem itens como pães, brinquedos e doces e os vendam na aldeia (o banco paga por esses itens em caso de problemas). O banco fornece aos mendigos cobertores, xales e guarda-chuvas a crédito a serem pagos como empréstimos sem juros. Consequentemente, alguns mendigos deixaram de mendigar e outros se tornaram "mendigos em tempo parcial".[7]

SEWA (Self-Employed Women's Association)[8]

Ela Bhatt organizou a SEWA em dezembro de 1971 em Ahmadabad, Índia. Em abril de 1972, ela registrou a associação como um sindicato de trabalhadoras. Depois, em 1974, ela liderou 4.000 trabalhadoras autônomas para estabelecer o Banco SEWA como um banco cooperativo.

Bhatt considerava que o Banco SEWA libertava as trabalhadoras autônomas pobres de sua dependência dos agiotas e dos credores informais que cobravam taxas de juros exorbitantes de até 10% ao dia. Essa prática tinha aprisionado as trabalhadoras autônomas que abriam uma pequena empresa em "uma espiral descendente de endividamento crescente".

O *Washington Post* citou Bhatt, dizendo que sua motivação para organizar a SEWA como um movimento feminino e um sindicato de trabalhadoras foi capacitar as mulheres pobres no "sentido mais verdadeiro". Segundo Bhatt, quando uma indiana oprimida se associa à SEWA e começa a ganhar, ela passa por uma mudança de autoimagem liberadora. "Pela primeira vez, ela percebe que não é apenas a esposa ou nora de alguém. Ela é uma trabalhadora, uma produtora ativa."

A primeira vitória importante de Bhatt ocorreu quando ela desafiou uma lei britânica antiga, mas ainda em vigor, que impedia que as mulheres vendessem sua produção em público. A lei permitia que a polícia expulsasse as mulheres do local e prendesse as que resistissem. Nesse processo, os produtos que essas mulheres estavam vendendo eram perdidos e a violência física muitas vezes acompanhava a expulsão ou prisão. A Suprema Corte indiana, em um julgamento marcante, declarou que as "mulheres tinham direito ao comércio e a prefeitura tinha o dever de providenciar um lugar separado para que os trabalhadores do setor informal vendessem seus produtos".[9] Depois, ao estabelecer o Banco SEWA como uma cooperativa, Bhatt acreditava que a SEWA estava capacitando as mulheres "a, sem violência, de um modo similar ao de Gandhi, eliminar o controle total do marido" sobre suas finanças. Bhatt explicou que a maioria dos banqueiros indianos tratava as trabalhadoras autônomas pobres indianas "como sujeira". Em casa, nos momentos em que ela tinha economias, essas mulheres "não tinham onde esconder sua poupança do marido ou dos filhos". No Banco SEWA, seu dinheiro estava seguro e seu marido ou filho não podia sacar o dinheiro na sua conta poupança.

A SEWA tem cerca de 1 milhão de mulheres indianas associadas e representa os interesses de quatro tipos de trabalhadoras:

- Camelôs, vendedoras e pequenas empresárias que vendem vegetais, frutas, peixes, ovos ou outros itens de alimentação, e vendedoras de roupas e de artigos domésticos.
- Trabalhadoras que trabalham em casa, como tecelãs, ceramistas, produtoras de artigos de vestuário, mulheres que processam produtos agrícolas e artesãs.

- Trabalhadoras braçais e prestadoras de serviços, como trabalhadoras rurais, operárias de construção, trabalhadoras por contrato, empurradoras de carrinhos de mão, empregadas domésticas e trabalhadoras em lavanderias.
- Produtoras e prestadoras de serviços que investem seu trabalho e capital na operação de suas empresas. Esta categoria inclui trabalhadoras agrícolas, criadoras de gado, trabalhadoras em extração de sal, coletoras de resina, cozinheiras e vendedoras.

Aqui é que a diferença notável entre a sociedade civil e o governo torna-se clara. Por sua própria definição, uma sociedade civil não tem de dividir todo o mercado da pobreza para chegar à decisão sobre o segmento-alvo. Mas o governo deve começar seu planejamento de redução da pobreza dividindo todo o mercado da pobreza; depois ele tem de entender as diferentes necessidades prioritárias dos segmentos resultantes antes de continuar com a definição do segmento-alvo.

O caso da SEWA também esclarece a segmentação do mercado. Bhatt e as associadas da SEWA segmentaram-se como um grupo de mulheres vulneráveis pobres com necessidades legítimas, solicitando auxílio. Como o auxílio necessário não era fornecido pelo governo devido a circunstâncias legais e culturais, essas mulheres formaram um segmento de autoajuda que forneceu o auxílio que buscavam entre elas mesmas e entre os membros de seu segmento organizado.

MARKETING SOCIAL NO SETOR SEM FINS LUCRATIVOS
Como a abordagem de marketing social difere das atuais abordagens tradicionais?

As organizações sem fins lucrativos que oferecem soluções de marketing social para reduzir a pobreza provavelmente serão consideradas como empreendimentos sociais e seus líderes serão caracterizados mais como empreendedores do que como administradores. Eles estão comprometidos com a mudança social em ampla escala e reconhecem que isso requer novos produtos e serviços, fornecidos por meio de novas redes sustentáveis, muitas vezes em parceria com os setores público e privado. A mudança começa com um compromisso em influenciar os comportamentos dos clientes a quem servem, oferecendo uma ferramenta além de, ou em vez de, uma ajuda – "ensinando um homem a pescar e assim alimentando-o por toda a vida". A Tabela 11.1 compara as

266 PARTE III ❖ Garantia de uma Abordagem Integrada

TABELA 11.1 Acrescentando a solução de marketing social ao *mix* para organizações sem fins lucrativos

Questão relacionada à pobreza	Solução tradicional	Solução de marketing social
Sem-teto	Fornecer doações de roupas, abrigo temporário e refeições servidas por voluntários.	Oferecer programas para conseguir autossuficiência, incluindo treinamento profissional e serviços de colocação.
Ajuda em desastres	Enviar alimentos, roupas e outras necessidades básicas às comunidades atingidas por catástrofes naturais.	Oferecer programas de treinamento de multiplicadores sobre preparação para catástrofes em comunidades locais.
Malária	Fornecer verbas para distribuir mosquiteiros gratuitos para mulheres grávidas.	Fornecer informações, muitas vezes pessoalmente, que ajudarão a persuadir as mulheres de que os mosquiteiros tratados com inseticidas não irão prejudicar seu bebê.
Analfabetismo	Desenvolver e implementar campanhas para aumentar a consciência e a preocupação com a taxa de analfabetismo no país.	Recrutar e treinar voluntários para realizar sessões de estudo semanais e monitorar estudantes do ensino médio e adultos jovens para ajudá-los a atingir seu pleno potencial.

atividades tradicionais relativas à pobreza de uma organização sem fins lucrativos com as atividades das que são orientadas para o marketing social. Como no caso do setor público, essas soluções talvez devam ser acrescentadas ao *mix* de ofertas. Em outros casos, elas precisam substituir as abordagens existentes para obter maior impacto.

O que é preciso para adotar uma abordagem de marketing social?

As iniciativas de marketing social irão exigir modos novos e diferentes de atuar em organizações sem fins lucrativos. Embora a missão e o foco no cliente não mudem, diversos esforços e recursos mais amplos são muitas vezes necessários. Como exemplo, descrevemos o que ocorreu com uma organização sem fins lucrativos chamada FareStart, fundada há mais de 15 anos, em Seattle,

Washington. Sua missão é "capacitar homens, mulheres e famílias sem-teto e carentes a atingir a autossuficiência por meio de habilidades de vida, treinamento profissional e emprego no setor de serviços alimentícios".[10] A FareStart usa as seguintes estratégias:

- *Maior esforço para identificar e apoiar comportamentos específicos.* O foco da FareStart é trabalhar com as pessoas carentes e sem-teto que estão interessados em carreira no setor de serviços alimentícios. A FareStart os apoia na aquisição das habilidades profissionais necessárias e na procura de emprego.
- *Maior contato direto com os clientes.* A FareStart oferece um programa de 16 semanas que inclui treinamento prático em seus restaurantes e cozinhas no centro da cidade. Esses locais oferecem almoço nos dias úteis; uma Guest Chef Night uma vez por semana, na qual os estudantes trabalham com chefs regionais de primeira linha voluntários para preparar e servir uma refeição *gourmet* de três pratos; e bufê para jantares, coquetéis e almoços de negócios. Esses programas contribuem com mais de 40% do orçamento operacional anual da organização.
- *Mais parcerias com os setores privado e público.* A FareStart contata os possíveis empregadores nos setores de serviços alimentícios e de café em nome de seus clientes. Por meio de seu programa Contract Meals, a FareStart fornece refeições nutritivas 365 dias por ano a abrigos para sem-teto e a centros de atendimento infantil, inclusive programas do setor público, como o Head Start.
- *Mais recursos alocados para desenvolvimento de novos produtos.* Em 2003, a FareStart criou um novo programa, com o objetivo de abordar os cerca de 800 jovens sem-teto em Seattle. O Youth Barista Training and Education Program, com duração de oito semanas, em parceria com o YouthCare, dá, aos jovens em risco entre 16 e 21 anos, treinamento prático e colocação em emprego, lições de habilidades de vida e aconselhamento de emprego em um ambiente de sala de aula. Ele também oferece treinamento prático para o competitivo setor de café.
- *Mais atenção à mensuração de resultados.* Os graduados estão preparados para assumir empregos em restaurantes e outras funções no setor de serviços alimentícios. Nos últimos 16 anos, a FareStart ofereceu oportunidades a mais de 2.400 pessoas para transformar suas vidas. Mais de 80% dos formados pela FareStart estão empregados 90 dias depois de terminar o programa.

Resumo

As organizações sem fins lucrativos abarcam diversas organizações que suprem as necessidades das pessoas que o governo e as empresas privadas não conseguem atender, ou atendem inadequadamente. Várias foram mencionadas neste capítulo, incluindo financiamento, recursos/suprimentos, especialização, serviços diretos, defesa de direitos e consciência pública. As atividades dessas organizações evidenciam problemas e oportunidades que, muitas vezes, evocam uma resposta positiva, mesmo que atrasada, do governo e das empresas privadas. Com o tempo, o governo e as empresas privadas estão mais atentas às organizações sem fins lucrativos e têm demonstrado maior disposição para estabelecer parcerias com elas em algumas dessas atividades. O Capítulo 13, "Levando os três setores a trabalhar juntos", descreve exemplos dessa parceria.

Notas

[1] The Centre for Civil Society, site da London School of Economics, http://www.lse.ac.uk/collections/CCS/what_is_civil_society.htm. Acessado em 9 de março de 2009.

[2] Gerald Meier, *Emerging from Poverty: the Economics That Really Matters* (Nova York: Oxford University Press, 1985).

[3] World Vision, "Community Emergency Response and Disaster Mitigation E-Brochure", março de 2007.

[4] Ver, por exemplo, David Bornstein, *How to Change the World: Social Entrepreneurs and the Power of New Ideas* (Nova York: Oxford University Press, 2004). Bornstein relata um crescimento enorme da socidade civil e das "organizações de cidadãos" nos últimos 20 anos em todos os países do primeiro mundo ao terceiro mundo: "Hoje, a Indonésia tem mais de 2.000 organizações ambientais independentes em comparação com apenas uma há 20 anos. Em Bangladesh, a maior parte do trabalho de desenvolvimento do país é realizada por 20.000 organizações não governamentais; quase todas elas fundadas nos últimos 25 anos. A Índia tem bem mais de um milhão de organizações de cidadãos. A Eslováquia, um país pequeno,... tem mais de 12.000.Entre 1988 e 1995, 100.000 grupos de cidadãos foram abertos nos antigos países da Europa Central. Na França, durante os anos 1990, em média 70.000 novos grupos de cidadãos foram abertos a cada ano.... No Canadá, o número de grupos de cidadãos registrados chegou a 200.000. No Brasil, esse número chegou a 400.000.Nos Estados Unidos, o número de grupos de serviço público registrados na receita federal em 1998 foi 734.000.... Por fim, durante os anos 1990, o número de organizações de cidadãos internacionais aumentou de 6.000 para 26.000".

[5] As informações sobre essas organizações foram extraídas de vários artigos na Wikipedia, onde mais detalhes podem ser encontrados.

[6] Para mais informações sobre a BRAC, veja BRAC online e na Wikipedia.

Capítulo 11 ❖ O Papel do Setor sem Fins Lucrativos na Redução da Pobreza **269**

[7] Veja os dois livros de Muhammad Yunus: *Banker to the Poor: Micro-Lending and the Battle Against World Poverty* (2003) e *Creating a World Without Poverty: Social Business and the Future of Capitalism* (2008).

[8] Kolima Rose, *Where Women Are Leaders: the SEWA Movement in India* (Nova York: St. Martin's Press, 1993).

[9] Extraído de http://www.gdrc.org/icon/sewa-1.html. Acessado em 14 de dezembro de 2004.

[10] As informações sobre a FareStart foram extraídas de www.farestart.org em 17 de dezembro de 2008.

12

O Papel do Setor Privado na Redução da Pobreza

"Mais trágico do que uma doença incurável é conhecer um tratamento eficaz e não fornecê-lo ou não conseguir disseminar o seu uso... O desafio é fazer o que funciona e garantir sua ampla disponibilidade."

—Bill Shore[1]

Mudanças, tanto radicais quanto evolutivas, caracterizaram o papel das corporações. As empresas há muito atuam como o motor do país para o crescimento econômico e administram a economia de mercado e seus recursos. Elas desempenham bem esse papel – em muitos casos, extraordinariamente bem.

As corporações globais ficaram tão grandes e importantes que muitas têm um PIB que excede o de muitos países.[2] Os dados das 100 maiores corporações do mundo mostram que suas vendas combinadas são mais altas do que os PIBs combinados de metade dos países no mundo. As nove primeiras empresas internacionais e globais (classificadas segundo o valor de suas ações) são General Electric, Microsoft, Exxon, Coca-Cola, Intel, NTT, Toyota Motor, Royal Dutch Petroleum e Merck. Seus *sites* mostram que todas elas agora apresentam publicamente um compromisso corporativo de responsabilidade social bem como programas de ética.

Este capítulo explora não só o papel singular que as corporações podem desempenhar na redução da pobreza, mas também a paixão que muitos líderes têm pelas contribuições que fazem. Apresentamos o argumento de que as corporações envolvidas em filantropia estratégica podem "sair-se bem ao fazer o bem" e "receber além de dar". O relato de caso inicial descreve as ações de uma corporação gigantesca, a Microsoft, a fim de aumentar a oportunidade dos pobres para alcançar mais aprendizagem e conhecimento.

272 PARTE III ❖ Garantia de uma Abordagem Integrada

A Microsoft ajuda sérvios e ciganos na Hungria a atingir seu potencial ilimitado

Hoje, para mais de 1 bilhão de pessoas que têm acesso à tecnologia da informação, a vida mudou profundamente. As informações estão mais acessíveis, as conexões são estabelecidas mais facilmente e o intercâmbio comercial ao redor do mundo é mais eficiente. Para as mais de 5 bilhões de pessoas que ainda não têm acesso à tecnologia, porém, ainda há muito o que fazer. Com essa' finalidade, em abril de 2007, a Microsoft comprometeu-se publicamente a expandir sua iniciativa corporativa Unlimited Potential. A empresa renovou e acelerou seu compromisso de cidadania e negócios globais a fim de capacitar novas e sustentáveis vias de oportunidade social e econômica para pessoas que ainda não tiveram acesso aos benefícios da tecnologia. Essa iniciativa alinha as tecnologias, as parcerias, os negócios e a cidadania corporativa da Microsoft para atuar em três áreas-chave: transformar a educação, estimular a inovação local e possibilitar empregos e oportunidades.[3]

A história a seguir descreve o impacto das ações educacionais da Microsoft sobre os pobres na Europa Central e do Leste, considerando a educação como a pedra fundamental da oportunidade econômica. É claro que a tecnologia é crucial para ajudá-los a atingir suas metas de educação e a Microsoft está em uma posição única para auxiliar por meio da tecnologia da informação e de comunicação.

Sérvia

A República da Sérvia está localizada na região sudeste da Europa, na parte central da Península dos Bálcãs. O país tem mais de 10 milhões de habitantes, sendo que mais de um milhão mora na capital, Belgrado. A Sérvia enfrentou mais de uma década de tumultos sociais e políticos, que deixaram muitos de seus habitantes gravemente empobrecidos e a nação atrasada em relação a seus pares internacionais. Segundo um artigo do Fundo Monetário Internacional, publicado em maio de 2004, as taxas de pobreza mais elevadas são encontradas entre alguns grupos vulneráveis e socialmente excluídos, dentre eles refugiados, vítimas de tortura e desempregados e a população cigana. Os índices de alfabetização são baixos, especialmente entre as mulheres, com 38% das mulheres acima de 15 anos analfabetas, semialfabetizadas ou tendo completado apenas o ensino fundamental (oito anos), *versus* 52% dos homens.[4] Em 2007, as taxas de desemprego eram de cerca de 18%.[5]

Ensino gratuito de tecnologia da informação para grupos vulneráveis

Em outubro de 2005, foi lançado um projeto financiado pela Microsoft e chamado *Free IT Education for Vulnerable Groups*. Sua meta era aumentar o conhecimento de computadores e o uso prático de tecnologia da informação (TI) entre os refugiados, pessoas deslocadas internacionalmente, ciganos, pais que se sustentavam sozinhos, vítimas de tortura e outras pessoas menos favorecidas na Sérvia. A Microsoft trabalhou em parceria com a International Aid Network (IAN), uma organização humanitária não governamental local, para oferecer 800 cursos gratuitos de tecnologia da informação e comunicação aos grupos mais destituídos e socialmente excluídos da Sérvia.

A sala de aula tem 13 computadores e é equipada com uma biblioteca que inclui livros, manuais e CDs multimídia da Microsoft Press para aprendizagem independente em ritmo próprio. Os participantes aprendem habilidades básicas de tecnologia da informação e de comunicação em um escritório comercial moderno, incluindo processamento de textos, trabalho com planilhas e informações e comunicações por meio do uso da internet (ver Figura 12.1). Um curso típico inclui 20 aulas com duração de 45 minutos cada e é baseada em um currículo detalhado com exercícios práticos para os professores e um plano de curso breve para os participantes, um manual e um exame padronizado. No final de cada curso, os participantes aprovados recebem um certificado de conclusão, que pode ser apresentado aos empregadores, possíveis ou atuais. E com essas novas habilidades, eles têm mais probabilidade de se integrar na comunidade local e se tornar economicamente independentes, ao conseguir um emprego, abrir uma empresa ou aumentar sua renda.

Até 2008, mais de 1.200 pessoas tinham participado do projeto. Ivan Stojilovic, o gerente do projeto IAN, acredita que o projeto é "um exemplo perfeito de como a sociedade pode se beneficiar da cooperação entre os setores privado e público. Como uma corporação internacional, a Microsoft sustenta a educação em tecnologia da informação e comunicação dos grupos mais vulneráveis em nível local... Juntos, ajudamos centenas de pessoas a achar o rumo de sua vida e melhoramos a economia local... Este projeto aumenta as chances da cada participante conseguir um emprego. Ele incentiva o contato e a interação social entre os diferentes grupos vulneráveis e as autoridades locais e, desse modo, facilita a inclusão social. Usando seus conhecimentos e habilidades de tecnologia da informação, os participantes podem melhorar sua posição no mercado de trabalho e reconstruir sua confiança".[6]

FIGURA 12.1 A aprendizagem de habilidades básicas de tecnologia da informação e de comunicação prepara os estudantes para o escritório comercial moderno.

Hungria

A Hungria, também na Europa Central, é um estado-membro da União Europeia (UE) desde 2004 e tem uma população de mais de 10 milhões de habitantes, 700 mil (7%) dos quais fazem parte da comunidade cigana. Esse grupo desfavorecido tem sido um dos mais graves problemas socioculturais do país desde a transição do regime em 1990. As estimativas dizem que, para cada pessoa empregada na comunidade cigana, seis dependentes de alguma forma contam com subsídio do governo.[7] Os economistas apontam o baixo nível de escolaridade da comunidade cigana como o principal motivo de sua posição desfavorecida no mercado de trabalho. Apenas um terço das crianças ciganas frequenta programas de ensino médio e menos do que 1% da população tem um diploma de ensino superior. Esse baixo *status* no mercado de trabalho e índices de desemprego mais altos causam pobreza e problemas sociais difundidos.

A situação é pior entre a população cigana de etnia Roma, que, em sua maioria, vive nas regiões nordeste e sul da Hungria. Dentro desse grupo, 85% dos que poderiam estar empregados estão desempregados. Nessa situação desafiadora, o baixo nível de escolaridade dos pais é a principal razão para o desemprego e a pobreza é o principal motivo para as perspectivas ruins de educação da próxima geração.[8]

Em 2002, foi criada a Equal Chances of the Roma Association para melhorar as oportunidades disponíveis a esses ciganos. O programa Knowledge Center foi lançado em 2004 para fornecer treinamento profissional, com auxílio da Microsoft.

O Knowledge Center

Sob a coordenação do programa Microsoft Unlimited Potential e com o apoio da EQUAL Community Initiative da União Europeia, o programa Knowledge Center recebeu auxílio em software e verbas. Isso dá aos menos favorecidos mais oportunidades iguais para a plena participação na economia baseada em informação. E os especialistas da Microsoft fornecem palestrantes da equipe da Microsoft na Hungria conforme necessário para os centros de treinamento.

Depois do primeiro ano, o Knowledge Center criou um programa formal de educação a distância. Isso aumentou o número de estudantes nas classes porque os estudantes precisavam migrar ou mudar-se para frequentar esses cursos. Durante o segundo semestre de seu treinamento, esses estudantes recebiam um pacote de estudo e trabalho do curso para se preparar para os exames pela internet. As habilidades de internet também são consideradas essenciais para outros setores da vida, como a comunicação com empregadores potenciais quando em busca de trabalho. Além do ensino médio, cada estudante recebeu treinamento em operação de computadores e qualificação para a European Computer Driving License (ver Figura 12.2). Para ajudá-los a compreender sua etnia, os estudantes recebiam formação em Romanologia, abrangendo idioma, cultura, história e literatura.

Gabor Axtom-Varga, líder de projeto do Knowledge Center, diz: "O apoio da Microsoft e da Equal permitiu criar uma base sólida a partir da qual podemos ampliar nossos serviços para o futuro. Vamos expandir gradualmente a gama de operações a fim de atingir um público cada vez maior e ajudá-lo a obter conhecimento e habilidades competitivas".[9] Fortalecer a economia baseado em conhecimento na Hungria não é apenas uma tarefa para o governo, mas também para as empresas multinacionais como cidadãos corporativos responsáveis.

FIGURA 12.2 Treinamento em operação de computadores na Hungria.

O PAPEL ÚNICO QUE O SETOR PRIVADO DESEMPENHA NA REDUÇÃO DA POBREZA

Em nosso livro *Corporate Social Responsibility* (Wiley, 2005), identificamos seis áreas que representam a maioria das estratégias que o setor privado usa em sua contribuição às comunidades locais e globais. Exemplos de iniciativas corporativas relativas à pobreza serão apresentados na próxima seção. Acrescentamos uma sétima estratégia a esta lista – desenvolver e fornecer produtos a um custo acessível para o grande mercado na "base da pirâmide".

1. *Filantropia corporativa.* Talvez o papel mais tradicional desempenhado pelas corporações seja o de fazer contribuições diretas a instituições beneficentes e as causas: fornecer *doações em dinheiro* (para vítimas de uma catástrofe natural), oferecer *verbas* (para pequenos fazendeiros comprarem sementes novas e de alto rendimento), disponibilizar *bolsas de estudo* (para mulheres frequentarem workshops de treinamento profissional), doar *produtos* (alimentos, roupas e itens de higiene), doar

serviços (para atendimento odontológico), fornecer *conhecimento técnico especializado* (para purificar água), permitir o uso de *instalações e canais de distribuição* (mercearias que disponibilizam espaço para recolher alimentos enlatados para bancos de alimentos) e oferecer o uso de *equipamentos* (vans para transportar mosquiteiros para aldeias remotas).

2. *Voluntariado na comunidade.* As corporações muitas vezes apoiam e incentivam os empregados, parceiros de varejo e/ou membros de franquias a oferecerem voluntariamente seu tempo para apoiar organizações e causas da comunidade local. Por exemplo, a Levi Strauss & Co., cuja sede fica em San Francisco, dá aos funcionários tempo livre para serem voluntários em organizações locais de prestação de serviços a HIV/AIDS. A empresa também apoia a participação deles em caminhadas anuais a fim de arrecadar fundos para as vítimas da AIDS e entregar alimentos aos pacientes.

3. *Práticas de negócios socialmente responsáveis.* Com essa estratégia, uma corporação adota e realiza práticas de negócios e investimentos criteriosos que sustentam causas sociais a fim de aumentar o bem-estar da comunidade e proteger o meio ambiente. Um bom exemplo desse tipo de iniciativa são as ações da Starbucks para incentivar a produção de café com métodos de cultivo que protejam a biodiversidade e forneçam maiores oportunidades econômicas para os produtores de café.

4. *Promoção de causas.* Essa iniciativa distingue-se pelo fato de a corporação fornecer verbas, contribuições em espécie ou outros recursos corporativos a fim de aumentar a consciência e a preocupação em relação a uma causa social ou apoiar a arrecadação de verbas, participação ou recrutamento de voluntários por uma causa. Durante vários anos, a revista *Parade*, em parceria com a Share Our Strength, uma importante organização sem fins lucrativos de combate à fome, tem patrocinado "The Great American Bake Sale" a fim de aumentar a consciência em relação à fome na infância nos Estados Unidos e também arrecadar fundos para aliviar a fome. Em 2003, eles arrecadaram US$1,1 milhão para bancos de alimentos em todo o país.[10]

5. *Marketing relativo a causas.* Nesta estratégia, uma corporação se compromete a contribuir ou a doar uma parcela da renda de um produto para uma causa específica. O mais comum é que essa oferta seja anunciada por um período, para um produto específico e para uma determi-

nada instituição beneficente. O Project Red Campaign, mencionado no Capítulo 2, "Exame de muitas soluções atuais", é um ótimo exemplo. Organizações como American Express e Apple fizeram contribuições para o Global Fund para combater a pobreza com base no volume das vendas.

6. *Marketing social corporativo.* Como o nome já diz, essa iniciativa corporativa apoia o desenvolvimento e/ou a implementação de uma campanha de mudança comportamental com a finalidade de melhorar a saúde pública, a segurança, o meio ambiente ou o bem-estar da comunidade. Uma característica é o foco na mudança de comportamento, o que diferencia essa ação das promoções de causas que apoiam a conscientização, a arrecadação de fundos e o recrutamento de voluntários por uma causa. O programa Healthy Smiles 2010 do creme dental Crest, por exemplo, trabalha para influenciar e apoiar minorias desfavorecidas a fim de que façam exames odontológicos frequentes e escovem os dentes e usem fio dental regularmente.

7. *Desenvolver e fornecer produtos e serviços a preços acessíveis.* Essa estratégia tem sido descrita várias vezes neste livro em referência aos 2 bilhões, ou mesmo 4 bilhões, de pessoas na "base da pirâmide". Essas pessoas representam oportunidades significativas para que as empresas usem capacidades empresarias imensas, além de poder aquisitivo. Na Índia, por exemplo, o maior fabricante de sabonetes, Hindustan Lever Limited, aumentou significativamente suas vendas quando suas comunicações começaram a apontar a importância de usar sabonete ao lavar as mãos para prevenir a diarreia no país.

COMPORTAMENTO EMPRESARIAL NO PASSADO

A *responsabilidade social corporativa* é algo relativamente recente na vida de qualquer empresa. No século passado, as empresas pediram e exigiram mais direitos sem admitir as responsabilidades proporcionais vinculadas a esses direitos. Muitos críticos dizem que as empresas cresceram às custas de graves danos ao meio ambiente e que, coletivamente, são uma importante causa de poluição do ar, da água e do solo.

O compromisso sério com a responsabilidade social corporativa começou quando o governo e os grupos de cidadãos exigiram reformas e solicitaram que as corporações corrigissem os casos de abuso de poder corporativo conhecidos. Ralph Nader, advogado ativista, é considerado o pai das campanhas de consumi-

Capítulo 12 ❖ O Papel do Setor Privado na Redução da Pobreza **279**

dores em oposição ao poder das grandes corporações.[11] Em 1965, ele publicou seu livro *Unsafe at Any Speed*. Esse livro muito bem pesquisado mostrou evidências cuidadosas de quão estruturalmente defeituosos eram muitos dos automóveis americanos, especialmente aqueles fabricados pela General Motors.

A General Motors reagiu rapidamente, tentando desacreditar Nader. Contratou detetives particulares para investigar o seu passado e tentar descobrir situações comprometedoras. Todas essas tentativas falharam. Então, foi a vez de Nader responder ao assédio: ele processou a GM por invasão de privacidade e acabou ganhando. O tribunal exigiu que a GM pedisse desculpas publicamente e Nader embolsou US$284 mil de indenização. Nader usou parte do dinheiro do acordo para expandir sua campanha de direitos do consumidor.

Logo após, ele organizou os "Nader's Raiders", em que centenas de ativistas jovens uniram-se a ele em Washington. Nader levou seus defensores entusiasmados a investigar a corrupção no governo. Dezenas de livros documentaram os resultados dessas investigações. Em 1971, Nader criou a ONG Public Citizen como uma organização que abarcasse suas ações e projetos de investigação do Congresso, saúde, meio ambiente, empresas e questões econômicas. A Public Citizen tem mais de 150 mil membros e inúmeros pesquisadores jurídicos. Seus trabalhos foram responsáveis pela aprovação do Safe Drinking Water Act e do Freedom of Information Act. A criação da Occupational Safety and Health Administration (OSHA), do Environmental Protection Agency (EPA) e da Consumer Product Safety Commission (CPSC) é resultado dos incansáveis esforços da Public Citizen.

Nos anos que se seguiram ao desenvolvimento da Public Citizen, uma sucessão de abusos corporativos e de condutas impróprias provocaram a exigência do público, do governo e da sociedade civil por uma cidadania corporativa mais responsável. Os abusos envolveram questões relativas aos seguintes pontos:[12]

- Ambição dos executivos, com salários e dividendos excessivos
- Corrupção e fraude, representada pela série de falências corporativas entre grandes empresas como Enron, Worldcom, Arthur Andersen, Tyco Laboratories e Adelphia
- Degradação ambiental provocada pelo descarte de resíduos tóxicos e outras formas de poluição do ar, da água e do solo
- Abusos de direitos humanos, como usar voluntariamente trabalho escravo ou infantil para fazer roupas, calçados e artigos esportivos

280 PARTE III ❖ Garantia de uma Abordagem Integrada

- Comércio justo e as crescentes injustiças nas práticas comerciais globais atuais
- Práticas de governança corporativa equivocadas entre os membros do conselho de administração e os acionistas

Outro escritor e defensor da sociedade civil, David Korten, acredita que esses abusos vêm do foco excessivo das empresas no "amor pelo dinheiro".[13] A vigilância intensa e quase incansável por parte do governo, dos meios de comunicação, da sociedade civil e do público em geral sobre as empresas tem provocado uma mudança nesse foco estreito. Agora está claro que elas estão se movimentando na direção de um compromisso socialmente mais responsável.

AS EMPRESAS PRECISAM MUDAR

A necessidade de mudanças no comportamento das empresas é indiscutível, mas a questão é a forma que essas reformas devem ter. As reformas necessárias podem ir em duas direções.

Uma é a da reforma radical de que falam as sociedades civis furiosas. Elas desejam uma "reinvenção" das corporações. Isso significa nada menos do que dividir as multinacionais e as grandes empresas e substituí-las por empresas locais. Por quê? Porque os grandes governos precisam ser reinventados do mesmo modo. Korten disse: "Assim como as empresas devem ser locais, será possível também que os governos sejam locais. ... São as grandes empresas que criam a necessidade de grandes governos. ... Quanto mais reduzirmos as corporações gigantescas a uma escala humana, mais seremos capazes de reduzir o tamanho do governo".[14]

As campanhas de Nader, embora muito menos radicais, ainda pertencem a essa categoria de reformas corporativas obrigatórias. No caso da Public Citizen, o foco está em garantir o compromisso das empresas com uma boa cidadania. O comportamento-alvo de compromisso é a simples conformidade com a lei ou as leis que os Nader's Raiders persuadiram o congresso a aprovar.[15]

A outra direção que a reforma do setor empresarial pode seguir é a autorreforma. As corporações praticam voluntariamente a responsabilidade social corporativa[16] e o compromisso ocorre por "internalização".[17] Diferentemente da conformidade, esta é a forma mais elevada de compromisso.

O compromisso por internalização e autorreforma é mais realista. As grandes corporações globais estão aqui para ficar porque o mundo precisa delas. Apesar de sua parcela de transgressões, elas têm muitos pontos positivos. A questão é como recanalizá-las em direções mais construtivas e responsáveis. Um grupo de defensores do compromisso corporativo de responsabilidade social prevê que "as empresas de sucesso no futuro provavelmente serão aquelas que descobrirem como usar plenamente seu relacionamento (com as comunidades) como parte de seus negócios e assim estarão rumo... à cidadania *plena*".[18]

O comportamento de cidadania corporativa responsável irá abarcar o contínuo desde a conformidade até a internalização. Um programa de conformidade atuará nos casos em que o medo da punição irá agir como uma barreira ao comportamento corrupto. Existe também um programa de ética por meio do qual os proprietários e os executivos das empresas obtêm a formação sobre os valores corretos a fim de se comportar de modo responsável e ético quando se trata de decisões importantes para a empresa.[19]

AS EMPRESAS SE ENVOLVEM NO PROBLEMA DA POBREZA

Em seu relatório sobre o desenvolvimento humano, publicado em 2003, o Programa das Nações Unidas para o Desenvolvimento (PNUD) tentou bravamente definir o papel do setor empresarial e sua responsabilidade na redução da pobreza.[20] Nos países que seguem o modelo de que a redução da pobreza é principalmente um resultado do crescimento econômico, as corporações e empresas devem desempenhar o papel crucial de gerar e elevar a renda, bem como criar empregos. Além disso, como o crescimento econômico sustentado é gravemente impedido por uma cultura de corrupção, as corporações e empresas devem parar com a prática de corromper o governo e umas as outras.

Em termos de apoio direto para a redução da pobreza, sabe-se que muitas corporações são filantrópicas. Algumas criam sua própria fundação que assume projetos de alívio da pobreza, como a Fundação Coca-Cola. Outras contribuem com regularidade para uma ONG dedicada a ajudar os pobres, como as 118 grandes empresas nas Filipinas que formaram e apoiaram a Philippine Business for Social Progress (PBSP).

A Coca-Cola une-se a outros para lutar contra HIV/AIDS

Na África, a Coca-Cola é o maior empregador do setor privado. Em abril de 2002, a empresa criou a Coca-Cola Africa Foundation, cujo propósito básico declarado era "melhorar a qualidade de vida nas comunidades" em que a Coca-Cola Company faz negócios.[21]

A fundação envolveu-se diretamente, por exemplo, na ajuda a inundações em Moçambique e no fornecimento de suprimentos elétricos em Angola. Porém, sua iniciativa mais importante que se relaciona ao alívio da pobreza é seu trabalho na Global Business Coalition on HIV/AIDS (GBC).

282 PARTE III ❖ Garantia de uma Abordagem Integrada

A *Global Business Coalition* é uma aliança de cerca de 170 corporações internacionais que se comprometeram a combater a epidemia de AIDS por meio do conhecimento especializado das empresas-membros em medicamentos e produtos antiAIDS, em prestação de serviços e distribuição, em comunicação de massa e publicidade e em planejamento e implementação de gestão de programas. A ONU tem elogiado as empresas farmacêuticas que concordaram com um desconto substancial nos preços de remédios essenciais contra AIDS nos países africanos afetados. Está disponível um banco de dados, que pode ser acessado em http://www.businessfightsaids.org, com muitos outros estudos de caso empresariais relativos a iniciativas corporativas nessa área crítica de alívio da pobreza para o segmento pobre e vulnerável de homens, mulheres e crianças que são vítimas da AIDS.

A Philippine Business for Social Progress (PBSP)

Em 1970, as empresas-membros de três associações empresariais – o Philippine Council for Economic Development, o Philippine Business Council e a Philippine Association for Social Action – decidiram criar a PBSP como uma ONG abrangente.[22] A ideia era coordenar por meio da PBSP as verbas das empresas-membros das três associações empresariais destinadas a projetos sociais e econômicos nas diferentes partes do país. As empresas-membros da PBSP comprometeram-se a contribuir anualmente com 0,6% de sua receita líquida antes dos descontos dos impostos para os programas antipobreza da PBSP.

O papel da PBSP no alívio da pobreza é ser um "financiador direto" e "intermediário" para o mercado de microempreendedores pobres que precisam de microfinanciamentos. Como financiador, a PBSP usou as contribuições anuais das empresas-membros para fornecer fundos que as organizações comunitárias locais, como cooperativas e ONGs a nível das aldeias, pudessem emprestar a seus membros microempreendedores. Em seu papel de intermediário, a PBSP uniu-se a órgãos nacionais e estrangeiros na economia formal cujos recursos eram "negados aos pobres por algum motivo". Ela ofereceu seus serviços como um canal para esses fundos a fim de apoiar seu "programa de geração de renda com base em crédito" (CIGP). Nos dois papéis, a PBSP foi guiada por sua visão de se tornar uma fundação presente em todo o país, estabelecendo "estruturas de crédito baseadas na comunidade que irão capacitar os pobres que não têm acesso às fontes de crédito formais a fim de melhorar suas perspectivas de geração de renda".

Os empresários ofereceram aos gerentes outras ideias sobre como as empresas poderiam se envolver na redução da pobreza.[23] Por exemplo, os

Capítulo 12 ❖ O Papel do Setor Privado na Redução da Pobreza **283**

empresários do setor de alimentos processados foram desafiados a criar um "Monde Nissin". Essa foi uma recomendação para fabricar produtos alimentícios processados e formatados especificamente conforme as necessidades da família urbana pobre, mas com preços não superiores a 10 centavos de dólar (ou 5 pesos na moeda local) por pacote. Monde Nissin Corporation é o fabricante local de uma das maiores marcas de macarrão instantâneo que focalizou especificamente o segmento pobre do mercado (consumidores das classes D e E) e estabeleceu o preço de 9 centavos de dólar por pacote de seu macarrão instantâneo. Os consumidores urbanos pobres podem gastar apenas 20 centavos de dólar (ou 10 pesos) para uma refeição familiar.[24] Para fazer uma refeição para uma família de quatro pessoas, uma mãe pobre urbana prepara uma embalagem de macarrão instantâneo cozinhando-o com todos os vegetais que puder comprar por mais 9 ou 10 centavos. Por três refeições diárias, a mãe de classe D ou E tem um orçamento de 30 centavos. Essa quantia representa o ganho diário médio de uma família urbana pobre em Manila e em dois outros centros urbanos.

Depois, as empresas que quiseram seguir o exemplo de Monde Nissin foram desafiadas a sustentar e a aprimorar continuamente essa ação. Essas empresas poderiam investir em dois tipos de pesquisa. Uma era pesquisa e desenvolvimento de um produto especificamente formatado para os pobres. O orçamento recomendado para essa pesquisa era de 5 a 10% do investimento anual da empresa em pequisa de desenvolvimento de produtos. O outro tipo voltava-se para pesquisar as necessidades dos pobres em termos de produtos alimentícios e bebidas de melhor qualidade. O investimento de pesquisa também foi sugerido crescer para cerca de 5 a 10% do orçamento total de pesquisa de mercado da empresa.

As empresas que não fabricavam produtos alimentícios foram chamadas a contribuir de outra forma: cada uma podia adotar um programa de alívio da pobreza e, a partir daí, prestaria assistência monetária e/ou consultoria ao programa adotado para tornar, digamos, sua prestação de serviços mais eficiente.

Uma corporação interessada foi estimulada a fazer algo parecido com os oito segmentos e serviços de assistência oferecidos pelos programas contra a pobreza. Uma corporação poderia escolher um par formado por um segmento e um serviço de assistência e depois ofereceria ao programa antipobreza adotado seu auxílio para gestão e marketing social.

Os que trabalham nos serviços de treinamento gerencial responderam à pergunta: "Que tal ajudar a melhorar a eficiência da gestão dos programas de assistência à pobreza com consultoria contínua para três itens cruciais de gerenciamento dos programas?". Essas três preocupações são uma au-

284 PARTE III ❖ Garantia de uma Abordagem Integrada

ditoria da gestão de um programa de assistência à pobreza, um programa de treinamento em desenvolvimento de gestão depois da auditoria, e uma consultoria em controle e implementação de programas depois do programa de treinamento.

ESFORÇOS DAS EMPRESAS PARA BARATEAR O CUSTO DE BENS E SERVIÇOS

As empresas têm tradicionalmente negligenciado o desenvolvimento de produtos e serviços para os pobres porque eles têm pouco dinheiro. Mais recentemente, algumas empresas mudaram esse conceito e passaram a ver os pobres como um mercado de oportunidades em vez de um mercado de perdas. C. K. Prahalad descreve muitos exemplos em seu livro *A Riqueza na Base da Pirâmide*.[25]

A criação das "Dollar Stores" é um exemplo de varejo na busca de baixar o custo de produtos comuns. Essas lojas oferecem muitos itens com preço abaixo de 1 dólar e alguns deles são especificamente embalados em tamanhos menores a fim de serem mais acessíveis. Embora as margens de lucro sejam menores, isso é compensado pelo maior número de compradores pobres que compram pequenas quantidades.

Em certo sentido, lojas como a Wal-Mart e a IKEA têm se esforçado para baixar o custo de muitos produtos. Existe um benefício duplo ao fornecerem um número crescente de produtos de países mais pobres porque elas também aumentam os empregos para os pobres.

Em última instância, os fabricantes precisam encontrar novas formas para baixar o custo de muitos produtos. A Tata Motors, na Índia, lançou o Tata Nano como o carro mais barato do mundo (vendido a US\$2.500) para permitir que mais pessoas tenham carros. O Media Lab do MIT tem trabalhado na criação de um laptop de US\$100 a ser distribuído para as crianças do Terceiro Mundo. Jaipur Foot, na Índia, criou uma forma de personalizar uma prótese de pé que custa menos de US\$25. Annapurna Salt desenvolveu um sal iodizado microencapsulado de baixo custo para combater o distúrbio de deficiência de iodo. (A maioria do sal na Índia não tem iodo.)

Estão sendo criados serviços que serão oferecidos a baixo custo. Os médicos do Aravind Eye Care (AEC), na Índia, agora podem fazer cirurgias de catarata a baixo custo, implementando procedimentos médicos de produção em massa. Os bancos têm usado microfinanciamentos para fazer pequenos empréstimos a pessoas pobres com excelente chance de pagamento.

MARKETING SOCIAL NO SETOR PRIVADO

Como a abordagem de marketing social difere das atuais abordagens tradicionais?

Como já mencionado neste capítulo, as corporações podem contribuir de diversos modos para reduzir a pobreza. Esses métodos incluem iniciativas relacionadas a promoções de causas, marketing relativo a causas, filantropia, mudança nas práticas comerciais, emprego de voluntários e ações de marketing social. A Tabela 12.1 compara as soluções corporativas mais tradicionais e as orientadas para o marketing social. Como vimos nas descrições dos outros setores, a solução de marketing social foca-se nas iniciativas que influenciam comportamentos específicos que irão prevenir a pobreza e/ou ajudar os pobres a melhorar seu bem-estar físico, emocional e financeiro.

TABELA 12.1 Acrescentando a solução de marketing social ao *mix* para corporações

Questão ligada à pobreza	Solução tradicional	Solução de marketing social
Produtividade agrícola	Proporcionar financiamento direto aos fornecedores para apoiar as melhorias tecnológicas.	Fornecer um influxo de capital para a comunidade de microfinanciamentos local. Esse dinheiro então fornece financiamento aos fazendeiros e seus fornecedores para melhorias tecnológicas a juros mais razoáveis do que poderiam conseguir em seu mercado local.
HIV/AIDS	Fornecer cobertura de atendimento médico aos empregados, incluindo acesso a drogas antiretrovirais.	Desenvolver programas no local de trabalho que incluam a distribuição gratuita de preservativos e exames e aconselhamento confidenciais.
Inundações	Oferecer empregados voluntários para ajudar os proprietários na comunidade a limpar suas casas e propriedades depois de grandes inundações provocadas por furacões.	Realizar workshops de preparação e prevenção de inundações em instalações locais, que incluam dicas sobre como se preparar para a próxima temporada de furacões.
Poupança para aposentadoria	Oferecer uma opção para os funcionários se inscreverem em programas de poupança para aposentadoria, com deduções automáticas de seus pagamentos.	Incentivar a poupança para aposentadoria, oferecendo um sistema em que o funcionário tenha de indicar que deseja "sair" do programa em vez de um ao qual ele precise se associar.

Como as soluções de marketing social beneficiam as corporações?

As iniciativas de marketing social não só proporcionam uma solução importante, e que muitas vezes não estava disponível, para as corporações que desejam contribuir para a redução da pobreza, como também geram diversos benefícios adicionais. Achamos que esta é uma das melhores opções para "sair-se bem ao fazer o bem" porque as corporações muitas vezes relatam um ou mais dos seguintes resultados:

- *Melhor reputação.* As ações de marketing social tendem a ser mais visíveis para os clientes atuais e potenciais da empresa e também para o público-alvo da campanha. Quando uma organização como a Microsoft fornece instrutores, computadores e softwares para treinamento profissional nos países em desenvolvimento, os destinatários bem como os observadores têm maior probabilidade de perceber a contribuição da empresa do que se ela simplesmente "preenchesse um cheque" para ajudar os pobres da comunidade.
- *Maior capacidade para apoiar a mudança real de comportamento.* Por sua própria natureza, as iniciativas de marketing social são planejadas para mudar comportamentos a fim de melhorar a qualidade de vida para o público-alvo. As corporações que apoiam essas ações tendem a ver resultados positivos e concretos, um benefício que muitas vezes não existe nos outros tipos de apoio.
- *Maior lealdade à marca.* Pense no programa Healthy Smiles 2010 do creme dental Crest, mencionado anteriormente. Ele busca influenciar práticas de saúde bucal importantes para minorias carentes. Os gerentes de produto sabem que experiências iniciais positivas com a marca podem influenciar muito uma lealdade duradoura. Certamente, as ações da Crest criarão associações positivas para essas crianças e suas famílias.
- *Aumento nas vendas do produto.* Isso é possível quando existem conexões naturais entre os comportamentos desejados e os produtos e serviços da empresa. O aumento da visibilidade dos mosquiteiros entre os pobres, por exemplo, também tende a transformar sua instalação e uso em algo normal na comunidade. Por sua vez, isso irá aumentar as vendas dos fabricantes e varejistas, considerando a parcela da população que pode pagar.
- *Maior satisfação entre os funcionários.* Quando os funcionários também veem a mudança social positiva gerada pelas ações da empresa, eles permanecem trabalhando por mais tempo e têm maior produtividade. Imagine o orgulho de seus funcionários ao saber que as ações para ampliar os exames e o tratamento de tuberculose salvaram milhares de vidas na América do Sul.

Resumo

As empresas podem desempenhar um papel cada vez maior na luta contra a pobreza. Depois de muitos anos concentrando-se apenas em obter lucros, elas estão começando a assumir responsabilidades sociais, em parte como resultado da pressão de ativistas (como os Nader's Raiders) e das novas leis, bem como por sua conscientização. As empresas têm atuado individual e coletivamente para enfrentar problemas como o HIV, a malária e outras doenças, além de baixar os custos de alimentos e outros produtos e serviços a fim de torná-los mais acessíveis aos pobres.

Notas

[1] Bill Shore, *Revolution of the Heart* (Nova York: Riverhead Books, 1995), p. 118.

[2] Em David Korten, *When Corporations Rule the World* (2a edição) (Bloomfield, CT: Kumarian Press and Barrett-Koehler Publishers, 2001).

[3] Sobre Microsoft Unlimited Potential. Acessado em 25 de junho de 2008 em http://www.microsoft.com/About/CorporateCitizenship/US/AboutUnlimitedPotential.mspx.

[4] European Association for Education of Adults. "Adult Education and Gender Issues in Serbia", 5 de maio de 2007.Acessado em 26 de junho de 2008 em http://www.eaea.org/news.php?aid=13515&k=2088&%20d=2007-05.

[5] CIA. The World Factbook—Serbia. Acessado em 26 de junho de 2008 em https://www.cia.gov/library/publications/the-world-factbook/geos/rb.html#Econ.

[6] Microsoft Unlimited Potential Report, novembro de 2007, "Vulnerable Groups in Serbia Receive IT Training and Realize Their Unlimited Potential."

[7] Microsoft Unlimited Potential Report, novembro de 2007. "Roma Gain Equal Opportunities Through Unlimited Potential," p. 27. Acessado em 26 de junho de 2008 em http://download.microsoft.com/download/7/5/f/75faafde-c447-4638-ae7bec99cc0f2f9c/MS_CEE_UP_Nov_2007_lowres.pdf.

[8] Acessado em 26 de junho de 2008 em https://www.cia.gov/library/publications/the-world-factbook/geos/hu.html.

[9] Microsoft Unlimited Potential Report, novembro de 2007. "Roma Gain Equal Opportunities Through Unlimited Potential", p. 28.

[10] Philip Kotler and Nancy Lee, *Corporate Social Responsibility: Doing the Most Good for Your Company and Your Cause* (Wiley, 2005), p. 63.

[11] Extraído de http://en.wikipedia.org/wiki/Ralph_Nader. Acessado em 14 de dezembro de 2004.

[12] M. McIntosh, D. Leipziger, K. Jones e G. Coleman, *Corporate Citizenship: Successful Strategies for Responsible Companies* (Londres: Financial Times Professional Ltd., 1998), p. 44.

[13] Korten, op. cit. Korten fala com desdém sobre esse foco e o rejeita em favor de "se centrar no amor pela vida".

288 PARTE III ❖ Garantia de uma Abordagem Integrada

[14] Korten, op. cit., p. 275.

[15] Essa discussão de envolvimento para compromisso provêm do modelo de Herbert Kelman (1958), "Compliance, Identification, and Internalization: Three Processes of Attitude Change," *Journal of Conflict Resolution*, 2: 51–60.

[16] Ver, por exemplo, Kotler e Lee, *Corporate Social Responsibility: Doing the Most Good for Your Company and Your Cause*; e McIntosh, Leipziger, Jones e Coleman, *Corporate Citizenship: Successful Strategies for Responsible Companies*.

[17] Kelman, op. cit.

[18] McIntosh, et al., op. cit., p. xxi.

[19] Ned Roberto em seu *Survey of CEO Perceptions of Corporate Corruption and Misconduct at the Rank and File and Senior Management Levels* (Makati City: AIM Center for Corporate Responsibility, 2004) descobriu que no caso de pequenas transgressões e das cometidas por funcionários de menor escalão (conforme visto pelos CEOs), é o programa de conformidade que funciona para controlar as práticas de corrupção. Por outro lado, no caso das grandes práticas de corrupção, o programa de ética é mais eficaz.

[20] Programa de Desenvolvimento das Nações Unidas (UNDP). Human Development Report 2003. Millennium Development Goals: A compact among nations to end human poverty. pp. 23-24.

[21] Extraído de http://www2.coca-cola.com/citizenship/foundation_africa/html. Acessado em 22 de dezembro de 2004.

[22] Extraído de http://www.gdrc.org/icon/pbsp.html. Acessado em 22 de dezembro de 2004.

[23] Ned Roberto, A Survey of Program Managers' Perceptions of the Poverty Problem and the Effectiveness of Their Poverty Alleviation Programs (Makati City: AIM Center for Corporate Responsibility, 2004).

[24] Ned Roberto, Consumer Coping Behavior Survey of Metro Manila, Metro Cebu and Davao City (Makati City: Roberto & Associates, Inc., 2001).

[25] C. K. Prahalad, *The Fortune at the Bottom of the Pyramid: Eradicating Poverty Through Profits* (Upper Saddle River, NJ: Wharton School Publishing-Pearson, 2005).

13

Levando os Três Setores a Trabalhar Juntos

"As marcas apareceram quando eu tinha seis anos... Eu não conseguia me concentrar nos estudos por causa da coceira incessante. As crianças na classe costumavam rir de mim e, por isso, parei de ir à escola aos nove anos. Casei-me em 1989. Meu pai combinou o casamento... Quando nos encontramos e meu marido viu minha pele, ele ficou muito bravo. Vivi com ele alguns meses e fiquei grávida. Apesar da gravidez, ele me mandou de volta para a casa de meus pais....Não tive apoio de meu marido, nem dinheiro para mim ou para meu bebê."

—Agnes, uma nigeriana, 1995[1]

Depois do tratamento com o medicamento Mectizan®, os sintomas de Agnes desapareceram e ela se reconciliou com o marido. Sua história sobre os efeitos devastadores da oncocercose é comum, embora nem sempre tenha o mesmo final feliz – neste caso foi resultado de uma parceria entre os setores público, privado e sem fins lucrativos, que trabalharam juntos na África. É isso que acreditamos ser necessário para auxiliar, como disse Bill Gates, "quase 1 bilhão de pessoas no mundo que não têm comida suficiente, que não têm água potável e limpa e que não têm eletricidade – que para nós estão garantidas".[2]

As Nações Unidas aprenderam uma lição fundamental na sua experiência de mais de cinco décadas no alívio da pobreza: *nenhum programa para aliviar a pobreza pode atingir um sucesso duradouro se os três setores – órgãos governamentais, organizações sem fins lucrativos e empresas privadas – não aprenderem a trabalhar juntas e de modo eficaz.*

290 PARTE III ❖ Garantia de uma Abordagem Integrada

Este capítulo começa com um relato de caso que descreve o Programa Africano de Oncocercose, lançado em meados da década de 1990. Depois, discorremos sobre a natureza do desenvolvimento de uma estratégia tripla e a chave para seu sucesso.

A luta contra a oncocercose: é preciso uma parceria global

A doença

A oncocercose, popularmente conhecida como "cegueira dos rios" ou "mal do garimpeiro", é uma doença causada por um parasita que leva à cegueira e é prevalente ao redor dos rios de correnteza rápida. A doença é transmitida pelas mordidas dos pequenos mosquitos que se reproduzem em riachos e rios de fluxo rápido. Entre 120 milhões de pessoas em todo mundo que correm o risco de contrair a oncocercose, mais de 95% vivem na África, e as demais estão nas Américas Central e do Sul e na Península Árabe. Entre os infectados, mais de 6,5 milhões sofrem de coceira grave e 270 mil são cegos.[3]

O elo com a pobreza

Para contrair a oncocercose, uma pessoa geralmente precisa ser mordida centenas de vezes por mosquitos infectados, já que apenas uma pequena porcentagem transmite a infecção. A doença não é comum entre viajantes ou visitantes a áreas endêmicas.[4] Na verdade, os mais pobres que habitam as áreas rurais e que não têm proteção contra os simulídeos são os que correm mais riscos, com enormes consequências socioeconômicas. As pessoas infectadas enfrentam a deficiência física e o estigma social; a coceira insuportável e a cegueira são debilitantes. Quando a cegueira atinge proporções epidêmicas em uma aldeia, há carência de pessoas para cultivar os campos. A escassez de alimentos e o colapso econômico obrigam os moradores a abandonar a terra natal nos férteis vales dos rios. A mudança para terras mais elevadas e áreas de florestas oferece alguma proteção diante da infecção, mas aí os fazendeiros acabam lutando com o solo pobre e a escassez de água em terras superpovoadas. No fim das contas, a oncocercose leva à pobreza comunidades que já foram prósperas.[5]

Estratégia: uma parceria global

O controle da oncocercose começou em 1974, no oeste da África, como um grande projeto regional chamado Programa de Controle da Oncocercose usando a única abordagem disponível na época – controle de vetor, o tratamento com inseticidas dos locais de reprodução das moscas transmissoras da doença. Um segundo programa, APOC, lançado em meados da década de 1990, é de interesse particular para este relato de caso. O núcleo desse programa é a distribuição de Mectizan, o medicamento desenvolvido pela Merck & Co. em meados da década de 1980 e que foi doado para tratamento da oncocercose. Esse programa envolve influenciar os comportamentos individuais e da comunidade por meio do que o Banco Mundial chama de *sistemas de tratamento dirigidos pela comunidade*.[6]

Como descrito no estudo de caso do Banco Mundial, "West Africa: Defeating Riverblindness—Success in Scaling Up and Lessons Learned", nos sistemas de tratamentos dirigidos pela comunidade, a comunidade recebe treinamento e suporte de parceiros multissetoriais, inclusive agências internacionais, governos dos países participantes, ONGs e países doadores.[7] De modo coordenado com esses parceiros, as próprias comunidades decidem como organizar o tratamento para os cidadãos. Elas escolhem o distribuidor do medicamento, determinam o horário e o método de coleta e distribuição dos remédios e prestam contas aos prestadores locais de serviços de saúde. Os autores do estudo de caso afirmam que "o papel da comunidade passa de ser apenas o destinatário dos serviços dentro das diretrizes e dos limites estabelecidos pelos fornecedores externos para uma posição de proeminência como o principal interessado e responsável pelas decisões quanto aos serviços de saúde em nível comunitário".[8] Eles afirmam que os organizadores são motivados por inúmeras vantagens:

- Menos trabalho para os prestadores locais de serviços de saúde
- Melhor tratamento e cobertura geográfica
- Maior capacidade para adaptar o programa de tratamento e a distribuição dos medicamentos conforme mudam os requisitos e as necessidades da comunidade
- Maior senso de compromisso e de envolvimento com o programa, o que promove sustentabilidade e a possibilidade de integração final com o sistema local de saúde

Resultados

O Banco Mundial relata que só no oeste da África, 600 mil casos de oncocercose foram evitados, 18 milhões de crianças nascidas nas áreas protegidas foram poupadas do risco da doença, o trabalho produtivo aumentou e 25 milhões de hectares de terras cultiváveis, anteriormente evacuadas, tornaram-se seguras para moradia e agricultura. É impressionante que essas terras tenham o potencial para alimentar um adicional de 17 milhões de pessoas por ano, usando tecnologias e métodos locais. O aumento da produção agrícola dessas terras "transformou a região de uma terra dependente de ajuda para exportadora de alimentos". Em termos de retorno sobre o investimento, o programa do oeste da África atingiu um taxa de retorno econômica de 20%. Nos outros locais da África, as operações começaram em 1996 e atingiram uma taxa de retorno econômica de 17%.[9]

Os parceiros também esperam que o sucesso dessa rede de distribuição dirigida pela comunidade e a abordagem de parceria colaborativa inspirem a aplicação dessa estratégia para fornecer outras intervenções de saúde básica nas áreas de oncocercose, especialmente naquelas que são quase exclusivamente remotas, rurais e pobres, e não são atendidas por outros programas ou pelos governos nacionais (ver Figura 13.1).

FIGURA 13.1 Derrotando a oncocercose na África.
Fonte: Merck & Co. Inc.

DESENVOLVIMENTO DE UMA ESTRATÉGIA TRIPLA

Vamos relembrar o que cada um dos setores tem para contribuir para a redução da pobreza e o que trazem para a parceria, conforme resumido na Tabela 13.1.

Capítulo 13 ❖ Levando os Três Setores a Trabalhar Juntos **293**

TABELA 13.1   Os papéis distintos de cada setor na redução da pobreza

Setor público (órgãos do governo)	Setor privado (empresas)	Setor sem fins lucrativos (também chamado de ONGs, organizações sem fins lucrativos ou organizações civis)
Construir uma economia robusta	Filantropia corporativa	Financiamento
Proteger e melhorar a saúde e a segurança públicas	Voluntários da comunidade	Recursos e suprimentos
Fornecer infraestruturas básicas	Práticas comerciais socialmente responsáveis	Serviços diretos
Educar crianças e jovens	Promoção de causas	Especialização
Fornecer auxílio público	Marketing vinculado a causas	Voluntariado
Proteger o meio ambiente	Marketing social corporativo	Defesa de causas
Fornecer concessões e subsídios	Desenvolver e fornecer produtos e serviços acessíveis	Consciência pública

Ao imaginarmos a parceria dos setores para programas de redução da pobreza, é importante que os *sete princípios de parcerias* a seguir sejam maximizados e que cada contribuição seja aproveitada. Cada princípio é ilustrado revendo-se os exemplos de caso dos capítulos anteriores que exemplificam "o princípio na prática".

1. *Concordar quanto a metas comuns.* Lembre-se da história de sucesso impressionante de Uganda, reduzindo a AIDS de 15% para 6,5%, descrita no Capítulo 4, "Segmentação do mercado da pobreza". Muitos que estudaram o programa concordaram que isso não teria sido atingido sem um alto nível de compromisso político que levou ao fornecimento de apoio para programas de educação sexual nas escolas e a subsídios para preservativos. E o compromisso dos parceiros do setor privado e ONGs com a meta resultou na capacidade de oferecer resultados no mesmo dia para os exames de HIV, o que diminuiu a necessidade de viagens e aumentou a disponibilidade de preservativos em locais remotos.

2. *Definir papéis e responsabilidades claros.* No cerne da ação da Net-Mark descrita no Capítulo 8, "Desenvolvimento de um *mix* de marketing estratégico e do posicionamento desejado", para fazer com que mais 15

294 Parte III ❖ Garantia de uma Abordagem Integrada

milhões de pessoas usassem mosquiteiros contra a malária, havia uma parceria público-privada baseada na premissa de que cada setor tinha uma papel único a desempenhar. As empresas queriam promover e vender os mosquiteiros aos que podiam pagar; o governo desejava fornecer subsídios aos que não podiam pagar os mosquiteiros. A ONG Academy for Educational Development trabalhou para garantir que os mosquiteiros estivessem disponíveis a um preço acessível, mesmo depois do fim do patrocínio.

3. *Trabalhar visando ao respeito e à apreciação mútuos.* Certamente, o "Rei do preservativo", mencionado em diversos capítulos, conseguiu conquistar o respeito dos outros políticos tailandeses e dos profissionais do sexo ao demonstrar que tornar pública a crise da AIDS ajudaria, em vez de atrapalhar, os negócios e diminuiria, em vez de aumentar, a disseminação do HIV/AIDS. O reconhecimento claro das preocupações e necessidades aumentou a confiança nas projeções apresentadas por ele de que, sem essa ação de marketing social, milhões corriam o risco de infecção e centenas de milhares iriam morrer.

4. *Estar disposto a negociar e a ceder.* Parece que o governo de Malawi e o Banco Mundial entenderam este princípio. Conforme descrito no Capítulo 7, "Compreender as barreiras, os benefícios e a competição pela mudança", em resposta às graves preocupações do Banco Mundial e de outros a respeito dos subsídios universais, o governo do Malawi e o Banco Mundial patrocinaram um workshop sobre fertilizantes, reunindo os principais interessados para discutir as práticas recomendadas e abordar a desconfiança entre o governo e os fornecedores de fertilizantes do setor privado. Por fim, o governo concordou em envolver o setor privado para desenvolver uma estratégia viável de subsídios.

5. *Manter comunicações abertas.* Consideremos a complexidade das comunicações que tiveram de ser envolvidas nos esforços de alívio de desastres da World Vision, em Honduras, descrita no Capítulo 11, "O papel do setor sem fins lucrativos na redução da pobreza". Diversos públicos foram cruciais para o sucesso. Os governos locais tiveram de ser convencidos a realizar ações importantes, inclusive instalar sistemas de alerta precoce e treinar os cidadãos em primeiros-socorros básicos. Pessoas centrais nas comunidades precisaram ser treinadas em cada uma das áreas essenciais de gerenciamento de desastres. Financiadores como a USAID precisavam de relatos de progresso e de provas da eficácia final do programa.

6. *Estabelecer sistemas para responsabilização.* A Sound Families Initiative, financiada pela fundação Bill & Melinda Gates e descrita no Capítulo 5,

"Avaliação e escolha das prioridades do mercado-alvo", conseguiu favorecer os sem-teto ao estabelecer critérios estritos para as verbas. As organizações beneficiárias precisavam demonstrar que além de fornecer abrigo para os pobres, formavam parcerias com órgãos de serviço social que ajudariam as famílias sem-teto a progredirem, diminuindo a probabilidade de que voltassem à situação anterior. Por fim, esse sistema ajudou muitas famílias a manter uma moradia permanente depois de deixar o programa de alojamento temporário.

7. *Medir e relatar resultados.* O programa de planejamento familiar da PSI, na Romênia, descrito no Capítulo 6, "Determinação das mudanças comportamentais desejadas", estabeleceu um nível significativo de credibilidade junto ao governo ao empenhar-se em medir o impacto que os workshops estavam tendo no aumento do uso dos anticoncepcionais entre as operárias das fábricas. Um estudo de planejamento rigoroso realizado em duas fábricas e um grupo de controle em uma terceira fábrica relatou com confiança que o uso de anticoncepcionais tinha aumentado mais de 10% e que os métodos modernos (como as pílulas anticoncepcionais) aumentaram mais de 25%.

MAIS SOBRE O FUNCIONAMENTO DO RELACIONAMENTO TRIPLO

Talvez a importância desses sete princípios seja ainda mais evidente se entendermos a natureza desse relacionamento triplo. Como mostra a Figura 13.2, esse relacionamento é formado por três componentes de relacionamento de duas vias: o relacionamento governo-sociedade civil, o relacionamento governo-empresa e o relacionamento sociedade civil-empresa.

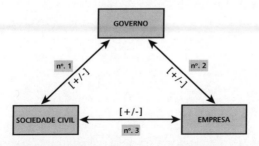

FIGURA 13.2 O relacionamento triplo entre governo, sociedade civil e empresa, com os três relacionamentos de duas vias.

296 PARTE III ❖ Garantia de uma Abordagem Integrada

A Figura 13.2 mostra que cada relacionamento pode assumir uma de duas direções, como sugerido pelo elemento [+/–]. O relacionamento pode ser de parceria (sinal +) ou de oposição (sinal –). Vamos examinar primeiro o relacionamento de parceria e, depois, discutiremos o relacionamento negativo.

A parceria governo-sociedade civil

Idealmente, o governo e as organizações da sociedade civil deveriam ter facilidade de unir forças para executar programas a fim de aliviar a pobreza. Muitos governos têm verbas para fornecer a causas, mas não têm a mão de obra e o *know-how* para distribuir os fundos de modo eficiente e eficaz, dependendo de numerosas ONGs a fim de disponibilizar os serviços às pessoas certas.

No entanto, podem ocorrer diversos problemas e mal-entendidos. Por exemplo, o governo está acostumado a trabalhar seguindo ao pé da letra os requisitos legais para o contrato de parceria. Por outro lado, a maioria das ONGs não tem paciência com os procedimentos burocráticos e gosta de seguir o caminho mais rápido para ir do ponto A ao ponto B. Esse conflito de estilos de trabalho muitas vezes tem feito com que o órgão do governo, que está atento aos detalhes do projeto de parceria, questione o senso de responsabilidade e o profissionalismo da ONG.

Vejamos a seguir três exemplos da aliança entre governo e sociedade civil e as lições a serem aprendidas:

Exemplo 1: Para resolver o problema de desemprego no país, o governo japonês pediu que as principais organizações sem fins lucrativos aceitassem uma verba considerável fornecida por ele para expandir as operações da ONG e contratar mais pessoas.[10] Alguns acharam que essa era uma má ideia. O gesto do governo foi considerado ofensivo às ONGs, por dois motivos: em primeiro lugar, as ONGs tinham sido tratadas como "subsidiárias" do governo que podiam receber ordens para fazer o que o governo desejava; em segundo lugar, o governo estava dizendo às ONGs o que queria que elas fizessem, sem ouvir os que as ONGs desejavam fazer. Essa atitude em um relacionamento vai contra o conceito de marketing social sobre o modo certo de se iniciar uma parceria. *Você deve partir de onde está o interessado (neste caso, a ONG) e não de onde está o agente de mudança (neste caso, o governo).*

Exemplo 2: A diretora de um órgão do governo nacional para um programa antipobreza estava explicando como uma parceria com uma ONG dera

Capítulo 13 ❖ Levando os Três Setores a Trabalhar Juntos **297**

errado. A diretora disse que sua equipe tinha estranhado, desde o início, o motivo de a ONG estar entre as três escolhidas pelo comitê de seleção do governo, quando outra ONG era mais conhecida e tinha mais experiência. A diretora do órgão do governo suspeitava que a ONG escolhida havia recorrido a suborno ou recebido algum tipo de favorecimento. *Claramente, uma parceria que começa com suspeita está fadada a dar errado.*

Exemplo 3: A diretora de uma ONG comentou que um órgão do governo com que tinha parceria estava atrasado na distribuição dos fundos necessários ao início do projeto, bem como na escolha dos participantes de sua equipe na parceria. A diretora da ONG queria que dois funcionários do governo com quem ela havia trabalhado anteriormente fossem incluídos na equipe, mas os nomes deles não estavam na lista da equipe do governo. A diretora da ONG decidiu que, em vez de acusar o governo de incompetência, ela iria se reunir com o parceiro do governo a fim de descobrir os motivos do atraso na distribuição de fundos e dos nomes ausentes na equipe do governo. A diretora da ONG percebeu que ela deveria saber, por experiências passadas, que o governo normalmente demora a cumprir suas obrigações e que isso deveria ter sido levado em conta no cronograma. Ela percebeu que poderia ter obtido fundos temporários de outra fonte; e que deveria ter confirmado a disponibilidade dos dois funcionários do governo com quem desejava trabalhar, pois eles estariam comprometidos com outro projeto do governo durante os seis meses seguintes. *Lição: primeiro levante os dados sobre o comportamento do outro parceiro em relação a prazos e recursos.*

Todos esses exemplos mostram que os relacionamentos entre duas organizações envolvem decisões delicadas sobre o curso correto de ação, a escolha das pessoas apropriadas e as percepções sobre a capacidade da outra parte para agir de modo efetivo e em tempo hábil.

A parceria governo – setor empresarial

Na maioria dos países em desenvolvimento, o governo e as empresas têm uma história mais longa de parceria entre si do que com organizações sem fins lucrativos – isso não é tão difícil de começar e gerenciar ao longo de seu ciclo de vida. Ambos têm experiência em relação aos requisitos da parceria e entendem os diferentes tipos e a natureza das interações das pessoas envolvidas.

Quando o governo toma a iniciativa, ele deve escolher um parceiro que tenha um bom registro e boas experiências em projetos de alívio da pobreza.

298 PARTE III ❖ Garantia de uma Abordagem Integrada

Assim, um governo que deseja construir moradias para os pobres deve saber em que construtoras confiar a fim de obter moradias de qualidade. O problema não está tanto em começar o relacionamento, mas em mantê-lo. Por exemplo, é possível que o governo atrase o pagamento das moradias por causa de compromissos financeiros mais urgentes ou que a construtora dedique mais tempo a outros projetos que prometam lucros mais altos.

Em um seminário sobre esse assunto, um participante empresarial explicou a dificuldade deste modo:

> "É diferente na empresa e no governo. Todos em cada equipe de parceria têm seu trabalho regular para realizar. O projeto de parceria é um extra – um segundo trabalho. Não é assim em uma ONG na qual o projeto de parceria é o único trabalho para o coordenador e seus funcionários.
>
> Quando todos têm outras coisas que precisam ser feitas antes, todos dão ao projeto de parceria um tempo extra que, de vez em quando, sobra. E isso não é igual para todos. Um membro da equipe pode ter tempo livre, enquanto outro não tem. É por esse motivo que é tão difícil ter presença próxima a 100% dos membros das duas equipes nas reuniões de acompanhamento e *feedback* da parceria.
>
> Quando uma pessoa falta em uma reunião, mas está presente na seguinte, muito tempo é desperdiçado atualizando aqueles que estiveram ausentes. Isso é verdade, mesmo que todos devam ler a ata da última reunião e fazer suas tarefas, entre os designados a fazer algo para a reunião seguinte. Esse é o outro problema. Suponhamos que eu tenha recebido uma tarefa. Mesmo que eu queira fazê-la entre as duas reuniões, muitas vezes há um imprevisto. Assim, é possível que a próxima reunião da parceria seja adiada até que as tarefas tenham sido concluídas e possam ser apresentadas e discutidas. Três ou quatro adiamentos atrasam o cronograma do projeto da parceria.
>
> E não é culpa de alguém. O projeto de parceria é o segundo trabalho de todos. Não é o trabalho principal."

Dessa forma, as alianças entre governo e empresas podem ser iniciadas com facilidade, mas a manutenção do entusiasmo dos parceiros é sabotada por alguns conflitos profissionais.

A parceria governo-sociedade civil

As organizações sem fins lucrativos com frequência dão início a projetos com empresas porque consideram que estas têm o dinheiro e os outros recursos necessários. Mas muitos trabalhadores de organizações sem fins lucrativos têm uma atitude cínica em relação às empresas. Quando foi sugerido a um diretor de uma organização sem fins lucrativos que pedisse ajuda a uma empresa, ele rapidamente disse não. Quando lhe perguntaram o motivo, ele respondeu: "Os empresários não têm os valores corretos".

As organizações religiosas muitas vezes têm essa atitude cínica em relação às empresas. Uma igreja queria ampliar seu programa de alimentação para crianças pobres, que costumam ir com fome à escola. Alguém sugeriu que a igreja fizesse uma parceria com uma grande empresa alimentícia, como Nestlé ou McDonald's. A igreja respondeu assim: "Temos certeza de que a Nestlé ou o McDonald's não viriam ajudar por pura bondade de coração. Eles só virão ajudar se puderem ganhar dinheiro com o projeto".

Muitas pessoas nas organizações sem fins lucrativos suspeitam dos motivos das empresas para fazer o bem. Seria melhor que reconhecessem que a empresa está no negócio de fazer dinheiro para seus investidores, mas que também deseja dar alguma ajuda a boas causas.

As seções a seguir descrevem duas organizações da sociedade civil e seus modelos de trabalho com pessoas orientadas para negócios a fim de ajudar a reduzir a pobreza.

Acumen Fund

Jacqueline Novogratz é a fundadora e CEO da Acumen Fund, uma empresa de capital de risco com um coração filantrópico. Sua experiência lhe mostrou que nem o microfinanciamento nem a ajuda externa são suficientes para diminuir significativamente o problema da pobreza. Com capital da Rockefeller Foundation e da Cisco Foundation, em 2001, ela formou um "fundo de risco global sem fins lucrativos" dedicado a emprestar dinheiro a empresas que tenham como meta lutar contra a pobreza, fornecendo bens e serviços a preços acessíveis – água, saúde e moradia – para as pessoas mais pobres no mundo.

Por exemplo, a Acumen fez um investimento de capital de US$600 mil em uma empresa indiana de água chamada Water Health International para ajudar usinas de filtragem de água de pequena escala nas aldeias indianas. Essa empresa agora opera usinas de filtragem de água em 50 aldeias da Índia. Outro exemplo: a Acumen investiu US$1 milhão de recursos em uma empresa do leste da África chamada A to Z Textile Mills que produz mosquiteiros antimalária feitos de fibras plásticas impregnadas com um inseticida orgânico. A empresa agora tem 5 mil empregados que fabricam cerca de 7 milhões de mosquiteiros por ano. O maior cliente da A to Z é a ONU, que distribui os

300 PARTE III ❖ Garantia de uma Abordagem Integrada

mosquiteiros. Outros exemplos incluem o financiamento da Acumen a uma empresa indiana que vende óculos de baixo custo, a uma empresa indiana de quiosques de internet e a uma empresa paquistanesa que fornece financiamento habitacional a posseiros.

Claramente, existe um futuro na criação de um fundo de risco para fazer investimentos em empresas que visem a reduzir algum aspecto do problema da pobreza.[11]

Ashoka: inovadores para o público

Outra importante organização "do bem", a Ashoka, faz empréstimos a empreendedores sociais e "criadores de mudança" em empresas que desejem contribuir para questões como redução da pobreza, proteção ambiental, direitos humanos, melhoria da saúde e da educação. A Ashoka usa um rigoroso processo de cinco passos para identificar as ideias de mudança social mais importantes e os empreendedores por trás delas; ela procura empreendedores sociais que tenham uma nova ideia ampla e que estabeleçam um padrão, criatividade na definição de metas e na solução de problemas, qualidade empresarial, um elevado impacto social esperado para a nova ideia e fibra ética.

Atualmente, a Ashoka trabalha com mais de 2 mil empreendedores sociais, chamados Ashoka Fellows, em mais de 70 países e garante uma verba de lançamento, em média por três anos, com plena liberdade de seguir seus projetos de orientação cívica. A Ashoka descobriu que, cinco anos depois de escolhidos, 90% dos empreendedores tinham visto instituições independentes copiarem sua ideia e mais da metade tinha mudado a política pública de seu país.

Uma Ashoka Fellow, Seham Ibrahim, trabalha no Egito, com o problema das crianças de rua, e busca curá-las por meio da inclusão na comunidade mais ampla. A organização oferece cuidados médicos, apoio psiquiátrico e treinamento que incentiva as crianças a terem mais confiança em si mesmas e no mundo que as rodeia. Os serviços da organização beneficiaram até agora 11.000 crianças.

Outro Ashoka Fellow, Andres Randazzo, trabalha nas áreas rurais mais pobres do México visando a implementar tecnologias ecológicas para obter água pura e moradia adequada. Sua organização construiu casas, cisternas e fornos que são 70% mais baratos do que os comuns. O projeto-piloto, realizado em seis regiões, resultou na instalação de quase 3 mil cisternas, fornos, casas e pesqueiros, beneficiando aproximadamente 100 mil pessoas. Randazzo está ajudando os órgãos do governo mexicano a reproduzir e disseminar seus modelos para mais áreas rurais no México.[12]

DE VOLTA À PARCERIA TRIPLA

Dar início a e sustentar qualquer um dos três componentes de via dupla da parceria, mostrados na Figura 13.2, é uma questão de gerenciamento eficiente e eficaz. Os gerentes de cada setor encontram problemas com os quais têm pouca experiência. Seria útil se os gerentes dos dois lados da parceria recebessem a designação oficial de "executivo da parceria". Um executivo da parceria precisa de um preparo maior do que o comum para o trabalho, a fim de inspirar respeito e confiança a partir do princípio da parceria. No decorrer da duração do projeto da parceria, os executivos da parceria devem gerenciar suas próprias interações e as dos membros de sua equipe com seus colegas na equipe do parceiro com objetividade e empatia.

Gestão de instituições opostas e adversárias

Examinamos a importância das parcerias e algumas das questões para fazer com que funcionem. Agora vamos abordar o problema de gerenciar grupos adversários que se opõem à parceria. Vamos ilustrar essa situação com o projeto de parceria tripla em 2001, no estado indiano de Kerala, da campanha "A saúde nas suas mãos: lave-as com sabonete". Embora inicialmente considerada um sucesso, depois foi atacada por adversários. Os parceiros não fizeram um bom trabalho de previsão da oposição que encontrariam. Se tivessem segmentado as fontes prováveis de oposição, poderiam ter tomado medidas preventivas.

A Figura 13.3 mostra um modo de segmentar o mercado opositor.[13] Cinco fontes potenciais de oposição foram identificadas:

- *Segmentos interessados.* São as pessoas ou organizações afetadas positiva ou negativamente pelo projeto de parceria. Se forem prejudicadas, elas são fontes prováveis de oposição. Se auxiliadas, elas serão fontes potenciais de oposição caso o projeto seja uma decepção.
- *Segmentos de conhecimento.* São as pessoas ou organizações com informações cruciais que podem ajudar ou prejudicar o projeto de parceria. Universidades, cientistas, grupos voltados ao pensamento inovador, e mesmo povos indígenas constituem segmentos de conhecimento.
- *Segmentos implementadores.* São as pessoas que controlam ou fornecem os recursos necessários para a realização do projeto de parceria ou que o realizam diretamente. Elas podem se transformar em oponentes do projeto se ficarem insatisfeitas com os seus rumos.
- *Segmentos de apoio.* São as pessoas ou organizações que compartilham e acreditam na visão, na missão e nos objetivos do projeto. Elas podem se

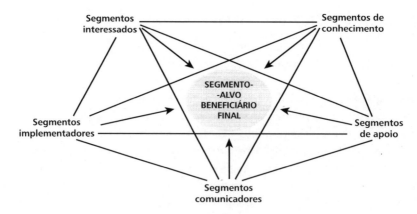

FIGURA 13.3 Segmentos potenciais de oposição e suas interações.

tornar oponentes se virem que ele está se desviando injustificadamente de sua visão, missão ou objetivos.
- *Segmentos comunicadores.* Incluem as pessoas e as organizações da mídia, autoridades eleitas e legisladores. Elas se transformam em oponentes do projeto se virem que ele não está fornecendo os benefícios prometidos ou se estiver prejudicando o segmento-alvo de pobreza.

A Figura 13.3 deixa claro que todos os segmentos oponentes potenciais estão interessados no bem do segmento-alvo beneficiário final. É esse interesse comum no segmento-alvo beneficiário final que define as interações entre esses cinco segmentos oponentes potenciais.

Na campanha de Kerala, vários segmentos de oposição acabaram atacando o projeto de parceria. O ataque começou na primavera de 2002 com o Dr. Vandana Shiva, conhecido ativista ambiental e antiglobalização que trabalhava como diretor da Research Foundation for Science, Technology, and Natural Resource Policy de Kerala e representante do segmento de conhecimento. Em um artigo na imprensa, o Dr. Shiva argumentou que:

> "Kerala tem acesso a água pura, conhecimento sobre prevenção da diarreia pelo alto índice de alfabetização feminina e pelas práticas de saúde locais como o uso de água *jeera* e a ingestão de líquidos no caso de diarréia. O projeto do Banco Mundial é um insulto para Kerala. Na verdade, a limpeza e a higiene de Kerala deviam ser exportadas para o resto do mundo. O povo de Kerala não precisa de um empréstimo do Banco Mundial para aprender sobre limpeza".[14]

O líder da oposição na Assembleia Estadual de Kerala (representante do segmento comunicador), V. S. Achuthanandran, leu o artigo do Dr. Shiva e nele encontrou uma "causa" para defender como líder da oposição. Começou, então, a atacar enfaticamente o projeto. Uma grande empresa de comunicação seguiu o assunto com notícias e *press releases* negativos.

À medida que o ataque ganhava impulso, os executivos do Banco Mundial na Índia pediram ao governo de Kerala para responder oficialmente às críticas. O governo estadual rejeitou a ideia. O gabinete (representante do segmento de apoio) retirou a aprovação da proposta para expansão do projeto, o que levou a seu cancelamento forçando a equipe a diminuir o orçamento dos US$10 milhões previstos para três anos para US$2 milhões em um ano. A lição é clara: em um projeto de parceria tripla de alto nível que tem o governo como um parceiro importante, é arriscado não integrar ao planejamento do projeto a gestão da oposição. Uma análise bem-feita do mercado de oposição é um ponto de partida muito útil nessa integração.

Resumo

Este capítulo procurou enfatizar o fato de que a redução da pobreza depende de uma parceria forte entre os três setores. Foram discutidos sete princípios para parcerias bem-sucedidas: acordo quanto a metas comuns, papéis e responsabilidades claros, respeito e apreciação mútuos, negociação e concessão, comunicações abertas, sistemas para mensuração e medida e relato de resultados. Sem essas práticas, podemos imaginar não só o desperdício de recursos escassos, mas decepções e frustrações pessoais entre os gerentes de programa e outros envolvidos no desenvolvimento e na implementação de programas de redução da pobreza bem-intencionados.

Notas

[1] Banco Mundial. "West Africa: Defeating Riverblindness—Success in Scaling Up and Lessons Learned." 2004. J. Bump, B. Benton, A. Seketeli, B. Liese e C. Novinskey, p. 8.

[2] Discurso de Bill Gates na reunião anual do Fórum Econômico Mundial em Davos, Suíça, 24 de janeiro de 2008.

[3] Banco Mundial. "Global Partnership to Eliminate Riverblindness." Acessado em 28 de agosto de 2008 em http://www.worldbank.org/afr/gper/defeating.htm.

[4] The Carter Center. "The Carter Center River Blindness (Onchocerciasis) Program." Acessado em 14 de abril de 2008 em http://cartercenter.org/health/river_blindness/index.html.

304 Parte III ❖ Garantia de uma Abordagem Integrada

[5] Banco Mundial. "West Africa: Defeating Riverblindness—Success in Scaling Up and Lessons Learned." op. cit.

[6] Banco Mundial. "West Africa: Defeating Riverblindness—Success in Scaling Up and Lessons Learned." op. cit.

[7] Banco Mundial. "West Africa: Defeating Riverblindness—Success in Scaling Up and Lessons Learned." op. cit.

[8] Banco Mundial. "West Africa: Defeating Riverblindness—Success in Scaling Up and Lessons Learned." op. cit.

[9] Banco Mundial. "Global Partnership to Eliminate Riverblindness." op. cit.

[10] Tadashi Yamamoto, "Corporate-NGO Partnership: Learning from Case Studies," em Tadashi Yamamoto e Kim Gould Ashizawa (eds.), *Corporate-NGO Partnership in Asia Pacific* (Tóquio: Japan Center for International Exchange, 1999), pp. 13–38.

[11] Este comentário apareceu originalmente em MarcGunther.com.

[12] Ver o livreto da Ashoka intitulado *Leading Social Entrepreneurs*, publicado por Ashoka em 2008.

[13] Construído a partir da discussão dos cinco segmentos de oposição em material impresso entregue no Seminar-Workshop Program on Strategic Communications for Local Governance realizado pelo Development Communications Office do Banco Mundial em Nova Delhi, Índia, em dezembro de 2004.

[14] C. K. Prahalad, *The Fortune at the Bottom of the Pyramid: Eradicating Poverty Through Profits* (Upper Saddle River, NJ: Wharton School Publishing-Pearson, 2005).

ÍNDICE

A

Abed, Fazle Hasan, 261-262
Abordagem ABC contra HIV/AIDS, 95-96
abordagem de marketing compassivo
   definição de, 167-168
   estudos de caso
      produtividade agrícola em Malawi,
      167-171
      produtividade agrícola no Camboja,
      181-182-183
abordagem diferenciada, 100-101
abordagem indiferenciada, 100-101
abordagens conservadoras à medida e às soluções da pobreza, 36-38
abordagens liberais à medida e às soluções da pobreza, 36-38
Academy for Educational Development (AED), 83-84, 186-188, 260-261
ação racional, Teoria da, 150-153
Acumen Fund, 299-300
adotantes, 202-203
adotantes iniciais, 156
AEC (Aravind Eye Care), 284-285
AED (Academy for Educational Development), 83-84, 186-188, 260-261
África
   prevenção sustentável da malária na, 186-192
   programa africano para oncocercose, 289-292

agentes de mudança, 202-203
   e estratégias de segmentação de mercado, 110-114
Ahmad, Yusuf, 136-137
AIDS. *Ver* iniciativas HIV/AIDS
ajuda com alimentos, consequências indesejáveis da, 62
ajuda estrangeira, 49-50
análise da situação, 218
Andreasen, Alan, 80-82, 85-86, 130
Annan, Kofi, 53-54
Annapurna Salt, 284-285
anticoncepção. *Ver* planejamento familiar
aquecimento global como causa da pobreza, 39-40
Aravind Eye Care (AEC), 284-285
Ashoka, 299-301
atacadistas, 202-203
Attaran, Amir, 54-55
autoimagem, 159-160
avaliação das prioridades do mercado-alvo
   estudos de caso
      Iniciativa Sound Families, 117-122
      Whatcom Country Coalition for the Homeless, 131-134
   modelo de estágios de mudança, 128-130
   modelo de mapeamento da pobreza, 135-138
   modelo de níveis de pobreza, 124-125
   modelo de triagem, 124-128

306 Índice

modelo de vários fatores, 130-132, 138
visão geral, 117-118
avaliação de necessidades, 61-62
avaliação e monitoramento, 227-228

B

Banco Mundial, 53-54
definição de pobreza, 33-35
soluções de capacitação, 59-60
Bangladesh
BRAC (Bangladesh Rural Advancement
Committee), 260-263
papel do governo nas soluções para a pobreza, 242-243
barreiras
definição de, 167, 180-181, 221-222
identificação, 172-173
incorporação nas estratégias de marketing,
173-174
priorização, 172-173
tipos de, 171-172
barreiras externas, 171
barreiras internas, 171
beneficiários do marketing social, 80
benefícios
definição de, 167, 173-174, 180-181,
221-222
identificação, 176-177
incorporação nas estratégias de marketing,
177-178
priorização, 176-177
tipos de, 173-176
Berkowitz, Alan, 153-155
Bhatt, Ela, 263-264
bin Laden, Osama, 42-43
Blair-Stevens, Clive, 81-82
Bloom, Paul, 80-81
Bloomberg, Michael R., 106-107, 231-232
Bolsa Família, 57-58
Bono, 54-55
Bottom Billion, The (Collier), xvii, 50-51
BRAC (Bangladesh Rural Advancement
Committee), 260-263
Brasil
Bolsa Família, 57-58
segmentação de mercado no, 112-114
Buffett, Warren, 56, 257-258

C

Camboja, produtividade agrícola no, 181-183
campanha Know HIV/AIDS da Fundação
Kaiser Family, 83-84
campanha Red, 54-56
canais. *Ver* canais de distribuição; canais de
mídia
canais de distribuição, 202-203, 206, 210,
225-226
CARE (Cooperative for Assistance and Relief
Everywhere), 256-257
Carter Center River Blindness Program,
112-113
Casas Bahia, 112-113
causas da pobreza, 36-41
Center for Economic Opportunity (CEO),
231-232
Changing for Good (Prochaska, Norcross,
and DiClemente), 128-129
Child Care Tax Credit (New York City Commission for Economic Opportunity), 235-236
China
ascensão da China como causa da pobreza,
39-40
papel do governo nas soluções para a pobreza, 240-243
pobreza na, 36-38
população Hutong, marketing social para a,
108
segmentação de mercado, 108-110
Chuon, Cheong, 41-42, 182-183
ciência, impacto da, 84-85
Cole, Kenneth, 107
Collier, Paul, xvii, 49-50
comportamento planejado, teoria do, 150-153
comportamentos
comportamentos de permanência na pobreza, 149-150
comportamentos de prevenção da pobreza,
149-150
comportamentos de saída da pobreza,
149-150
comportamentos desejados, 146-150
conformidade voluntária, 78-79
estudos de caso de planejamento familiar
Population and Community Development
Association (PDA) da Tailândia, 162-164

Population Services International (PSI) na Romênia, 145-147

Population Services International (PSI) no Paquistão, 141-145

foco em 77-79

modelo analítico para escolher comportamentos, 159-163

teorias de mudança de comportamento
modelo de crenças em saúde, 152-154
modelo de difusão de inovações, 156-158
Modelo de estágios de mudança ou transteórico, 150-151
modelo ecológico 157-159
temas comuns, 158-160
teoria das normas sociais 153-155
teoria do comportamento planejado e ação racional, 150-153

variáveis (segmentação de mercado), 101

comportamentos de permanência na pobreza, 149-150

comportamentos de saída da pobreza, 149-150

comportamentos desejados. *Ver* comportamentos

comunicação, 203, 206, 294-295. *Ver também* promoção
canais de mídia, 208-209
decisões de mensagem, 206-207
decisões sobre o mensageiro, 206-208
estratégia criativa, 207-208
segmentos comunicadores, 301-302

concessão, 293-294

concorrência
concorrentes, 221-222
definição de, 167, 181-182
identificação, 179
importância da, 177-178
incorporação nas estratégias de marketing, 179-181
priorização, 179
tipos de concorrentes, 178-179

concorrentes, 221-222

condições econômicas como causa da pobreza, 37, 39

conformidade voluntária, 78-79

consequências indesejadas das soluções para a pobreza, 61-62

controle de natalidade. *Ver* planejamento familiar

controle populacional. *Ver* planejamento familiar

Cooperative for Assistance and Relief Everywhere (CARE), 256-257

Corporate Social Responsibility (Kotler), 276-277

credibilidade da fonte, 207-208

crime como resultado da pobreza, 41-42

crise financeira de 2008 como causa da pobreza, 39-40

D

Dalai Lama, 167

De Soto, Hernando, xvii

decisões de mensagem, 206-207

decisões sobre o mensageiro, 206-208

definição de pobreza, 34-36

desenvolvimento do marketing social, 80-83

desincentivos monetários, 200

desincentivos não monetários, 200

DiClemente, C., 81-82

Diffusion of Innovations (Rogers), 156

Disraeli, Benjamin, 47

distribuidores, 202-203

Donovan, Robert, 79, 81-82

Drucker, Peter, 249

E

Easterly, William, xvii-xviii, 49-50

educação
falta de educação como causa da pobreza, 37, 39
impacto da, 84-85

efeitos da pobreza, 40-44

Eiseley, Loren, 117

empresas, com fins lucrativos. *Ver* setor privado
dez países que representam 102, 24% dos pobres do mundo, 35-36
países, pobreza de países com 50% ou mais pessoas abaixo da linha de pobreza, 36-38
pobreza nos Estados Unidos, 36-38

empresas com fins lucrativos. *Ver* setor privado

empresas em *joint venture* (China), 241-242

308 Índice

"Ending Africa's Poverty Trap" (Sachs), 158-159

Equal Chances of the Roma Association, 275

escolas, impacto das, 84-85

estados fracassados, 43

estágio de contemplação da mudança, 129-130, 150

estágio de manutenção da mudança, 129-130, 150-151

estágio de pré-contemplação da mudança, 128-129, 150

estágio de preparação/ação de mudança, 129-130, 150-151

estratégia de comunicação criativa, 207-208, 226-227

estratégia de crescimento econômico, 48-49

estratégia de marketing concentrado, 100-101

estratégia de redistribuição, 48-49

estratégia multilateral para reduzir a pobreza, necessidade de uma, 51-52

estrutura Triplo R, 57

F

Family Planning Association of India (FPAI), 151-152

FareStart, 266-268

Farmer Field School program (Camboja), 181-183

fatores comunitários, 157-158

fatores de relacionamento, 157-158

fatores individuais, 157-158

fatores sociais
como causa da pobreza, 37, 39
e estratégias de segmentação de mercado, 113-115

fatores sociais, 157-158

fatores superiores
ciência, 84-85
educação, 84-85
escolas, 84-85
melhorias na infraestrutura, 84-85
mídia, 85-86
papel do profissional de marketing social em influenciar, 85-87
tecnologia, 84-85

Filipinas
Philippine Business for Social Progress (PBSP), 282-284
priorização dos segmentos de mercado em catadores de lixo, 125-127
pescadores, 127-128

Flora, June, 80-81

foco em comportamentos, 77-79

Fostering Sustainable Behavior (McKenzie-Mohr and Smith), 81-82

FPAI (Family Planning Association of India), 151-152

Free IT Education for Vulnerable Groups (Microsoft), 272-273

French, Jeff, 81-82

Fundação Bill & Melinda Gates, 256-257
Iniciativa Agricultural Development, 110-112
Iniciativa Sound Families, 117-122
histórico e opções de segmento, 118-119
objetivos, metas e estratégias, 120-122
Prêmio Gates 2007 de Saúde Global, 162-163

Fundação Coca-Cola Africa, 281-282

Fundação Pfizer, 98-99

Fundo global para combate à AIDS, tuberculose e malária, 54-55

G

Gates, Melinda, 56, 69

Gates, William H., 56, 117-118

Gates Foundation. *Ver* Fundação Bill & Melinda Gates

GAVI Alliance, 56

General Motors (GM), 279

gerenciamento de campanha, 229

Global Business Coalition, 281-282

GM (General Motors), 279

Goh, Chor-Ching, 136-137

governo norte-americano, papel nas soluções para a pobreza, 238-240

Grameen Bank, 263

Green Star Network, 143-145

grupos de emails, Social Marketing Listserv, 172

H

Habitat for Humanity International (HFHI), 259-260
Hadley, Nadine, 81-82
HBM (modelo de crenças em saúde), 152-154
Head Start, 239
Henley, Nadine, 79
HFHI (Habitat for Humanity International), 259-260
história do marketing social, 80-83
Hornik, Robert, 82-83
Hungria, iniciativa corporativa Unlimited Potential, da Microsoft na, 274
Hutongs, marketing social para os, 108

I

Ibrahim, Seham, 300-301
identificação de
  barreiras, 172-173
  benefícios, 176-177
  concorrência, 179
implementação de planos de marketing social, 229
incentivos monetários, 199-200
incentivos não monetários, 200
Índia
  Family Planning Association of India (FPAI), 151-152
  pobreza na, 36-38
  SEWA (Self-Employed Women's Association), 263-265
Índice de Pobreza Humana, 35-36, 244-245
Indonésia, mapas de pobreza, 135-138
influenciadores, 221-222
infraestruturas, impacto das, 84-85
Iniciativa Agricultural Development (Bill & Melinda Gates Foundation), 110-112
Iniciativa Among Us Women (AUW), 145-147
Iniciativa AUW (Among Us Women), 145-147
iniciativa corporativa Unlimited Potential (Microsoft), 271-273
Iniciativa Sound Families (Bill & Melinda Gates Foundation), 117-122
  histórico e opções de segmento, 118-119

objetivos, metas e estratégias, 120-122
iniciativas em relação aos sem-teto
  estudos de caso
    Iniciativa Sound Families, 117-122
    Whatcom Country Coalition for the Homeless, 131-134
  segmentação de mercado no, 114-115
iniciativas para HIV/AIDS
  em Nova York, 106-108
  em Uganda, 95-97
  Fundação Coca-Cola Africa, 281-282
  na Tailândia, 96-100
    definir como alvo pessoas com HIV/AIDS, 98-100
    definir como alvo pessoas que correm risco de contrair HIV/AIDS, 97-99
  papel do profissional de marketing social, 94
  públicos-alvo potenciais, 94-95
inovadores, 156
instituições adversárias, gestão, 301-303
instituições oponentes, gestão, 301-303
intenção positiva, 159-160
International Food Policy Research Institute, 58-59
intervenção militar, 43
intervenções, 158-159
Jaipur Foot, 284-285

J

Job Corps, 239
Johnson, Lyndon B., 61-62, 239

K

Korten, David, 279-280

L

Lee, Nancy, 80-81
Lefebvre, R. Craig, 80-81
legislação, Welfare Reform Act de 1996, 61-62
Lepeska, David, 167-171
Levitt, Theodore, 195-196
linha da pobreza, 33-34

310 Índice

M

macrossegmentação, 104-106
Made to Stick (Heath), 208
maioria inicial, 156
maioria tardia, 156
Malawi, produtividade agrícola no, 167-171
Malthus, Thomas, xvi
Mandela, Nelson, 141
mapas, mapas de pobreza, 135-138
  construção, 135-136
  estudo de caso: mapas de pobreza da Indonésia, 135-138
marketing. *V er* marketing social
marketing comercial *versus* marketing social, 75-78
marketing sem fins lucrativos *versus* marketing social, 77-78
marketing social
  abordagem de marketing compassivo
    definição de, 167-168
    estudo de caso: produtividade agrícola em Malawi, 167-171
    estudo de caso: produtividade agrícola no Camboja, 181-183
  barreiras
    definição de, 167, 180-181
    identificação, 172-173
    incorporação nas estratégias de marketing, 173-174
    priorização, 172-173
    tipos de, 171-172
  beneficiários, 80
  benefícios
    definição de, 167, 173-174, 180-181
    identificação, 176-177
    incorporação nas estratégias de marketing, 177-178
    priorização, 176-177
    tipos de, 173-176
  comparado com marketing comercial, 75-78
  comparado com marketing no setor público, 77-78
  comparado com marketing sem fins lucrativos, 77-78
  comportamento
    conformidade voluntária, 78-79

    foco em 77-79
  concorrência
    definição de, 167, 181-182
    identificação, 179
    importância da, 177-178
    incorporação nas estratégias de marketing, 179-181
    priorização, 179
    tipos de concorrentes, 178-179
  definição de, 72-73
  exemplo, 70-72
  história e desenvolvimento, 80-83
  importância da, 62-63
  marketing social na base, 71-73
  mercados-alvo, escolha e influência nos, 79
  mix de marketing
    declarações de posicionamento, 192-194
    os quatro Ps, 185. *Ver Quatro Ps*
    visão geral, 79
  nas iniciativas para HIV/AIDS
    em Uganda, 95-97
    na Tailândia, 96-100
    papel do profissional de marketing social, 94
    públicos-alvo potenciais, 94-95
  no setor privado, 284-286
  no setor público, 244-247
  no setor sem fins lucrativos, 265-268
  objetivos de marketing, 219-222
  pesquisa de marketing, 79
  planejamento
    análise da situação, 218
    declaração de posicionamento, 222-223
    descrição de, 216-217
    estratégias de *mix* de marketing, 223-228
    estudo de caso: redução da tuberculose no Peru, 218-229
    fatores de influência, 221-223
    implementação e gestão de campanha, 229
    monitoramento e avaliação, 227-228
    objetivos e metas de marketing, 219-222
    orçamento, 228-229
    perfil do público-alvo, 219-220
    seções de histórico, propósito e foco, 218
  princípios e técnicas tradicionais de marketing, 79

Índice   311

priorização dos segmentos de mercado
estudo de caso: Iniciativa Sound Families, 117-122
estudo de caso: Whatcom Country Coalition for the Homeless, 131-134
modelo de estágios de mudança, 128-130
modelo de mapeamento da pobreza, 135-138
modelo de níveis de pobreza, 124-125
modelo de triagem, 124-128
modelo de vários fatores, 130-132, 138
visão geral, 117-118
profissionais de marketing social
papel para influenciar os fatores superiores, 85-87
quem faz marketing social, 82-84
propósito do, 70
questões-alvo ligadas à pobreza, 73-76
segmentação de mercado
a nível nacional, 108-110
aplicação ao mercado da pobreza, 102-105
definição de, 100-101, 115
determinação das prioridades do mercado-alvo, 99-101
estratégias de segmentação, 109-115
estudo de caso: campanha de HIV/AIDS em Uganda, 95-97
estudo de caso: campanha de HIV/AIDS na Tailândia, 96-100
macrossegmentação, 104-106
microssegmentação, 105-108
variáveis, 101-103
visão geral, 93-94
visão geral, 69-70
Marketing Social Change: Changing Behavior to Promote Health, Social Development, and the Environment (Andreasen), 81-82
marketing social na base, 71-72
marketing social no topo da hierarquia, 71-73
McKenzie-Mohr, Doug, 81-82
Mectizan, distribuição de, 290-291
Médicos Sem Fronteiras (MSF), 258-259
Médicos Sem Fronteiras, 258-259
Melnick, Glenn, 96-97
mensageiros, 226-227
mensagens, 226-227

mensuração de resultados, 294-295
mercados-alvo
definição de, 100-101, 115
escolher e influenciar, 79
Mercy Corps, 260-261
metas comuns, estabelecimento de, 293
método de avaliação rápida (RAM), 61-62
Método Rítmico, 150
Microsoft,
Free IT Education for Vulnerable Groups, 272-273
iniciativa corporativa Unlimited Potential, 271-273
programa Knowledge Center, 275-276
microssegmentação, 105-108
mídia
canais, 208-209, 226-227
impacto da, 85-86
Mintz, James, 80-81
MIT Media Lab, 284-285
mix de marketing
declarações de posicionamento
definição de, 192
redação, 192-194
os quatro Ps, 185
estudo de caso: prevenção sustentável da malária na África, 186-192
posição, 202-203, 206, 210, 225-226
preço, 198-201, 209-210, 224-226
produtos, 194-199, 209-210, 223-224
promoção, 203, 206-210, 226-228
visão geral, 79
modelo analítico para escolher comportamentos, 159-163
modelo de crenças em saúde (HBM), 152-154
modelo de difusão de inovações, 156-158
modelo de estágios de mudança, 128-130, 150-151
modelo de mapeamento da pobreza, 135-138
construção de mapas de pobreza, 135-136
estudo de caso: mapas de pobreza da Indonésia, 135-138
modelo de níveis de pobreza, 124-125
modelo de triagem, 124-128
modelo de vários fatores, 130-132, 138
modelo ecológico, 157-159

312 Índice

modelo transteórico, 128-130, 150-151
modelos de mudança de comportamento
modelo de crenças em saúde (HBM),
152-154
modelo de difusão de inovações, 156-158
modelo de estágios de mudança ou transteórico, 150-151
modelo ecológico, 157-159
temas comuns, 158-160
teoria das normas sociais, 153-155
teoria do comportamento planejado e ação racional, 150-153
modelos para priorização dos segmentos de mercado
estágios de mudança, 128-130
modelo de mapeamento da pobreza, 135-138
construção de mapas de pobreza, 135-136
estudo de caso: mapas de pobreza da Indonésia, 135-138
modelo de triagem, 124-128
modelo de vários fatores, 130-132, 138
níveis de pobreza, 124-125
monitoramento e avaliação, 227-228
mosquiteiros tratados com inseticidas, 186-194
MSF (Médicos Sem Fronteiras), 258-259
mudança da dieta como causa da pobreza, 39-40

N

Nader, Ralph, 278-279
Nader's Raiders, 279
National Tuberculosis Control Program (NTCP), 218
natureza dinâmica da pobreza, 64-66
natureza localizada da pobreza, 65-66
negociação, 293-294
NetMark, prevenção sustentável da malária, 186-192
níveis de alfabetização, 114-115
Norcross, J. C., 81-82
norma percebida, 153-155
norma real, 153-155
normas, 153-155

Nova York
campanha HIV/AIDS, 106-108
Commission for Economic Opportunity, 231-237
Novelli, William, 80-81
Novogratz, Jacqueline, 299-300
NPOs (organizações sem fins lucrativos)
AED (Academy for Educational Development), 260-261
BRAC (Bangladesh Rural Advancement Committee), 260-263
CARE (Cooperative for Assistance and Relief Everywhere), 256-257
crescimento de (nota), 268-269
definição de, 250
Fundação Bill & Melinda Gates, 256-257
Iniciativa Agricultural Development, 110-112
Iniciativa Sound Families, 117-122
Prêmio Gates 2007 de Saúde Global, 162-163
HFHI (Habitat for Humanity International), 259-260
marketing social no setor sem fins lucrativos, 265-268
Médicos Sem Fronteiras, 258-259
Mercy Corps, 260-261
papel nas soluções para a pobreza, 255-256
parceria tripla com empresas privadas e organizações governamentais
estudo de caso: programa africano para oncocercose, 289-292
gestão de instituições opostas e adversárias, 301-303
papéis de cada setor, 292
parceria empresa-sociedade civil, 298-301
parceria governo – setor empresarial, 297-299
parceria governo-sociedade civil, 295-297
sete princípios de parceria, 293-295
Plan International, 258-259
PSI (Population Services International), 83-84, 257-258
iniciativas de planejamento familiar, 141-147

Índice **313**

programa Maternal Health, 110-112
Save the Children, 259-260
SEWA (Self-Employed Women's Association), 263-265
visão geral, 83-84, 249
World Vision, 251-253
NTCP (National Tuberculosis Control Program), 218
Nurse-Family Partnership (New York City Commission for Economic Opportunity), 235
NYC Training Guide (New York City Commission for Economic Opportunity), 233-234
nyccondom.org, 107

O

objetivos, 219-222, 293
objetivos SMART, 221
Office of Multiple Pathways to Graduation (New York City Commission for Economic Opportunity), 233-235
Onchocerciasis Control Programme, 290-291
oncocercose
Onchocerciasis Control Programme, 290-291
programa africano para oncocercose, 289-292
River Blindness Program (Carter Center), 112-113
ONGs (organizações não governamentais)
e estratégias de segmentação de mercado, 110-112
ONU (Organização das Nações Unidas)
Declaração Universal dos Direitos Humanos, 80
Índice de Pobreza Humana, 244-245
programa Objetivos de Desenvolvimento do Milênio (MDG), 51-54
UNFPA (United Nations Family Planning Association), 141-142
Oral Therapy Extension Program (OTEP), 262
orçamentos, 228-229
organizações financiadoras
Banco Mundial, 53-54
campanha Red, 54-56

Fundação Bill & Melinda Gates, 256-257
Iniciativa Agricultural Development, 110-112
Iniciativa Sound Families, 117-122
Prêmio Gates 2007 de Saúde Global, 162-163
Fundo global para combate à AIDS, tuberculose e malária, 54-55
Nações Unidas, 51-54
organizações governamentais (OGs)
e estratégias de segmentação de mercado, 110-112
papel nas soluções para a pobreza, áreas de contribuição, 236-239
estudo de caso: New York City Commission for Economic Opportunity, 231-237
governo chinês, 240-243
governo de Bangladesh, 242-243
governo norte-americano, 238-240
marketing social no setor público, 244-247
visão geral, 231-232, 243-245
parceria tripla com empresas privadas e organizações sem fins lucrativos
estudo de caso: programa africano para oncocercose, 289-292
gestão de instituições opostas e adversárias, 301-303
papéis de cada setor, 292
parceria empresa-sociedade civil, 298-301
parceria governo – setor empresarial, 297-299
parceria governo-sociedade civil, 295-297
sete princípios de parceria, 293-295
organizações que financiam programas de redução da pobreza. *Ver* organizações financiadoras
organizações sem fins lucrativos. *Ver* NPOs
os quatro Ps, 70, 185
estudo de caso: prevenção sustentável da malária na África, 186-192
posição, 202-203, 206, 210, 225-226
preço, 198-201, 209-210, 224-226

produtos, 194-199, 209-210, 223-224
promoção, 203, 206-210, 226-228
OTEP (Oral Therapy Extension Program), 262

P

papel dos profissionais de marketing social
para influenciar os fatores superiores, 85-87
quem faz marketing social, 82-84
Paquistão, Population Services International (PSI), iniciativa de planejamento familiar no, 141-145
parceria tripla
estudo de caso: programa africano para oncocercose, 289-292
gestão de instituições opostas e adversárias, 301-303
papéis de cada setor, 292
parceria empresa-sociedade civil, 298-299
estudo de caso: Acumen Fund, 299-300
estudo de caso: Ashoka, 299-301
parceria governo-setor empresarial, 297-299
parceria governo-sociedade civil, 295-297
sete princípios de parceria, 293-295
PBSP (Philippine Business for Social Progress), 282-284
PDA (Population and Community Development Association) of Thailand, 162-164
percepções de custos de mudança de comportamento, 64-65
Perkins, H. Wesley, 153-155
Peru, redução da tuberculose no, 216-229
pescadores nas Filipinas, nível de pobreza, 127-128
pesquisa
pesquisa existente, 172
pesquisa qualitativa, 173
pesquisa quantitativa, 173
pesquisa de mercado, importância da, 63-64
pessoas que vivem na pobreza. *Ver também* soluções para a pobreza
causas da pobreza, 36-41, 47-48
ciclo da pobreza, 40-41
definições de pobreza, 34-36
demografia, 33-35
dez países que representam 102, 24% dos pobres do mundo, 35-36

países com 50% ou mais de pessoas abaixo da linha de pobreza, 36-38
pobreza nos Estados Unidos, 36-38
efeitos da pobreza, 40-44
linha da pobreza, 33-34
natureza dinâmica da, 64-66
natureza heterogênea da, 63-64
natureza localizada da, 65-66
necessidade de ajuda de todas as instituições, 63-65
percepções de custos de mudança de comportamento, 64-65
pobres nas aldeias, 35-36
pobres rurais, 35-36
pobres urbanos, 35-36
pobreza extrema, 33-34
pobreza moderada, 34-35
pobreza relativa, 34-35
razões para se importar com as soluções para a pobreza, 40-44
Pierce, Bob, 251
Plan International, 258-259
planejamento de marketing social
análise da situação, 218
declaração de posicionamento, 222-223
descrição de, 216-217
estratégias de *mix* de marketing, 223-228
estudo de caso: redução da tuberculose no Peru, 218-229
fatores de influência, 221-223
implementação e gestão de campanha, 229
monitoramento e avaliação, 227-228
objetivos e metas de marketing, 219-222
orçamento, 228-229
perfil do público-alvo, 219-220
seções de histórico, propósito e foco, 218
planejamento familiar, 50-51
estudos de caso
Family Planning Association of India (FPAI), 151-152
Planned Parenthood of New York City, 155
Population Services International (PSI) na Romênia, 145-147
Population Services International (PSI) no Paquistão, 141-145
Small Family by Choice Project, 151-152

Índice **315**

United Nations Family Planning Association (UNFPA), 141-142
falta de planejamento familar como causa da pobreza, 37, 39
Planned Parenthood of New York City, 155
pobres nas aldeias, 35-36
pobres rurais, 35-36
pobres urbanos, 35-36
pobreza. *Ver também* soluções para a pobreza
  causas da, 36-41, 47-48
  ciclo da, 40-41
  definições de, 34-36
  demografia, 33-35
    dez países que representam 102, 24% dos pobres do mundo, 35-36
    países com 50% ou mais de pessoas abaixo da linha de pobreza, 36-38
    pobreza nos Estados Unidos, 36-38
  efeitos da, 40-44
  linha da pobreza, 33-34
  natureza da, 31-32-33
  natureza dinâmica da, 64-66
  natureza heterogênea da, 63-64
  natureza localizada da, 65-66
  necessidade de ajuda de todas as instituições, 63-65
  níveis de, 124-125
  percepções de custos de mudança de comportamento, 64-65
  pobreza extrema, 33-34
  razões para se importar com as soluções para a pobreza, 40-44
  segmentação de mercado
    a nível nacional, 108-110
    aplicação ao mercado da pobreza, 102-105
    definição de, 100-101, 115
    determinação das prioridades do mercado-alvo, 99-101
    estratégias de segmentação, 109-115
    estudo de caso: campanha de HIV/AIDS em Uganda, 95-97
    estudo de caso: campanha de HIV/AIDS na Tailândia, 96-100
    macrossegmentação, 104-106
    microssegmentação, 105-108
    variáveis, 101-103

  visão geral, 93-94
pobreza definida pela alimentação, 34-35
pobreza definida pela situação, 35-36
pobreza extrema, 33-34
pobreza moderada, 34-35
pobreza relativa, 34-35
Population and Community Development Association (PDA) of Thailand, 162-164
Population Services International. *Ver* PSI
porta-voz, escolha de, 206-208
posição (canais de distribuição), 202-203, 206, 210, 225-226
  definição de, 202
  desenvolvimento de estratégia, 203, 206
posicionamento
  declarações de posicionamento, 222-223
    definição de, 192
    redação, 192-194
  definição de, 192
  posicionamento desejado, 186
Poverty Net, 53-54
Prahalad, C. K., xviii-xix, 63, 283-284
preço, 198-201, 209-210, 224-226
  categorias para estabelecer, 199-200
  definição de, 198-199
  desenvolvimento de estratégia, 201
  táticas para estabelecer, 199-200
preços da energia como causa da pobreza, 37, 39
Prêmio Gates 2007 de Saúde Global, 162-163
pressão social (normativa), 159-160
prevenção da malária
  na Tanzânia, 200-201, 207-208
  na Zâmbia, 206-207
  no Sri Lanka, 196-198
  sistemas de fornecimento de mosquiteiros, 204-205
prevenção da malária na África, 186-192
prevenção sustentável da malária na África, 186-192
prioridades de mercado. *Ver* priorização dos segmentos de mercado
prioridades do mercado-alvo. *Ver priorização dos segmentos de mercado*
priorização dos segmentos de mercado
  barreiras, 172-173
  benefícios, 176-177

316 Índice

concorrência, 179
estudos de caso
  Iniciativa Sound Families, 117-122
  Whatcom Country Coalition for the Homeless, 131-134
modelo de estágios de mudança, 128-130
modelo de mapeamento da pobreza, 135-138
  construção de mapas de pobreza, 135-136
  estudo de caso: mapas de pobreza da Indonésia, 135-138
modelo de níveis de pobreza, 124-125
modelo de triagem, 124-128
modelo de vários fatores, 130-132, 138
visão geral, 117-118
Prochaska, J., 81-82
produtividade agrícola
em Malawi, 167-171
no Camboja, 181-183
produtos, 194-199, 209-210, 223-224
plataforma de produtos, desenvolvimento, 197-198
produtos aumentados, 196-199
produtos centrais, 195-198
produtos reais, 196-199
tipos de, 194-195
produtos aumentados, 196-199
produtos centrais, 195-198
produtos reais, 196-199
Programa CERDM (Community Emergency Response and Disaster Mitigation) da World Vision, 252-253
Programa Community Emergency Response and Disaster Mitigation (CERDM) da World Vision, 252-253
Programa Directly Observed Treatment—Short Course (DOTS), 218-219
Programa DOTS (Directly Observed Treatment—Short Course), 218-219
Programa *Earn More* (New York City Commission for Economic Opportunity), 232-233
programa Knowledge Center (Microsoft), 275-276
programa Maternal Health (PSI), 110-112
programa MDG (Objetivos de Desenvolvimento do Milênio), xvi, 51-54

programa Objetivos de Desenvolvimento do Milênio (MDG), 51-54
programa Positive Partnerships, 98-99
programas de ajuda de emergência, 57
programas de prevenção ao tabagismo, 114-115
programas de serviços sociais, 57-58
programas Great Society, 61-62
promoção, 203, 206-210, 226-228
definição de, 203, 206
desenvolvimento de estratégia, 208-209
Prunier, Gerard, 62
PSI (Population Services International), 83-84, 257-258
iniciativas de planejamento familiar
  na Romênia, 145-147
  no Paquistão, 141-145
programa Maternal Health, 110-112
Public Citizen, 279
publicidade social *versus* marketing social, 73-74
publicidade *versus* marketing social, 73-74
públicos-alvo,
para campanhas de HIV/AIDS, 94-95
  em Uganda, 95-97
  na Tailândia, 96-100
perfis, 219-220

R

RAM (método de avaliação rápida), 61-62
Randazzo, Andres, 300-301
reação emocional, 159-160
Reagan, Ronald, 239
redução da tuberculose
ações de segmentação de mercado, 114-115
no Peru, 216-229
reformas no setor empresarial, 279-281
"Rei do preservativo" (Tailândia). *Ver* Viravaidya, Mechai
relato de resultados, 294-295
responsabilização, 294-295
restrições ambientais, 37, 39, 159-160
resultados, relatórios, 294-295
retardatários, 156
Ries, Al, 192-193
Roberto, Eduardo, 80-81

Rogers, Everett, 156
Romênia, iniciativa Population Services International (PSI) Among Us Women (AUW), 145-147
Roosevelt, Franklin D., 239

S

Sachs, Jeffrey, xvii-xviii, 33-34, 49-50, 54-55, 158-159
Samaritan's Purse, 251
saúde
  como causa da pobreza, 37, 39
  modelo de crenças em saúde (HBM), 152-154
  problemas de saúde resultantes da pobreza, 42-43
Save the Children, 259-260
Schwarzenegger, Arnold, 114-115
seca como causa da pobreza, 39-40
seção de foco (planos de marketing social), 218
seção de histórico (planos de marketing social), 218
seção de propósito (planos de marketing social), 218
segmentação de mercado
  a nível nacional, 108-110
  aplicação ao mercado da pobreza, 102-105
  definição de, 100-101, 115
  determinação das prioridades do mercado-alvo, 99-101
  estratégias de segmentação
    e agentes de mudança, 110-114
    e questões sociais, 113-115
    visão geral, 109-111
  estudos de caso
    campanha de HIV/AIDS em Uganda, 95-97
    campanha de HIV/AIDS na Tailândia, 96-100
  macrossegmentação, 104-106
  microssegmentação, 105-108
  variáveis
    tabela de, 101-103
    variáveis de comportamento, 101
    variáveis demográficas, 101
    variáveis geográficas, 101

variáveis psicográficas, 101
  visão geral, 93-94
segmentação de mercado a nível nacional, 108-110
segmentação do mercado da pobreza. *Ver* segmentação de mercado
segmentos de apoio, 301-302
segmentos de conhecimento, 301
segmentos implementadores, 301-302
segmentos interessados, 301
Self-Employed Women's Association (SEWA), 263-265
Sen, Amartya, 59-60
Sérvia, iniciativa corporativa Unlimited Potential, da Microsoft na, 272-273
serviços de proteção social, 58-60
sete princípios de parceria, 293-295
setor privado
  abusos e condutas impróprias corporativos, 278-280
  esforços corporativos para abaixar o custo de bens e serviços, 283-285
  Fundação Coca-Cola Africa, 281-282
  marketing social em, 284-286
  Microsoft
    Free IT Education for Vulnerable Groups, 272-273
    iniciativa corporativa Unlimited Potential, 271-273
    programa Knowledge Center, 275-276
  papel nas soluções para a pobreza, 276-279
  parceria tripla com organizações governamentais e organizações sem fins lucrativos
    estudo de caso: programa africano para oncocercose, 289-292
    gestão de instituições opostas e adversárias, 301-303
    papéis de cada setor, 292
    parceria empresa-sociedade civil, 298-301
    parceria governo – setor empresarial, 297-299
    parceria governo-sociedade civil, 295-297
    sete princípios de parceria, 293-295
  PBSP (Philippine Business for Social Progress), 282-284

318 Índice

reformas no setor empresarial, 279-281
responsabilidade social corporativa,
278-279
visão geral, 271-272
setor público, 83-84
marketing no setor público *versus* marketing social, 77-78
marketing social em, 244-247
papel nas soluções para a pobreza,
áreas de contribuição, 236-239
estudo de caso: New York City Commission for Economic Opportunity,
231-237
governo chinês, 240-243
governo de Bangladesh, 242-243
governo norte-americano, 238-240
visão geral, 231-232, 243-245
SEWA (Self-Employed Women's Association), 263-265
Shiva, Vandana, 302-303
Shore, Bill, 271
Shriver, Bobby, 54-55
sistema de água Play Pump™, 84-85
sistemas de fornecimento de mosquiteiros
para prevenção da malária, 204-205
Small Family by Choice Project, 151-152
Smith, Stephen, 63, 105-106
Smith, William, 80-83, 185
"Social Marketing: An Approach to Planned
Social Change" (Kotler e Zaltman), 80-81
Social Marketing: Principles and Practice
(Donovan e Hadley), 81-82
*Social Marketing: Strategies for Changing
Public Behavior* (Kotler e Roberto), 80-81
Social Marketing in the 21st Century (Andreasen), 81-82, 85-86
Social Marketing Institute, 81-82
Social Marketing Listserv, 172
Social Marketing Quarterly, 81-82
soluções da pobreza. *Ver soluções para a
pobreza*
soluções de capacitação, 59-61
soluções para a pobreza
ajuda estrangeira, 49-50
comportamentos de prevenção da pobreza,
149-150
consequências indesejáveis da, 61-62

controle populacional, 50-51
estratégia de crescimento econômico,
48-49
estratégia de redistribuição, 48-49
estrutura Triplo R, 57
marketing social. *Ver* marketing social
mudança de comportamento
comportamentos de permanência na pobreza, 149-150
comportamentos de prevenção da pobreza, 149-150
comportamentos de saída da pobreza,
149
comportamentos desejados, 146-150
estudo de caso: Population and Community Development Association (PDA) da
Tailândia, 162-164
modelo analítico para escolher comportamentos, 159-163
modelo de crenças em saúde (HBM),
152-154
modelo de difusão de inovações, 156-158
modelo de estágios de mudança ou
transteórico, 150-151
modelo ecológico, 157-159
temas comuns, 158-160
teoria das normas sociais, 153-155
teoria do comportamento planejado e
ação racional, 150-153
necessidade de uma estratégia multilateral,
51-52
NPOs (organizações sem fins lucrativos)
AED (Academy for Educational Development), 260-261
BRAC (Bangladesh Rural Advancement
Committee), 260-263
CARE (Cooperative for Assistance and
Relief Everywhere), 256-257
crescimento de (nota), 268-269
definição de, 250
Fundação Bill & Melinda Gates,
110-112, 117-122, 162-163, 256-257
HFHI (Habitat for Humanity International), 259-260
marketing social no setor sem fins lucrativos, 265-268
Médicos Sem Fronteiras, 258-259

Mercy Corps, 260-261
papel nas soluções para a pobreza, 255-256
Plan International, 258-259
PSI (Population Services International), 83-84, 110-112, 141-147, 257-258
Save the Children, 259-260
SEWA (Self-Employed Women's Association), 263-265
visão geral, 249
World Vision, 251-253
organizações financiadoras
Banco Mundial, 53-54
campanha Red, 54-56
Fundação Bill & Melinda Gates, 110-112, 117-122, 162-163, 256-257
Fundo global para combate à AIDS, tuberculose e malária, 54-55
Nações Unidas, 51-54
papel do setor privado, 276-279
papel dos órgãos do governo
áreas de contribuição, 236-239
estudo de caso: New York City Commission for Economic Opportunity, 231-237
governo chinês, 240-243
governo de Bangladesh, 242-243
governo norte-americano, 238-240
marketing social no setor público, 244-247
visão geral, 231-232, 243-245
planejamento familiar. *Ver* planejamento familiar
programas de ajuda de emergência, 57
programas de serviços sociais, 57-58
serviços de proteção social, 58-60
soluções de capacitação, 59-61
Sri Lanka, prevenção da malária no, 196-198
Stone, Sharon, 104-105
Struggling (Beggar) Members Program (Grameen Bank), 263
Sudão, ajuda alimentar ao, 62

T

Tailândia
estudo de caso: campanha HIV/AIDS, 96-100

visando as pessoas com HIV/AIDS, 98-100
visando os que correm risco de contrair HIV/AIDS 97-99
Population and Community Development Association (PDA), 162-163-164
Tanzânia, prevenção da malária na, 200-201, 207-208
Tata Motors, 284-285
tecnologia, impacto da, 84-85
teoria das normas sociais, 153-155
teoria do comportamento planejado e ação racional, 150-153
teorias de mudança de comportamento
modelo de crenças em saúde (HBM), 152-154
modelo de difusão de inovações, 156-158
modelo de estágios de mudança ou transteórico, 150-151
modelo ecológico, 157-159
temas comuns, 158-160
teoria das normas sociais, 153-155
teoria do comportamento planejado e ação racional, 150-153
The End of Poverty (Sachs), xvii-xviii, 33-34
The Fortune at the Bottom of the Pyramid: Eradicating Poverty Through Profits (Prahalad), xviii-xix, 63, 283-284
The Star Thrower (Eiseley), 117
The White Man's Burden (Easterly), xvii-xviii, 50-51
Trout, Jack, 192-193

U

Uganda, iniciativas para HIV/AIDS em, 95-97
UNFPA (United Nations Family Planning Association), 141-142
United States Agency for International Development (USAID), 168-169, 186-188
Unsafe at Any Speed (Nader), 278-279
USAID (United States Agency for International Development), 168-169, 186-188
uso de preservativos. *Ver* planejamento familiar

320 Índice

V

varejistas, 202-203
variáveis de segmentação de mercado
  tabela de, 101-103
  variáveis de comportamento, 101
  variáveis demográficas, 101
  variáveis geográficas, 101
  variáveis psicográficas, 101
Viravaidya, Mechai, 96-100, 162-163-164
VISTA (Volunteers in Service to America), 239
Volunteers in Service to America (VISTA), 239

W

Washington Families Fund, 122
websites, Poverty Net, 53-54

Welfare

Welfare Reform Act de 1996, 61-62
Whatcom Country Coalition for the Homeless, 131-134
Winter, Greg, 131-132
World Vision, 83-84, 251-253

Y

Young Adult Internship Program (YAIP), 233-235
Yunus, Muhammad, 263

Z

Zaltman, Gerard, 80
Zâmbia, prevenção da malária na, 206-207